KB169713

# 허신과 『설문해자』

요효수(姚孝遂) 지음
하영삼(河永三) 옮김

## 일러두기

1. 요효수(姚孝遂) 선생의 수제자인 동련지(董蓮池) 교수의 「한국어판 서문」을 첨부하였다.
2. 독자의 이해를 돕기 위해, 허신(許慎)과 단옥재(段玉裁) 관련 사진 자료를 첨부하였다.
3. 한자를 사용할 때에는 괄호 속에 한자를 넣어 함께 적었지만, 각주에서는 번잡함을 피하고 책의 전문성을 고려하여 그대로 사용했다. 풀어쓴 부분에는 [ ]로 표시했다.
4. 한자 사용권의 인명과 지명과 책이름 등은 시기에 관계없이 모두 한국 한자음으로 통일하여 표기했다.
5. 이해를 돕거나 새로운 해석이 필요할 때에는 역주를 달고 (역주)로 표시해 구분했다.
6. 독자의 편의를 위해 일부 세목을 추가했으며, 목차 뒤에 *로 표시해 두었다.
7. 『설문해자』의 글자 풀이에 관한 전문 용어는 다음과 같이 옮겼다.

   (1) 회의 구조

   ① 從AB: A와 B로 구성되었다.

   ② 從A從B: A로 구성되었고, 또 B로 구성되었다.

   ③ 從A從B從C: A로 구성되었고, B로 구성되었고, C로 구성되었다.

   ④ 從A從B省: A로 구성되었고, B의 생략된 모습으로 구성되었다.

   (2) 형성 구조

   ① 從AB聲: A가 의미부이고, B가 소리부이다.

   ② 從AB省聲: A가 의미부이고, B의 생략된 모습이 소리부이다.

   (3) 회의 겸 형성 구조

   從A從B, B亦聲: A로 구성되었고, 또 B로 구성되었는데, B는 소리부도 겸한다.
8. 표지의 일러스트 인물은 『설문해자』 최고의 연구자인 단옥재 상임.

# 허신과 「설문해자」

▲ 「허신 사당 내부(1)」(2006). 허신 생존 당시 오경 연구에서 쌍벽을 이룰 자가 없었다는 뜻에서 "오경무쌍(五經無雙)" 이라는 호칭이 붙여졌다.

▲ 「허신 사당」(2006) 허남각사(許南閣祠)라는 편액이 붙어있다.

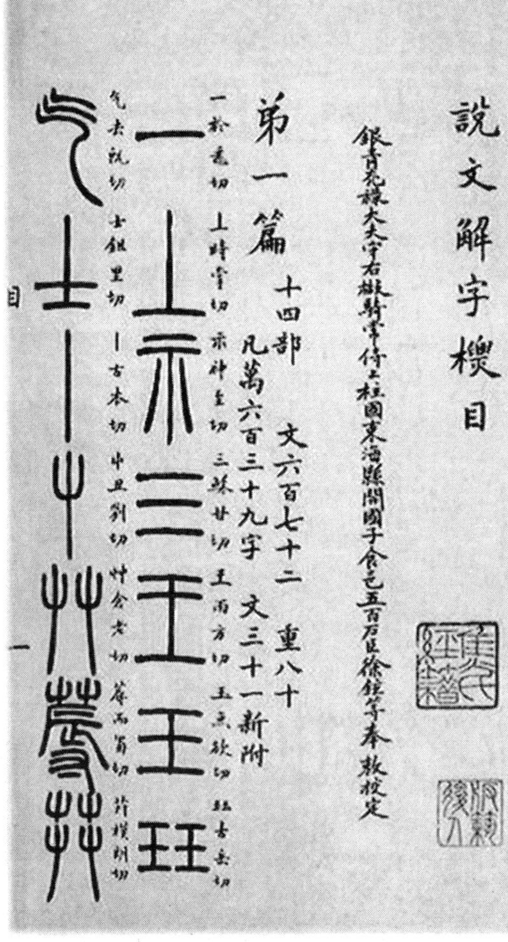
說文解字標目

銀青光祿大夫守右散騎常侍上柱國東海縣開國子食邑五百戶臣徐鉉等奉 敕校定

第一篇 十四部 文六百七十二 重八十

凡萬六百三十九字 文三十一新附

一於悉切 上時掌切 示神至切 三穌甘切 王雨方切 玉魚欲切 玨古岳切

气去既切 士鉏里切 丨古本切 屮丑列切 艸倉老切 蓐而蜀切 茻模朗切

目 一

◀『설문해자』 서영(書影)

▲ 「석각 『설문해자』」(2006). 허신의 『설문해자』 전체를 돌에 새겨 "설문해자 비림"을 조성할 예정.

▲ 「허신 동상과 묘」(2010). "허신문화원" 내에 세워진 허신 동상. 뒤로 보이는 것이 허신의 묘이다.

▲ 「허신 사당 내부(2)」(2006).
최초의 한자 연구자라는 공이 인정되어 문화종사(文化宗師)"라는 호칭이 붙여졌다.

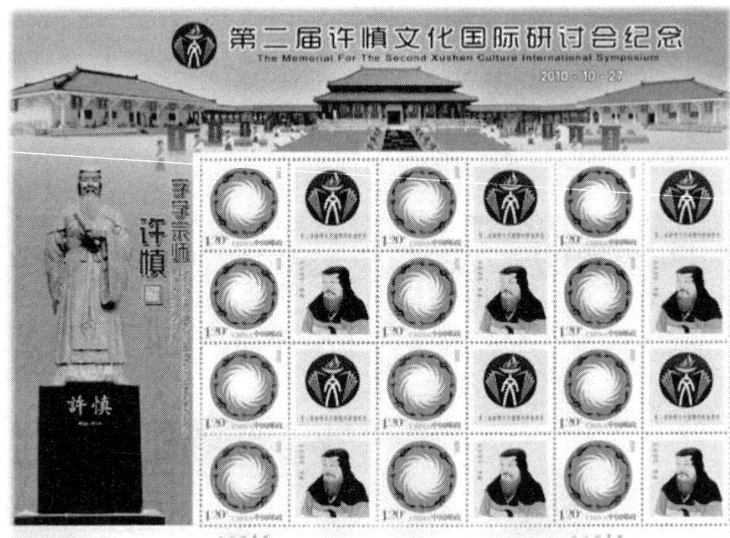


▲ 「허신 문화 학술대회 기념우표」(2010). 허신문화원 건립을 기념한 국제학술대회 기념 우표 세트이다.

▲ 「허신 기념관」(2010). "허신문화원" 내에 세워진 허신 기념관. 개관식을 하기 직전의 모습이다.

▲ 「허신 묘」(2006).

◀ 단옥재(段玉裁) 기념관 전경(2011)(江蘇省 金壇)

◀ 단옥재 동상

▲ 단옥재 기념관 외부 전경(2011)

▲ 단옥재 기념관 현판 "樸學宗師" (2011)

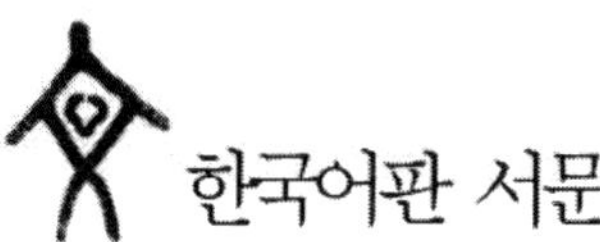

# 한국어판 서문

2006년 작가(作家)출판사에서 졸작 『설문해자 고정』(說文解字考正)의 출판을 계기로 '설문학' 저작을 시리즈로 출판하기로 하였다. 필자는 저의 스승이신 요효수(姚孝遂) 선생의 『허신과 설문해자』[許愼與說文解字]를 출판사에 추천하게 되었고, 전문가 심의를 거쳐 출판 프로젝트에 포함되었다. 필자는 기쁘기 그지없었다. 스승님의 이 책은 1980년대에 중화서국(中華書局)에서 출판된 적이 있다. 당시는 조판 기술이 지금처럼 발달하고 세련되지 못했던 때라 소전(小篆)이나 고문자 자형을 비롯해 고문자를 현대 글자로 옮긴 몇몇 쓰이지 않는 글자들이 조판 시스템에 들어 있지도 않았다. 그래서 필경사를 모셔와 원래 원고에 든 글자를 그대로 베껴 인쇄할 수밖에 없었다. 하지만, 이 책에서 논의한 내용이 매우 생소하고 전문적이었던지라 필사 과정에서 일부 오류가 생기기도 했다. 작가(作家)출판사에서 컴퓨터 조판으로 다시 출판할 계획을 세우고, 필자에게 고문자와 관련된 원래 원고의 자형을 가능한 한 『갑골문편』(甲骨文編), 『금문편』(金文編), 『설문해자』(說文解字)의 것으로 교체해주길 원했고, 이를 통해 고문자 자형의 정확성도 기하고 느낌도 비슷해지게 하고자 했다. 필자는 이렇게 해서 출판사의 요구를 완성하게 되었다. 2008년 드디어 스승님의 이 책이 다시 출판되었다. 하지만, 스승님께서 돌아가신지 이미 12년이나 되었던 시점인지라, 이 책을 보면서 옛날을 생각하니 흐르는 눈물을 멈출 수가 없었다.

스승님은 호북(湖北)성 무한(武漢) 분으로, 1926년 3월 태어나셨으며, 1996년 10월 지병으로 세상을 떠나셨다. 일찍이 화중(華中)대학 중국어문학과를 졸업하셨고, 1957년 길림(吉林)대학의 대학원에 입학하여 갑골문(甲骨文)과 금문(金文)을 전공하셨다. 스승님은 중국의 저명한 고문자학자 우성오(于省吾) 선생님을 따라 고문자를 연구하였으며, 졸업 후 길림(吉林)대학에 남아 교편을 잡으셨다. 스승님은 우성오(于省吾) 선생님의 수제자로 우성오 선생님의 문하에서 직접 선생님의 학문적 정수를 모두 전수받으셨다. 이후 특출한 연구 성과로 고문자학 연구와 『설문해자』 연구자로서 고문자 영역뿐 아니라 『설문해자』 영역에서 명성을 드날리셨다. 선생님은 중국고문자연구회 이사, 중국 은상(殷商)문화학회 이사, 허신(許愼) 문화연구회 이사 등을 역임하셨고, 중화인민공화국 국무원(國務院) 특수 공헌 전문 학자의 칭호를 받기도 했다.

『허신과 설문해자』는 『설문해자』 연구에 대한 스승님의 학술성과의 하나이다. '설문학(說文學)'의 일반적 분류에 의하면, 이 책은 "통론(通論)"에 속한다. 통론성의 저작은 청나라 왕균(王筠)의 『설문석례』(說文釋例)가 시초를 열었다. 근현대 이후로도 이러한 방면의 저작이 적잖게 나왔는데, 마서륜(馬敘倫)의 『설문해자연구법』(說文解字研究法), 진진(陳晉)의 『설문연구법』(說文研究法), 육종달(陸宗達)의 『설문해자통론』(說文解字通論), 장순휘(張舜徽)의 『설문해자도독』(說文解字導讀) 등이 있다. 이러한 저작은 『설문해자』에 관한 통론적 부분에서 각기 나름의 특징을 갖고 있다. 그중에서도 육종달(陸宗達)은 장태염-황간[章黃]학파의 전통을 계승하여 '설문학'의 대가가 되었다. 작가출판사에서 '설문학'의 통론성 저작을 학계에 제공하고자 출판하면서 그 초점을 스승님의 『허신과 설문해자』에다 맞춘 것은 의미심장한 일이 아닐 수 없다.

'설문학'은 송나라 때부터 일어나 명나라를 거쳐 청나라의 건가(乾嘉) 연간에 이르러 극성하였다. 이 역사적 진전 속에서 『설문해자』 연구는 두 가지 노선을 따라 전개되었다. 하나는 대서(大徐)와 소서(小徐)가 처음 열었던 방향을 따른 것인데, 『설문해자』로 『설문해자』를 연구하는 것으로, 연구 자료를 모두 『설문해자』 자체에서 가져왔다. 건가(乾嘉) 시기의 '설문학' 대가들은 초기의 왕균(王筠) 등 몇몇 소수를 제외하고는 기본적으로 모두 이러한 길을 걸었다. 그들은 『설문해자』의 소전(小篆) 및 『설문해자』에 수록된 고문(古文)과 주문(籀文)이 바로 현존하는 고대 한자의 모든 자료이며, 이 외에는 다른 고대 문자가 없다고 보았다. 허신(許慎)을 해설의 대상으로 삼았기에 그 결론도 모두 정확했다. 『설문해자』를 연구하면서 허신의 해설에 근거해 전석하며 발전시키는 것은 경전에 대한 주소(注疏) 작업이나 다름없다. 다른 한 가지는 당나라 이양빙(李陽冰)이 시작한 것으로, 『설문해자』를 연구하였지만 『설문해자』를 맹신하지는 않았으며, 의문이 생기면 자신의 견해를 제기하였는데, 정초(鄭樵), 대동(戴侗), 주백기(周伯琦) 등이 이 길을 계승했다.

스승님의 『설문해자』 연구는 후자의 길을 받들었다. 허신은 위대한 탐색자의 한 사람이며, 그는 전심전력을 다해 전체 문자 체계 및 개별 문자 형체 구조의 신비를 파헤치는 데 노력하여 문자학이라는 이 학문을 처음 열었으며, 역사학, 언어학, 문헌학 발전에 지울 수 없는 공헌을 하였다고 스승님께서는 생각하셨다. 『설문해자』의 성취와 영향은 오늘날뿐 아니라 앞으로도 계속되어, 언어문자학이나 고문헌학 등 고대와 관련된 학문을 연구하는데 『설문해자』를 떠나서는 불가능할 것이다.

이러한 상황에서 우리는 다음의 사실을 더욱 분명하게 인식할 필요가 있다.

즉 어떤 위대한 인물이라 하더라도 일정한 역사 범위 속에서 생활하지만, 그 작용과 영향은 시대를 초월할 수도 있다. 그러나 동시에 시대적 한계를 가지는 것도 필연적이다. 어떤 사람의 인식범위도 유한할 수밖에 없으며, 그가 이룬 성과가 얼마나 큰지에 상관없이 한계는 있기 마련이다. 이러한 점에서 허신도 예외가 될 수는 없다. 허신은 탐색 과정에서 이미 문자 형체의 각종 구조의 기본형태 및 그 기본 구조의 규율을 파악했고, 체계적인 육서(六書) 이론을 만들었다. 게다가 문자 형체의 내원이 "가까이로는 우리 몸에서 취했다[近取諸身]"와 "멀리는 사물에서 가져왔다[遠取諸物]"라는 이러한 신비한 핵심적 개념까지도 인식한 동시에 문자는 "의미부와 소리부가 서로 더해지고[形聲相益]", "파생되어 점차 늘어난다[孳乳浸多]"라는 이러한 발전변화 규칙도 체계적으로 논증했다. 이러한 것들은 절대 바뀔 수 없는 진리이며, 앞으로 계승해야 할 부분이기도 하다. 하지만, 동시에 허신이 근거로 삼아 문자의 본래 형체와 본래 독음과 본래 의미를 탐색했던 형체는 전국(戰國) 시대 이후의 이미 발전 변화한 소전(小篆)체로, 최초의 형체와는 이미 상당한 차이가 있었음도 알아야 한다. 이는 문자의 본래 형체, 본래 독음, 본래 의미를 추구할 때, 오류를 면할 수 없게 만든다. 오늘날 우리는 상주(商周) 때의 문자를 볼 수 있기에 허신의 일부 연구에 분명히 오류가 존재한다는 것을 증명할 수 있다.

청나라 건가(乾嘉) 연간 이후로 소학(小學)이 다시 흥행하고, '설문학'은 전에 볼 수 없었던 최고봉에 이르게 된다. 이와 동시에 문자에 대한 허신의 해설은 모두 절대적으로 정확하다고 믿는 경향이 생겨나게 되었는데, 이는 실사구시적인 것이 못된다. 이렇게 내려간다면 허신이 열었던 연구에 경직됨만 가져와 활력을 잃고 진일보한 발전을 불가능하게 할 뿐이다. 이 때문에 스승님께서는 오늘날의 『설문해자』 연구는 절대로 청나라 사람들처럼 그렇게 상주(商

周) 고문자 자료를 무시하는 태도를 지녀서는 아니 된다고 하셨으며, 허신이 제기한 몇몇 한자 구조의 개별적인 과제에 대해 고문자 자료를 충분히 활용하여 진일보하게 탐색하고 몇몇 형체의 전후 맥락을 분명하게 인식하여 문자의 진정한 본의와 본형을 탐구해야 한다고 하셨다. 이는 '설문학' 발전에 필요한 필연적인 요구이다. 그래서 스승님께서는 교학이든 연구든 상관없이 이러한 원칙에 따라 연구를 게을리 하지 않으셨다. 이 때문에 스승님의 이 저작은 일반적인 저작과 크게 다르다. 그것은 『설문해자』를 덧붙여 확대 설명하고 진전시키는 그러한 옛 노선을 걸은 것이 아니라 가능한 한 고문자 자료를 이용하여 일부 문제들을 새롭게 설명하려 했으며, 그리하여 몇몇 부분에서 크게 진전한 결과를 얻을 수 있었다는 점이다. 하지만, 오늘날에도 일부 사람들은 이것이 『설문해자』 연구에서 잘못된 경향이며, 사실 『설문해자』를 부정하는 것이라 주장하기도 하는데, 이는 옛것에 얽매인 자들의 무지한 견해일 뿐, 다수의 찬동을 얻기는 어렵다. 앞으로의 '설문학' 발전은 이렇게 해야만 건강한 길을 걸을 수 있다.

하영삼(河永三) 교수는 현재 한국의 저명한 한자학자로, 한자에 대해 깊이 연구하였으며 여러 저작을 세상에 내놓았다. 또 중국문자학에 관한 여러 저작을 번역하여 학술계에 커다란 영향을 끼치고 있다. 지금 하영삼 선생께서 스승님의 『허신과 설문해자』를 한국어로 번역하였고, 초역이 완성되고 나서 필자에게 서문을 부탁해 왔다. 필자는 스승님의 제자이기도 하고, 또 하영삼 선생과는 오랫동안 우의를 유지해온 터라 이를 뿌리치지 못하였고, 이처럼 몇 글자 적어 한국어판 서문에 갈음하고자 한다.

동연지(董蓮池) 씀

2011년 가을 상해에서

# 차례

# 제1장 저자 허신(許愼)

동한(東漢) 시대 허신(許愼)의 『설문해자』(說文解字)는 『설문』(說文)이라 줄여 부르기도 하는데, 중국 학술사에서 대단히 높은 지위를 가진다. 옛날의 학자들은 줄곧 『설문해자』에다 유가(儒家) 경전과 동등한 지위를 부여해 왔다. 사실, 『설문해자』는 이미 '경서(經書)'와 떼려야 뗄 수 없는 부분이 되어버렸다.

오늘날까지도 고대 중국의 역사철학고전문학 등을 연구하려면 반드시 『설문해자』를 연구해야만 한다. 청(淸)나라 때에는 박학(樸學)이 전에 없이 발달했었다. 그렇게 발달할 수 있었던 중요한 기초의 하나는 바로 『설문해자』의 깊은 연구에 있었다. 당시에는 『설문해자』를 읽지 않으면 누구라도 비루하고 과문(寡

聞)한 사람으로 여겨져, 학계에서 홀대를 받았다. 그래서 모두 습관적으로 『설문해자』를 친근하게 『설문』이라 줄여 불렀다.

이렇게 대단하고 광범위하게 영향을 끼친 저작 『설문해자』와 그 저자 허신(許愼)에 대해 한번 살펴볼 필요가 있을 것이다. 이 위대한 저작은 어떻게 탄생했을까? 여기에는 어떤 내용이 담겼을까? 『설문해자』는 어떤 성과를 이루었고 어떤 영향을 끼쳤을까? 오늘날을 사는 우리는 이를 어떻게 평가해야 제대로 하는 것일까?

우선 『설문해자』의 저자인 허신(許愼)에 대해 이야기해 보기로 하자.

허신(許愼)은 자가 숙중(叔重)으로, 동한(東漢) 때의 예주(豫州) 여남군(汝南郡) 소릉현(召陵縣)(지금의 河南省 郾城縣) 사람이다. 그의 구체적 생몰 연대는 알려지지 않지만, 대체적인 활동 시기는 그래도 분명한 편이다.

청(淸)나라 때의 엄가균(嚴可均)[1]은 「허군사적고」(許君事跡考)에서, 허신은 명제(明帝) 때 태어난 것으로 보인다고 했는데, 그 근거는 다음과 같았다. "『설문해자』「후서」(後敘)가 영원(永元) 12년(서기 100년)에 지어졌는데, 그때라면 허신의 나이가 그리 적지는 않았을 것이다. 30살이 못되었다 하더라도 명제(明帝) 때 태어난 것만은 분명하다."(이 근거는 믿을 수 없다. 단순히 이 근거만을 이유로 삼는다면, 許愼의 출생 연도를 建武 중엽까지 올릴 수 있기 때문이다.)

한나라 명제(明帝)가 즉위한 것은 영평(永平) 원년, 즉 서기 58년 때의 일이

1) (역주) 자는 鐵橋로 浙江 烏程 사람이다. 淸나라 高宗 乾隆 27년에 태어나 宣宗 道光 23년에 향년 82세의 나이로 죽었다. 嘉慶 5년(1800)에 擧人이 되었다. 建德縣 教諭가 되었으나 병 때문에 고향으로 돌아갔다. 考據學에 정통했으며, 姚文田과 함께 『說文』을 연구해 『說文長編』·『說文翼說』·『文聲類』·『說文校義』 등을 남겼다. 또 『全上古三代秦漢三國六朝文』을 편찬하였으며, 諸經의 逸注 및 夫子書 등 수십 종을 편집하여 『四錄堂類集』 1천2백여 권을 출판했다. 또 『鐵橋漫稿』 13권을 지었으며, 『淸史列傳』에 전기가 전한다.

다. 청나라 도방기(陶方琦)[2]도 엄가균(嚴可均)의 설에 근거해 「허군년표고」(許君年表考)에서 허신이 그 해에 태어났던 것으로 보았다.

그러나 엄가균(嚴可均)과 도방기(陶方琦)가 허신의 출생 연도를 한나라 명제(明帝) 때로 잡았던 진짜 이유는, 그들이 『후한서』(後漢書)「야랑전」(夜郎傳)의 기록을 맹신한 나머지 윤진(尹珍)이 한나라 환제(桓帝) 때 허신에게 오경(五經) 수업을 받았다고 여겼던 때문이다.

환제(桓帝) 초년이라면 서기 147년으로, 영평(永平) 원년과는 90년이나 차이가 난다. 허신의 아들인 허충(許沖)이 「표(表)」를 올렸던 때가 한나라 안제(安帝) 건광(建光) 원년(서기 121년) 때의 일이고, 그 당시 허신은 이미 늙어 병상에 있었다. 이로부터 26년이 지나고 나서, 90살의 노령에 오경(五經)을 전수했을 가능성은 사실 거의 희박하다. 그래서 필자는 허신의 출생 연대를 명제(明帝) 때, 즉 서기 58년 이후로 한정하고자 한다. 그렇지 않고서 허신이 광무제(光武帝) 건무(建武) 연간(서기 25년~56년)에 태어났다고 한다면, 허신은 그때 이미 백살 전후의 나이가 되기 때문이다.

범엽(范曄) 『후한서』「야랑전」(夜郎傳)의 기록은 문제가 있다. 유정섭(俞正燮)은 『계사존고』(癸巳存稿)에 실린 『후한서』「야랑전」을 읽고 나서」[書後漢書夜郎傳後]라는 글에서 『화양국지』(華陽國志)에 근거해 윤진(尹珍)은 바로 명제(明帝) 때의 사람이며, 허신에게 오경을 배웠던 것도 명제(明帝) 때의 일이라고 했다. 환제(桓帝) 때 윤진(尹珍)은 이미 형주자사(荊州刺史)가 되었는데, "범엽의 책에서 자사(刺史)가 된 해를 유학한 해라고 여겼는데, 이것이 범엽의 오류이

2) (역주)자는 子縝, 호는 湘眉로 會稽(지금의 浙江 紹興) 陶家堰 사람이다. 同治 6年(1867) 擧人이 되었으며, 光緖 2年(1876) 진사가 되었고, 翰林院編修과 督學湖南 등의 벼슬을 제수 받았다. 『易經鄭注』를 비롯해 『大戴禮記』·『毛詩』·『爾雅漢注』 등을 연구했으며, 騈文·서예·미술·시에도 뛰어났다.

다."라고 했다.

허신은 어린 시절 '군(郡)의 공조(功曹)'라는 벼슬을 맡았었다. 공조(功曹)를 맡은 동안, "윗사람을 돈독한 뜻으로 모시고, 아랫사람은 공손함과 너그러움으로 다스려(奉上以篤義, 奉下以恭寬)"(『汝南先賢傳』에 보임, 『太平御覽』 卷264의 인용), 모든 사람의 사랑과 존경을 한 몸에 받았고, 그 때문에 '효렴(孝廉)'으로 천거되기도 했다.

건초(建初) 4년(서기 79년), 한나라 장제(章帝)는 일련의 학자들을 백호관(白虎觀)으로 모셔 강학을 하게 하였다. 그 후 4년 뒤, 다시 가규(賈逵) 등에게 명하여 '뛰어난 인재(高材生)'를 골라 고문경학(古文經學)을 전수하게 하였는데, 아마 그때부터 허신이 가규(賈逵)에게 사사했던 것으로 보인다.

가규(賈逵)는 고문학파(古文學派)의 창시자인 유흠(劉歆)의 재전(再傳) 제자로, 당시의 대표적인 학자였으며, 『후한서』에 그의 전기가 전한다. 그는 영원(永元) 13년(서기 101년) 향년 72세의 나이로 세상을 떠났다. 이에 근거해 역추산해 보면 가규는 건무(建武) 6년, 즉 서기 30년에 태어났다. 고대 중국의 습관에 의하면 72살이라는 것은 집에서 부르는 나이로, 실제로는 건무(建武) 7년(서기 31년)에 태어났을 것이다.

영초(永初) 4년에는 마융(馬融) 등을 불러 "동관(東觀)의 책을 교열하게 했는데", 이는 중국 역사 최초로 이루어진 대규모 도서정리 작업이었다. 허신도 이 작업에 참여했으며, 이 시기에 마융(馬融)과 교분을 맺었고, 허신은 박학함으로 마융의 높은 평가를 받았었다.

마융은 『후한서』에 그의 전기가 실려, 그의 생졸 연대를 확인할 수 있다. 마융은 연희(延熹) 9년(서기 166년)에 88세의 나이로 죽었다. 이에 근거하면 그는 건초(建初) 4년(서기 79년)에 태어난 것으로 추정할 수 있다.

허신의 나이는 분명히 가규보다는 적고, 마융보다는 많았을 것이다. 이것이 필자가 이해한 허신의 대체적인 활동 연대의 범위이다.

허신은 일찍이 태위남각좨주(太尉南閣祭酒)를 역임했고, 이후 다시 효장(洨長)(즉 洨縣의 縣長)으로 제수되었다. 이 때문에 허신을 '허좨주(許祭酒)'나 '허효장(許洨長)' 등으로 부르기도 한다. 그의 저술로는 『오경이의』(五經異義)·『효경고문설』(孝經古文說)·『회남자주』(淮南子注) 등이 있었다 하나, 지금은 모두 없어지고, 『설문해자』 한 가지만 전한다.

# 제2장

# 『설문해자』 — 시대적 산물

『설문해자』가 허신(許愼)에 의해 저술되었다는 것은 그 누구도 부정할 수 없는 사실이며, 『설문해자』를 지은 것은 허신의 공적임이 분명하다. 하지만, 우리가 주목해야 할 것은, 『설문해자』가 허신에 의해 저술될 수 있었던 것은 당시의 역사적 조건이 갖추어졌기 때문에 가능했다는 점이다.

한(漢) 왕조가 일어나면서 진(秦)의 병폐를 제거하고, 금서(禁書)의 법률을 폐지했으며, 경학(經學)을 제창하고, 경전에 능통한 자를 모셔 박사(博士)로 삼았다. 이러한 조치에 의해 당시의 각종 문화 사업은 번영하고 발전하게 되었으며, 여러 학파가 세력을 다투는 국면이 형성되었다.

## 1. 당시의 학술 동태

서한(西漢) 당시 통용되던 문헌은 당시에 통용되던 문자로 필사된 것이었다. 이러한 문헌에 근거를 두고 학술적 정치적 주장을 주장했던 학자를 '금문학파(今文學派)'라 부르는데, 그들은 동중서(董仲舒)의 '공양학(公羊學)'을 대표로 삼았다. 그들은 공자(孔子)의 육경(六經) 모두에 미언대의(微言大義)가 들어 있다고 주장했다. 그리고 그들의 임무는 이러한 미언대의를 파헤치는 데 있다고 하면서, 경전을 통한 치용(致用)을 주장했다. 서한 시기 전체를 통해, 금문학파(今文學派)가 거의 통치적 지위에 있었는데, 특히 정치적인 부분에서는 더 그러했다.

하지만, 이와 동시에 전국 각지에서 종종 청동기[鼎彝]가 출토되었는데, 청동기에는 옛날의 글자가 새겨져 있는 것도 있었다. 여기에다 책의 소지를 금하던 법률이 폐지되고 장창(張蒼)의 『춘추좌씨전』(春秋左氏傳) 등과 같이 민간에 소장되었던 서적이 계속해서 세상에 공개되었다. 오늘날의 시각으로 보면 이러한 것들은 모두 고문자(古文字) 자료에 속한다.

이렇게 해서 장창(張敞)·양웅(揚雄)·두림(杜林)·원례(爰禮) 등과 같은 고문자를 연구하는 저명한 학자들이 적잖게 나오게 되었다.

모두 잘 알고 있듯이, 고대 문헌을 읽으려면 고대 문자에 대한 해독이 우선 필수적이다. 평제(平帝) 원시(元始) 5년(서기 5년) 전국에서 일경(逸經)·고기(古記)·천문(天文)·역산(曆算)·음률[鍾律]·소학(小學)·사학(史學)·방술(方術)·본초(本草) 및 오경(五經)과 『효경』(孝經)·『이아』(爾雅)에 능통한 수천 명의 학자를 경사(京師)로 초빙하여 강의하게 했다. 문자학에서는 원례(爰禮) 등 백여 명의 학자가 미앙궁(未央宮)에서 강의했다. 이전에 볼 수 없었던 이러한 대규모의 학술회의는 이렇듯 문자학의 흥성을 촉발했다.

또 한나라 무제(武帝) 때에는 공자(孔子)의 옛집[舊宅]에서 고대 문자로 필사된 문헌이 발견되었다. 『상서』(尙書)·『주례』(周禮)·『논어』(論語)·『효경』(孝經) 등이 들어 있었는데, 이를 '벽중고문(壁中古文)' 혹은 '고문경(古文經)'이라 부른다. 이러한 문자는 알고 보면 전국(戰國) 시대 때의 문자였다. 이러한 고문자는 일반인이 알아보지 못했으므로, 이에 대한 고석(考釋)이 필요했으며, 이에 대한 연구와 정리도 필요했다. 이후 유향(劉向)과 유흠(劉歆) 부자의 연구와 정리를 통해 비로소 사람들의 주목을 받게 되었으며, 이렇게 해서 '고문학파(古文學派)'라는 것이 점차 형성되었다.

고문학파는 학술적으로 문자(文字)·성운(聲韻)·훈고(訓詁)의 세 가지 학문을 기초로 삼았는데, 고문학파의 흥성과 이와 관련된 모든 연구 성과는 곧 『설문해자』의 저술에 토대를 제공했다.

## 2. 초기 자서(字書)의 기초

『설문해자』는 중국 최초의, 가장 대규모의, 가장 풍부한 내용의, 가장 완비된 한자사전[字書]이다. 하지만, 이는 전혀 기초 없이 생겨난 것은 아니며, 반드시 광범위하고 견실한 기초를 필요로 하였다.

지금까지 확인 가능한 바로는, 『설문해자』보다 이른 한자사전으로는 『이아』(爾雅)가 있을 뿐이다. 『이아』도 대단히 위대한 저작이며, 『설문해자』는 분명히 『이아』에서 도움이 되는 내용을 활용했을 것이다. 하지만 『이아』는 문자의 의미 해석에 한정되어 문자의 형체 구조와 독음 문제에 대해서는 언급이 없는 데 비해 『설문해자』는 이러한 방면에서 많은 자료가 완비되어 있다.

이외에도 『급취편』(急就篇)이 있다. 하지만, 이는 엄격히 말하자면 한자 학습

[識字] 교본에 불과하며, 한자사전이라 할 수는 없다. 물론 오늘날 우리는 『급취편』의 연구를 통해 서한 때의 어휘와 방언(方言)에 관한 중요한 많은 자료를 발견하기도 한다.

그러나 『설문해자』 저술의 기초가 이러한 자료에 한정되지만은 않았을 것이다. 오늘날 우리가 볼 수는 없지만, 이전의 인용이나 기술에 근거하면 초기 한자사전의 대략적인 모습은 알 수 있다. 그중 비교적 유명한 것으로는 다음의 것들이 있다.

① 『사주편』(史籀篇): 반고(班固)의 『한서』(漢書) 「예문지」(藝文志)에서는 주(周) 선왕(宣王) 때의 태사(太史)의 저작이라고 했다. 또 "주(周)나라 때 사관(史官)이 아이들을 가르치던 책이다."라고도 했다. 『설문해자』에서 인용한 '주문(籀文)'은 바로 『사주편』(史籀篇)에서 온 것이다. 왕국유(王國維)는 「사주편소증」(史籀篇疏證)에서 "그 글자체를 살펴볼 때 전국(戰國) 때의 문자로, 진(秦)나라 사람들이 아이들을 가르치던 때 쓰던 책이다."라고 했다.[3]
② 『창힐편』(倉頡篇): 이사(李斯)의 저작이라 전해진다.
③ 『원력편』(爰歷篇): 조고(趙高)의 저작이라 전해진다.
④ 『박학편』(博學篇): 호무경(胡毋敬)의 저작이라 전해진다.

『설문해자』 「서」(敍)에서 이렇게 말했다. 칠국(七國) 때는 "언어가 다르고, 문

3) (역주) 班固는 『사주편』을 周 宣王 때의 것으로 보았지만, 王國維는 그보다 훨씬 뒤인 전국시대 秦나라의 것으로 보았다. 그는 이에 근거해 전국 시대의 문자사용 현황을 서쪽의 秦나라 계열과 나머지 동쪽의 六國 계열로 나누고, 서쪽에서는 籀文을 동쪽에서는 古文을 사용했다고 했다. 이는 古文을 시간적 대칭 개념으로 인식하던 이전의 개념을 동서라는 동시대의 지역적 개념으로 바꾸었다는 학술사적 개념을 가진다. 이 이후로 '六國의 古文'은 다시 동쪽의 齊魯, 북쪽의 燕, 중원의 三晋, 남쪽의 楚 계열 문자로 다시 세분될 수 있었다. 王國維의 「史籀篇疏證」과 何琳儀의 『戰國文字通論』 참조.

자의 형체가 달랐다. 진시황(秦始皇)이 처음으로 천하를 통일하자, 승상(丞相) 이사(李斯)가 문자를 통일해야 한다고 건의를 올렸다. 진(秦)나라 문자와 일치하지 않는 것은 없애고, 이사가 『창힐편』(倉頡篇)을, 중거부령(中車府令) 조고(趙高)가 『원력편』(爰歷篇)을, 태사령(太史令) 호무경(胡毋敬)이 『박학편』(博學篇)을 지었다. 모두 사주(史籒)의 대전(大篆)에서 따왔으며, 간혹 다소 줄이거나 고치기도 했는데, 이른바 소전(小篆)이라는 것이다."

서한 때에는 진(秦)나라 때의 『창힐편』(倉頡篇)·『원력편』(爰歷篇)·『박학편』(博學篇) 이 셋을 합쳐서 『창힐편』(倉頡篇)이라 불렀다. 『창힐편』에는 고자(古字)가 많아 일반인들이 독음을 잘 알지 못하자, 한나라 선제(宣帝) 때에는 "제(齊) 지방 사람 중 독음에 정통한 자를 초빙했는데, 장창(張敞)이 이에 응했다."

장창(張敞)의 학문은 그의 딸에 의해 자신의 외손(外孫)인 두업(杜業)에게 전해졌고, 두업(杜業)은 다시 그의 아들 두림(杜林)에게 전했다. 두림은 『창힐고』(倉頡故)라는 책을 지었었는데, 『설문해자』에서는 두림(杜林)의 해설을 인용하기도 했다.

⑤ 『범장편』(凡將篇): 사마상여(司馬相如)의 저작이다.
⑥ 『급취편』(急就篇): 사유(史游)의 저작이다.
⑦ 『원상편』(元尚篇): 이장(李長)의 저작이다.
⑧ 『훈찬편』(訓纂篇): 양웅(揚雄)의 저작이다.

이중 『급취편』만 장지(張芝)·종요(鍾繇)·황상(皇象)·색정(索靖) 같은 역대 유명 서예가들이 임모(臨摹)한 덕택에 서예 작품으로 지금까지 전해질 뿐, 나머지는 모두 실전되고 말았다. 하지만, 그 내용은 대체로 『급취편』과 모두 비슷했을 것으로 추정된다.

이러한 책은 오늘날의 처지에서 보면, 자전(字典)에 해당하기보다는 한자 학습[識字] 교본이라 하는 것이 더 적절할 것이다. 하지만, 이들은 문자를 연구하고 정리한 것으로, 모두 『설문해자』의 저술에 일정한 기초를 제공해 주었다.

# 제3장

# 『설문해자』의 편찬 목적과 동기

『설문해자』를 읽어 본 사람이라면 누구라도 『설문해자』의 모든 해설이 글자의 본원(本源)을 살피고, 글자의 형체[形]·독음[音]·의미[義] 간의 관계 및 그 유래를 파헤치는 데 있다는 것을 알 수 있을 것이다. 바로 허신(許愼) 자신이 「후서」(後敘)에서 말했듯, "형체에 근거해 연계를 맺고, 이로부터 확장시켜 모든 글자의 근원을 파헤쳤다.(據形系聯, 引而申之, 以究萬原.)"

각각의 문자는 모두 일정한 형체를 가지는데, 어떻게 해서 이런 형체가 생겼을까? 각각의 문자는 모두 일정한 개념을 가지는데, 어떻게 해서 이런 개념을 갖게 되었던 것일까? 각각의 문자는 모두 일정한 독음이 있는데, 어떻게 해서 이런 독음이 있게 되었던 것일까? 예를 들어 설명해 보기로 하자(『說文』의 인용에 대해 특별한 주석이 없을 때에는 모두 陳刻 大徐本[4])에 근거했다).

정(井) 井 : "여덟 가구가 하나의 우물을 사용한다. 우물 난간의 통나무를 형상했으며, •은 두레박을 그렸다.(八家一井, 象構韓形, •, 罋之象也.)"

「정(井)」의 소전체인 井 은 '통나무[韓]'—다시 말해 우물 난간을 그렸으며, 가운데 있는 점은 물을 긷는 두레박을 형상했다. 이 때문에 「정(井)」이 대표하는 개념이 물을 긷는 '우물'이 되었다. 『이아』(爾雅) 「석수」(釋水)의 『소』(疏)에서 인용한 『설문해자』에서는 「정(井)」에 대해 "땅을 파 물을 긷는 곳(鑿地取水也)"이라고 해석했다.

입(立) 立 : "서 있다는 뜻이다. 사람[大]이 땅[一] 위에 선 모습을 그렸다.(住也. 從大立一之上.)"

여기서 가로획[一]은 땅을 뜻하고, 대(大)는 '사람'을 뜻하여, 사람이 땅 위에 선 모습, 즉 '서다'는 뜻을 형상했고, 이로부터 '서 있다'는 뜻을 나타내게 되었다.

역(亦) 亦 : "사람의 겨드랑이를 말한다. 대(大)가 의미부인데, 양쪽의 겨드랑이를 그렸다.(人之臂亦也. 從大, 象兩亦之形.)"

---

4) (역주) 청나라 同治 12년(1873년) 番禺 陳昌治에 의해 판각된 판본을 말한다. 그는 이전의 孫星衍이 정리한 판본에 근거해 校訂하였는데, 훌륭한 판본으로 정평이 났고, 이후 1963년 中華書局이 이에 근거해 정리 출판함으로써 현재 통용되는 『설문해자』의 대표 판본이 되었다.

대(大)는 사람을 그렸고, 양쪽의 두 점은 '겨드랑이[腋]'가 있는 곳을 말하며, 이 때문에 「역(亦)」의 원시 의미가 '겨드랑이'가 되었다. 다만, 「액(腋)」은 뒤에 생겨난 글자[後起字]로 『설문해자』에는 「액(腋)」이 실려 있지 않다.5)

목(牧) 𤘘: "소치는 사람을 말한다. 복(攴)과 우(牛)가 의미부이다. 『시경』에서 '목동이 꿈을 꾸었다.'라고 했다.(養牛人也. 從攴, 從牛. 『詩』曰: '牧人乃夢'.)"

「목(牧)」은 채찍을 손에 들고 소를 몰다는 뜻이며, 그래서 "소치는 사람을 말한다". 허신은 『시경』의 "목동이 꿈을 꾸었다(牧人乃夢)"라는 말을 인용한 탓에 「목(牧)」을 "소치는 사람"이라고 해석했지만, 「목(牧)」의 원래 의미가 "소치는 사람"을 뜻하는 명사인지 "소를 치다"는 뜻의 동사인지에 대해서는 다시 생각해 볼 일이다.

시(攺) 𢼊: "펴다는 뜻이다. 복(攴)이 의미부이고 야(也)가 소리부이다. 시(施)와 독음이 같다.(敷也. 從攴, 也聲. 讀與施同.)"

허신은 「시(攺)」의 구조를 복(攴)이 의미부이고 야(也)가 소리부인 구조로 해석했는데, 「시(攺)」는 야(也)로부터 독음이 만들어졌다. 그리고 독음이 시(施)와 같다고 특별히 밝혀 두었다. 사실상 「시(施)」도 야(也)로부터 독음이 만들어졌다. 「야(也)」·「시(攺)」·「시(施)」의 독음이 오늘날에는 서로 차이가 크지만, 전국

5) (역주) 腋은 두 번의 분화과정을 거쳐 만들어진 글자이다. 亦이 원래는 위의 해석처럼 정면 모습의 사람[大]에다 양쪽에 두 점을 더하여 그곳이 겨드랑이임을 그렸으나, 이후 '또'라는 뜻으로 가차되어 쓰였다. 그러자 원래 뜻을 나타낼 때에는 肉(月)을 더하여 夜로 분화했다. 그러나 夜가 또다시 '밤'이라는 뜻으로 가차되어 쓰였고, 그러자 다시 肉(月)을 더해 腋으로 분화했다.

(戰國) 시대이나 진한(秦漢) 때에는 이 셋의 독음이 같았다.

> 시(施) [seal script]: "깃발(이 날리는) 모양이다. 언(㫃)이 의미부이고, 야(也)가 소리부이다. 제(齊)나라 '난시(欒施)'의 자가 '자기(子旗)'라는 사실로부터 시(施)가 바로 깃발임을 알 수 있다.[6](旗皃. 從㫃, 也聲. 齊欒施字子旗, 知施者旗也.)"

이처럼 허신은 「시(施)」의 형체[形]·독음[音]·의미[義]의 각 방면에 대해 그 근원 및 상호 관계를 비교적 전면이고도 깊이 있게 탐구했다.

우리는 여기서 한 걸음 더 나아가 다음과 같은 문제를 캐묻지 않을 수 없다. 허신은 왜 이렇게 글자의 근본을 파헤쳤던 것일까? 그 동기는 도대체 무엇이었을까? 이는 허신이 살았던 시대적 환경과 밀접하게 관련되어 있다.

서한(西漢) 때에는 '경학(經學)'이 극성했던 시기이다. 경학은 유가(儒家) 경전을 연구하고 해석하는 학문이었는데, 어떤 이는 이를 이익이나 부를 취하는 수단으로 삼기도 했다. 서한 때는 금문 경학파(今文經學派)가 주도적 위치를 차지했으며, 한 가지 경전에만 능통해도 박사가 될 수 있었다. 그들에 의하면, 모든 경전은 성인의 말씀이며, 경전 중의 모든 문구, 심지어는 한 글자 한 글자에

---

6) (역주) 『春秋』에서 齊나라의 신하인 欒施의 字가 子旗라는 것으로부터 「施」가 "깃발 모양(旗貌)"임을 증명한 것이다. 이는 『설문해자』에서 옛날 사람의 이름을 인용하면서 이름과 자가 서로 연관되어 있음을 응용하여 해당 글자의 의미를 해석한 예라 할 수 있다. 이러한 해석법은 『설문해자』에서 자주 보이는데, 「孔」의 해석에서 "孔은 통하다[通]는 뜻이다. 乙로 구성되었고, 또 子로 구성되었다. 乙은 아이 낳기를 기도드리는 새이다. 乙이라는 새가 오면 아이를 낳게 되며, 생활을 즐겁게 해 준다. 그래서 옛사람의 이름에 嘉가 있는데, 字를 子孔이라 했다.(孔, 通也, 從乙從子. 乙請子之候鳥也. 乙至而得子, 嘉美之也. 古人名嘉字子孔.)"(乙部)라고 했는데, 옛날 嘉라는 이름을 가진 사람의 字가 "子孔"인데 이로부터 「孔」에 "아름답다(嘉美)"라는 뜻이 있음을 증명할 수 있다고 한 것과 같다.

모두 성인의 '미언대의(微言大義)'가 들어 있으며, 이러한 미언대의(微言大義)가 바로 수신(修身)·치국(治國)·평천하(平天下)의 대도(大道)라고 여겼다. 그러나 사실 '미언대의'라는 것은 이러한 경학가가 그들의 정치적 주장을 펴고자 성인의 말씀에다 갖다 붙임으로써 자신들의 권위를 높이기 위한 일종의 눈속임이었다. 더욱 저질일 때는 제멋대로 경전을 해석하고, 위조된 '미언대의'로 개인의 동기를 만족하게 하기도 했다.

언어 문자는 약정속성(約定俗成)에 의한 것으로, 그 자체의 규칙도 갖고 있다. 그래서 사람들이 제멋대로 해석을 붙일 수 있는 것은 아니다. '경서(經書)'는 옛날부터 전해 내려오던 문헌으로, 이 또한 먼저 언어 문자 자체의 운용 규칙성에 근거해 이러한 문헌에 기록된 내재적 의미를 해석해야만 한다.

허신은 자기가 하고 싶은 대로 제멋대로 문자와 문헌을 해석하던 현상에 대해 대단히 분개했다. 그는 "사람들이 자신의 사사로움을 이용하는 바람에 옳고 그름에 기준이 없게 되고, 교묘하고 사특한 말만 난무하여 세상의 배우는 자들로 하여금 의혹에 빠져들게 했는데(人用己私, 是非無正, 巧說衺辭, 使天下學者疑.)"[7], 이것이 경전 해석을 혼란하게 만든 근본 원인이라고 생각했다.

이러한 시대적 병폐를 바로잡으려고 언어 문자의 규칙성을 깊이 있게 전면적으로 검토할 필요가 있었던 것이다. 왜냐하면 "문자라는 것은 경학과 예술의 근본이요, 왕정의 시작이며, 이전 사람들이 후세에 전해주고 후세 사람들이 이전 사람을 알 수 있게 하는 것(文字者, 經藝之本, 王政之始, 前人所以垂後, 後人所以識古.)"[8]이기 때문이다. 그가 평생의 힘을 모아 저술한 『설문해자』는 바로 "많은

7) 許愼, 『說文解字』「敘」에 보인다. 清 陳昌治가 同治 12年에 版刻한 大徐本 『說文解字』에 근거했다.
8) 위의 주와 같음.

부류를 갈무리하고, 잘못된 것에 대해 해설하여, 배우는 자를 일깨우고, 신비한 뜻에 이르도록(理群類, 解謬誤, 曉學者, 達神恉.)"[9]하려는 것이었다. 이것이 바로 허신이 『설문해자』를 저술했던 동기임은 매우 분명하다. 『설문해자』가 세상과 당시의 유행에 분개하여 찬술한 작품이라고 한다면, 많은 사람이 의아하게 생각할지 모르겠지만, 이는 분명한 사실이다.

9) 위의 주와 같음.

# 제4장

# 『설문해자』의 판본

허신(許愼)은 한나라 화제(和帝) 영원(永元) 12년(서기 100년)에 『설문해자』를 완성했다(혹자는 이 해가 許愼이 원고를 쓰기 시작한 해라고 하는데, 이는 잘못이다). 그의 아들 허충(許沖)은 건광(建光) 원년(서기 121년)에 한나라 안제(安帝)에게 이 책을 올렸다. 이 이후로 『설문해자』는 널리 유포되기 시작했다. 『수서』(隋書)「경적지」(經籍志), 『구당서』(舊唐書)「경적지」(經籍志), 『신당서』(新唐書)「예문지」(藝文志) 등에 모두 이 책이 실려 있다.

양(梁)나라 유엄묵(庾儼默)이 『연설문』(演說文) 1권을 지었다 했고, 『수서』「경적지」(經籍志)에는 또 『설문음은』(說文音隱) 4권이 실려 있는데, 이는 당시에 이미 『설문해자』를 전문적으로 연구한 저작이 나왔음을 말해 준다. 육덕명(陸德明)의 『경전석문』(經典釋文), 이선(李善)의 『문선주』(文選注), 현응(玄應) 및 혜림(慧琳)의 『일체경음의』(一切經音義) 등에서 모두 『설문해자』를 대량으로 인용한 바 있다. 수당(隋唐) 사이에는 저명한 주석학자인 안사고(顔師古)·공영달(孔穎達)·가공언(賈公彦) 등도 여러 차례 이를 인용했었다. 진(晉)나라 여침(呂忱)의 『자림』(字林)과 양(梁)나라 고야왕(顧野王)의 『옥편』(玉篇)은 더더욱 『설문해자』의 기초 위에서 분량을 확대 발전시킨 것이었다. 이러한 사실은 육조(六朝)와 수당(隋唐)을 거치는 동안 『설문해자』가 계속해서 널리 유포되었음을 분명하게 설명해 주고 있다.

대략 서기 8세기 중엽쯤, 이양빙(李陽冰)은 『설문해자』를 정리하고 간정(刊定)했으며, 자신의 개인적 견해도 함께 밝혔었다. 이양빙의 간정본(刊定本)은 이미 찾아볼 수 없지만, 후세 사람들은 그가 허신의 옛날 『설문해자』를 마음대로 고쳤다고 하여, 허신에 대한 죄인이라고 비판해왔는데, 이는 매우 잘못된 오해이다.

서현(徐鉉)은 「표(表)」를 올려 이렇게 말했다. "당나라 대력 연간 중, 이양빙의 전서체는 절묘해 고금을 통틀어 최고입니다. 자신 스스로 '이사 이후로는 바로 자신이 최고라고 할 수 있다.'라고 했는데, 이는 틀린 말이 아닙니다. 그래서『설문해자』를 간정한 것은 필법을 바로잡은 것이어서 학자들의 존중을 받았으며, 전서와 주문의 중흥을 이루었습니다.("唐大歷中, 李陽冰篆跡殊絶, 獨冠古今. 自云: '斯翁之後, 直至小生.' 此言爲不妄矣. 於是刊定『說文』, 修正筆法, 學者師慕, 篆籒中興.)" 이는 서현이 기본적으로 이양빙을 긍정적으로 평가했음을 보여 준다. 단지 그는 이양빙이 "허신을 다소 배척함으로써 스스로 억측을 더했던 것"을 반대했을 뿐이며, 그가 걱정했던 것은 "지금의 문자 학자들이 이양빙의 새로운 해설을 따르는" 것이었다. 서개(徐鍇)의 『설문해자계전』(說文解字繫傳)「거망편」(袪妄篇)도 문자에 대한 이양빙의 견해, 즉 이양빙의 '새로운 해석[新義]'에 동의하지 않았던 것일 뿐이다. 오늘날에도 이양빙의 간본(刊本)과 대서(大徐)와 소서(小徐)의 판본에 근본적으로 어떤 차이가 있다고는 볼 수 없다.

그 자신이 허신과 다른 몇몇 견해를 표시했다는 것을 두고 그가 『설문해자』의 원문을 고쳤다고 할 수는 없다. 그래서 이른바 이양빙이 『설문해자』를 "제멋대로 끼워 넣었다[竄改]"거나 "제멋대로 고쳤다[擅改]"는 것은 전혀 근거가 없는 말이다.

오늘날 우리가 볼 수 있는 최초의 판본은 당(唐)나라 때의 잔사본(殘寫本)으로, 「목(木)」부수의 1백 88자가 남아 있는데, 『설문해자』 9천 3백 53자의 50분의 1에 불과하다. 이는 일반적으로 820년대의 당나라 목종(穆宗) 때 쓰인 것으로 알려졌다. 이 잔사본(殘寫本)은 중요한 참고적 가치를 지닌다는 것이지, 그 자체가 하나의 완전한 책은 아니다. 거기에 보이는 전서체 중 대서본과 소서본과 차이가 나는 것은 단지 5자에 지나지 않으며, 나머지는 모두 대동소이하다. 이것은 중당(中唐) 이후의 『설문해자』 통용본에 이양빙이 "제멋대로 고쳤다"는 그런 문제가 절대 존재하지 않음을 설명해 준다.

오늘날 볼 수 있는 『설문해자』는 두 가지 계통으로 전해 내려온 것이다. 하나는 남당(南唐) 서개(徐鍇)의 『설문해자계전』(說文解字繫傳)으로 '소서본(小徐本)'이라 불리는 것이고, 다른 하나는 북송 초 서현(徐鉉) 등의 교정본(校定本)으로, '대서본(大徐本)'이라 불리는 것이다. 서현과 서개는 형제로, 그들은 모두 『설문해자』를 깊이 연구했다. 서개가 동생이지만 먼저 세상을 떠났고, 그가 지은 『설문해자계전』에는 자신의 개인적 견해가 많이 들어 있다. 서현은 형으로, 송나라에서 관직을 한 후 송나라 태종(太宗) 옹희(雍熙) 3년(서기 986년)에 『설문해자』의 교정 작업을 마무리했다. 그는 『설문해자』 자체의 교감(校勘)과 정리에 치중했으며, 가능한 한 『설문해자』의 원래 모습을 복원하려 애썼다.

오늘날 볼 수 있는 것 중, 비교적 훌륭한 『설문해자계전』의 판각본으로는 청(淸)나라 기와조(祁寯藻)가 도광(道光) 19년(서기 1839년)에 고천리(顧千里)의 송나라 초본(鈔本)과 왕사중(汪士鐘)이 소장한 송각(宋刻) 잔본(殘本)에 근거하고, 승배원(承培元)과 묘기(苗夔) 등의 상세한 교정을 거친 판본이 있다.

현전하는 대서본(大徐本) 중 가장 오래된 것은 모진(毛晉)이 송각본(宋刻本)에 근거해 번각(翻刻)한 판본이다. 그것은 초인본(初印本)과 완개본(剜改本) 두 가지로 나뉘는데, 이것이 바로 급고각본(汲古閣本)이다. 청나라 가경(嘉慶) 14년(서기 1809년) 손성연(孫星衍)은 또 송나라 판본에 근거해 이를 중각(重刻)했는데, 이것이 평진관본(平津館本)이다. 동치(同治) 12년(서기 1873년) 진창치(陳昌治)는 다시 손성연 판본에 근거해 교정(校訂)하였는데, 이것이 바로 중화서국(中華書局)에서 1963년 정리 출판한 『설문해자』의 저본(底本)이 되었다.

전해지는 대서본(大徐本)과 소서본(小徐本)은 판각 시기가 이른 송본(宋本)을 저본으로 삼긴 했지만, 이러한 것이 허신(許愼) 편찬 당시의 참모습을 대표한다 할 수 있을까? 이 문제에 대해서는 이전 학자들이 많은 고증을 한 바 있다.

대서본(大徐本)에 관해서는, 요문전(姚文田)과 엄가균(嚴可均)의 『설문교의』(說文校議), 뉴수옥(鈕樹玉)의 『설문교록』(說文校錄) 등에서 방대한 인용과 증명을 통해 서현(徐鉉)의 오류를 바로잡았다. 소서본(小徐本)에 관한 것으로는 왕헌(汪憲)의 『설문계전고이』(說文繫傳考異)와 왕균(王筠)의 『설문계전교록』(說文繫傳校錄) 등이 있다.

대서본과 소서본에는 차이가 존재하는데, 어느 것이 옳고 그런 가의 문제는 천고의 논쟁거리가 되었다. 이 때문에 소서본과 대서본을 전문적으로 비교 대조한 저작도 나오게 되었다. 그중 가장 대표적인 것이 전오소(田吳炤)의 『설문이서전이』(說文二徐箋異)이다. 청나라 때의 『설문해자』 연구 사대가 중 단옥재(段玉裁)와 왕균(王筠)도 『설문해자』에 대해 깊이 있게 교정(校訂)한 바 있다. 단옥재의 『급고각설문정』(汲古閣說文訂)과 왕균의 『설문계전교록』(說文繫傳校錄)과 같은 전문적 저작 외에도, 단옥재의 『설문해자주』(說文解字注)나 왕균의 『설문구두』(說文句讀) 등도 대서본과 소서본에 대한 상당한 고정(考訂) 성과를 반영하게 되었고, 그래서 이러한 책은 일반적인 판본과 일부 차이를 보이기도 한다. 그래서 『설문해자』를 인용할 때에는 이러한 문제에 부딪히게 될 것이고, 그 때문에 어떤 판본을 이용했는지를 명확하게 밝혀야만 한다.

1928년 정복보(丁福保)가 편찬한 『설문해자고림』(說文解字詁林)은 『설문해자』과 관련된 저술 1백 82종과 2백 54명의 학설을 집대성하였으며, 가능한 한 선본(善本)을 택해 오려붙이는 방식으로 만든 책이다. 글자마다 그에 관한 여러 학설을 모두 모아 놓아, 『설문해자』를 연구하는데 매우 유용한 책이다. 그 후 다시 『설문해자고림보유』(說文解字詁林補遺)가 나옴으로써 더욱 완전한 모습을 갖추게 되었다. 설사 빠진 것이 있다 해도 극히 제한적일 것이다.

허신이 살았던 때부터 지금까지 이미 약 2천 년이나 되었고, 서현과 서개로부터도 이미 약 천 년이라는 세월이 흘렀다. 여러 차례에 걸쳐 전초(傳鈔)와 번각(翻刻)이 이루어졌다. 그래서 『설문해자』라는 책은 허신의 원서와 이미 거리가 있는데다가 대서본과 소서본의 본래 모습도 아니다. 청나라 학자들이 이 방면에 대대적인 교감(校勘) 작업을 했는데, 그들의 성과를 존중하여 이용할 만하다.

# 제5장

# 『설문해자』의 체제

모든 저술에는 언제나 일정한 체제가 있기 마련이다. 책의 체제를 잘 알지 못하면, 그 책의 내용과 저자의 의도를 알기 어렵다. 허신(許愼)은 서문[敍言]에서 『설문해자』의 체제에 대해 다음처럼 간략하게 언급했을 뿐이다.

"지금 전서체를 표제자로 두어, 고문과 주문과 합쳐지게 했으며, 학자들의 다양한 견해를 널리 인용했다.(今敍篆文, 合以古籀, 博采通人)."

"부수를 세울 때에는 「일(一)」을 시작으로 삼았다. (글자 배열은) 부류에 따라 함께 모으고, 사물은 종류에 따라 분류했다. 같은 가지의 잎들이 하나로 엮였듯, 같은 뜻이 있는 글자들을 한결같이 연이어 놓았다. (부수와 귀속자는) 순서에 따라 배열하되 뒤섞여도 경계를 벗어나지 않았는데, 그것은 형체에 근거해 체계적으로 배열했기 때문이다. 끌어내 깊이 있게 해설함으로써, 만물의 근원을 파헤치게 하였다.(其建首也, 立一爲端. 方以類聚, 物以群分. 同條牽屬, 共理相貫. 雜而不越, 據形系聯. 引而申之, 以究萬原.)"

역대 학자들은 이의 구체적인 내용에 대해 깊이 있게 연구하여, 적잖은 조례(條例)를 분석하고 귀납해 왔다. 그중에서도 왕균(王筠)의 『설문석례』(說文釋例)가 비교적 완비된 저작이다. 왕균은 『설문석례』의 「자서」(自序)에서 "20년에 걸친 연구 끝에 비로소 옛사람의 저술 의도를 알 수 있게 되었다. 허신이 저술한 책의 체제는 천여 년 간에 걸친 전사과정에서 혼란이 생겼고, 서현이 제멋대로 고쳤던 탓에 오류가 생기긴 했지만, 여전히 질서정연하게 잘 분별할 수 있었다.(積二十年, 然後於古人制作之意, 許君著書之體, 千餘年傳寫變亂之故, 鼎臣以私意竄改之謬, 犁然辨晳.)"라고 했다. 하지만, 왕균이 언급한 내용도 너무 광범위하고, 총체적으로 낸 결론에도 '정례(正例)'가 있고 '변례(變例)'도 있으며 조목도 지나치게 많아, 초학자들이 쉽게 파악하기는 어렵다.

『설문해자』처럼 초기 저작으로서 "무려 13만 3천 4백 41자"나 되는 방대한 분량의 저술에, 시종일관 한결같은 체제를 갖추고 게다가 빠트린 것도 전혀 없는 체제를 요구한다는 것은 거의 무리일 것이다. 그래서 허신을 대신해 일일이 변호할 필요도 없었기에 일괄적으로 '변례(變例)'라는 이름으로 해설해 버렸던 것이다.

오늘날의 우리도 『설문해자』의 완전한 체제를 귀납해 낸다는 것은 어려운 문제다. 여기서는 단지 이전 학자들이 이미 제시했던, 그리고 『설문해자』라는 책의 이해에 도움이 될 만한 체제만 소개할까 한다.

## 1. 해설의 체제

(1) 허신(許愼)은 글자를 해설하면서, 다음의 예처럼 반드시 글자의 의미[字義]를 먼저 설명하고, 그런 다음에 글자의 형체[字形]를 설명했다.

정(定) 𡧍 : "안정하다는 뜻이다. 면(宀)으로 구성되었고, 또 정(正)으로 구성되었다.(安也. 從宀, 從正.)"

단(旦) 旦 : "날이 밝다는 뜻이다. 해(日)가 가로획[一] 위로 나타나는 모습을 그렸는데, 가로획은 땅을 뜻한다(明也. 從日見一上. 一, 地也.)"

과(果) 果 : "과실을 말한다. 목(木)이 의미부인데, 과실이 나무에 달린 모습을 그렸다.(木實也. 從木, 象果實在木之上.)"

(2) 글자의 형체[字形]를 설명할 때에는, 다음의 예처럼 반드시 해당 부수(部首)를 먼저 들고, 그런 다음에 다른 부수의 형체를 제시했다.

폭(暴) 𣋡 : "햇볕에 말리다는 뜻이다. 일(日)로 구성되었고, 또 출(出)로 구성되었고, 또 공(収)으로 구성되었고, 또 미(米)로 구성되었다.(晞也. 從日, 從出, 從収, 從米.)"

「폭(暴)」이 「일(日)」부수에 속했기 때문에, "일(日)로 구성되었다"라는 말을 앞에 놓았던 것이다.

리(吏) 吏 : "남을 다스리는 사람을 말한다. 일(一)로 구성되었고, 또 사(史)로 구성되었는데, 사(史)는 소리부도 겸한다.(治人者也. 從一, 從史, 史亦

聲.)"

「리(吏)」가 「일(一)」부수에 속했기 때문에, "사(史)로 구성되었고, 또 일(一)로 구성되었다."라고 하지는 않았던 것이다.

산(筭) 𥮚 : "길이 6치로 된, 숫자 계산하는 것을 말한다. 죽(竹)으로 구성되었고, 또 농(弄)으로 구성되었는데, 언제나 갖고 놀아야만 틀리지 않는다는 의미를 담았다.(長六寸, 計歷數者. 從竹, 從弄, 言常弄乃不誤也.)"

「산(筭)」이 「죽(竹)」부수에 속했기 때문에, "죽(竹)으로 구성되었다"라는 말을 먼저 했던 것이다.

수(獸) 𤡔 : "지키는 것을 말한다. 축(嘼, 畜의 고자-역자 주)으로 구성되었고, 또 견(犬)으로 구성되었다.(守備者. 從嘼, 從犬.)"

「수(獸)」가 「축(嘼)」부수에 속했기 때문에, "축(嘼)으로 구성되었다"라는 말을 먼저 해야 했던 것이다.

하지만, 다음처럼 소수의 예외도 있다.

리(离) 𥜻 : "짐승 모양을 한 산신을 말한다. 짐승의 머리 모양으로 구성되었고, 구(厹)로 구성되었고, 또 철(屮)로 구성되었다.(山神獸也. 從禽頭, 從厹, 從屮.)"10)

10) (역주) 이어지는 말은 다음과 같다. "歐陽喬는 '离는 猛獸를 말한다.'라고 했다. 臣 鉉

「리(离)」가 「구(厹)」부수에 속하기 때문에, "구(厹)로 구성되었다"라는 말을 먼저 해야 했지만, 그러지 못했다.

수(杸) 𣏟 : "군대에서 병졸들이 드는 창을 말한다. 목(木)으로 구성되었고, 또 수(殳)로 구성되었다.(軍中所持殳也. 從木, 從殳.)"11)

「수(杸)」가 「수(殳)」부수에 속하기 때문에, "수(殳)로 구성되었고, 또 목(木)으로 구성되었다."라고 했어야만 한다.12)

(3) "從某某(어떤 글자와 어떤 글자로 구성되었다)"라고 한 형식은 연결된 두 글자 전체를 의미로 삼아, 의미를 중심으로 했기 때문에 꼭 부수를 중심으로 설명할 필요가 없는 경우이다. 이럴 경우는 모두 회의자(會意字)에 속한다.

절(斲) 𣂔 : "끊다는 뜻이다. 도끼(斤)로 풀을 끊다는 의미를 그렸다.(斷也. 從斤斷艸.)"

---

등은 '中로 구성되었다고 한다면 의미를 가져올 방법이 없어, 象形이 아닐까 생각합니다.'"

11) (역주) 이어지는 말은 다음과 같다. "軍中에서 병사들이 팔모창[殳]을 진 모습을 그렸다. 木으로 구성되었고, 또 殳로 구성되었다. 司馬法은 깃털 춤[執羽]을 출 때 杸를 갖고 한다고 했다."

12) (역주) 「杸」는 殳에서 파생한 글자로, 나무[木]로 만들어졌다는 의미를 강조하기 위해 木을 더해 분화했다. 그렇다면, 의미부를 더해 파생한 형성구조는 새로 더해진 의미부가 부수로 기능 하는 원리로 볼 때 木이 의미부이고 殳가 소리부인 구조가 되어야 할 것이다. 그렇다면, 이 예는 예외로 볼 수 없다.

「절(斲)」은 「초(艸)」 부수에 포함되었는데, 지금은 「절(折)」로 적는다. 여기서는 "초(艸)와 근(斤)으로 구성되었다"라고 말할 필요가 없다.

무(武) : "초나라 장왕이 이렇게 말했다. '무력이라는 것은 전공을 확정하고 전쟁을 멈추게 한다. 그래서 지(止)와 과(戈)가 합쳐져 무(武)가 된다.'(楚莊王曰: '夫武, 定功戢兵. 故止戈爲武'.)"

「무(武)」는 「과(戈)」 부수에 포함되었지만 "지(止)와 과(戈)로 구성되었다"라고 해야지, "과(戈)와 지(止)로 구성되었다"라고 할 수는 없다.

## 2. 『설문해자』 5백40부수의 배열*

『설문해자』 5백 40부수는 대체로 형체에 근거해 연계시켰는데(據形系聯), 형체가 관련 있거나 비슷하면 모두 순서대로 배열했다. 다음의 예를 보자.

「일(一)」을 책 전체의 첫 번째 글자로 삼았는데, "도(道)는 일(一)에서 세워지며", 천지 만물도 모두 하나[一]에서 파생되었기 때문이다. 이것이 『설문해자』에서 「일(一)」 부수를 제일 앞에 두었던 이유이다.

「상(上)」·「하(下)」·「시(示)」는 모두 「상(上)」과 관련 있다.
「삼(三)」·「왕(王)」·「옥(玉)」·「각(珏)」은 모두 「삼(三)」과 관련 있다.
「철(屮)」·「초(艸)」·「욕(蓐)」·「망(茻)」은 모두 「철(屮)」과 관련 있다.

하지만, 어떤 경우에는 다음처럼 "유사한 것끼리 서로 모은 것(以類相從)"도 있다.

> 시(豕)·단(彖)·계(彑)·돈(豚)·치(豸)·석(舄)·척(易)·상(象)·마(馬)·치(廌)·록(鹿)·주(麤)·착(㲋)·토(兔)·현(萈)·견(犬)·은(㹜)·서(鼠)·능(能)·웅(熊) 등은 모두 짐승에 관한 것들이다.
>
> 근(斤)·두(斗)·모(矛)·거(車) 등은 모두 기물에 관한 것들이다.
>
> 갑(甲)·을(乙)·병(丙)·정(丁)·무(戊)·기(己)·경(庚)·신(辛)·임(壬)·계(癸)·자(子)·축(丑)·인(寅)·묘(卯)·진(辰)·사(巳)·오(午)·미(未)·신(申)·유(酉)·술(戌)·해(亥) 등은 모두 간지에 관한 것들이다.

「수(水)」 부수가 왜 「예(惢)」 부수 뒤에 놓였는지, 「인(人)」 부수가 왜 「치(黹)」 부수 뒤에 놓였는지, 「일(日)」 부수가 왜 「항(䜌)」 부수 뒤에 놓였는지 등에 대해서는 어떤 필연적인 원인이 존재할 필요는 없다. 허신도 어떤 깊은 뜻이 있어 그런 것이 아닐진대, 일부러 견강부회하게 설명할 필요는 없다. 하지만 서개(徐鍇)의 『설문해자계전』(說文解字繫傳)에서는 어떤 부수가 어떤 부수의 뒤에 놓이게 된 이유를 반드시 밝히려고 했다. 예컨대, "호랑이[虎]는 제기[彝器]를 장식하는 데 쓰이기 때문에" 「명(皿)」 부수가 「현(虤)」 부수 뒤에 놓이게 되었다고 했다. 또 "예(惢)는 의심이 많다는 뜻이다(疑也). 심(心)은 큰불을 뜻하고(大火也) 화(火)는 물의 짝이 된다(水之妃也)." 그래서 「수(水)」 부수가 「예(惢)」 부수 뒤에 놓이게 되었다고 했다.

또 "웅(熊)은 양에 속하는 동물이다(陽物也). 훨훨 타오르는 불처럼 왕성함을 말한다(熊熊然火之盛也.)" 그래서 「화(火)」 부수가 「웅(熊)」 부수 뒤에 놓이게 되었다고 했다. 이러한 해석은 '견강부회'라 할 수 있으며, 전혀 그렇게까지 해석할 필요가 없는 것들이다.

## 3. 『설문해자』 해설자의 부수 귀속*

『설문해자』의 9천 3백 53자는 "부류가 비슷한 것을 한데 모은다(以類相從)"는 원칙에 의해 5백 40부수에 귀속시켰다. 해당 글자의 구성 성분으로서 의미를 표시하는 글자는 반드시 그 부수에 귀속시켰다. 즉 주요 의미부[意符]의 부수에 다 귀속시켰다는 말이다.

예컨대, 「시(示)」부수에 귀속된 글자들은 모두 시(示)가 주요 의미부인데, 언제나 신이나 의례(儀禮)와 관련되어 있다. 또 「옥(玉)」부수 글자들은 모두 옥(玉)을 의미부로 삼고 있는데, 언제나 '옥(玉)'과 관련되어 있다.

이것이 바로 허신이 「서」(敘)에서 말한 "하나의 부수를 내세워, 같은 뜻을 주고받는다.(建類一首, 同意相受.)"라고 한 의미이다.

## 4. 『설문해자』 해설자의 배열*

『설문해자』의 각 부수에 귀속된 글자의 배열순서에도 대체로 일정한 규칙이 있는데, 다음과 같다.

(1) 동한(東漢) 때의 황제 이름인 경우, 반드시 해당 부수의 첫 번째 글자로 배열했다.

「수(秀)」: 「화(禾)」부수의 첫 번째 글자인데, 한나라 광무제(光武帝)의 이름이 수(秀)이다.

「장(莊)」: 「초(艸)」부수의 첫 번째 글자인데, 한나라 명제(明帝)의 이름이 장(莊)이다.

「달(炟)」: 「화(火)」부수의 첫 번째 글자인데, 한나라 장제(章帝)의 이름이 달(炟)이다.

「조(肇)」: 「과(戈)」부수의 첫 번째 글자인데, 한나라 화제(和帝)의 이름이 조(肇)이다.

「호(祜)」: 「시(示)」부수의 첫 번째 글자인데, 한나라 안제(安帝)의 이름이 호(祜)이다.

(2) 모든 부수의 글자들은 일반적으로 길(吉)한 것을 먼저 흉(凶)한 것을 뒤에, 또 실체가 있는 것[實]을 앞에 실체가 없는 것[虛]을 뒤에 놓았다.

예컨대 「시(示)」부수를 예로 들어 보면, 「례(禮)」·「희(禧)」·「기(祺)」·「록(祿)」·「정(禎)」·「상(祥)」·「지(祉)」·「복(福)」 등이 앞에 놓였는데, 모두 길상(吉祥)의 뜻이 있다. 이에 반해 「침(祲)」·「화(禍)」·「수(祟)」·「기(禨)」 등은 뒤에 놓였는데, 모두 재앙의 뜻이 있다. 또 「수(水)」부수를 보면, 강과 관련된 고유명사는 앞에 놓였지만, 물의 상태를 설명하는 글자는 뒤에 놓였는데, "실체가 있는 것[實]"을 앞에 "실체가 없는 것[虛]"을 뒤에 놓았음을 알 수 있다.

(3) 부수가 중첩되어 만들어졌거나 부수와 상반된 형체로 된 글자는 모두 해당 부수의 마지막에다 배열했다.

예컨대 「답(譶)」은 언(言)이 세 개 모여 만들어진 글자이기 때문에 「언(言)」부수의 마지막에 배치했다. 「신(甡)」·「유(飍)」·「뢰(磊)」·「섭(聶)」·「빈(豩)」·「표(驫)」 등도 모두 이러하다.

「촉(亍)」은 척(彳)과 형체가 상반된 모습이기에 「척(彳)」부수의 마지막에 배치되었다. 「원(𨸏)」[13]은 읍(邑)의 상반된 모습이기에 읍(邑)부수의 마지막에 배열했다.

금본(今本) 『설문해자』에는 예외도 보인다. 예컨대 「시(示)」부수의 경우 「산(祘)」 다음에 「금(禁)」과 「담(禫)」 두 글자가 더 들어 있고, 「십(十)」부수의 경우, 「초(++)」 다음에 「집(卙)」이 더 들어 있다. 그래서 이처럼 『설문해자』의 체제에 어긋나는 「담(禫)」과 「집(卙)」 등은 후세 사람들이 덧보탠 것으로 추정된다.

## 5. 『설문해자』의 '일왈(一日)'·'혹왈(或日)'·'우왈(又日)'*

『설문해자』에는 '일왈(一曰)'·'혹왈(或曰)'·'우왈(又曰)'이라고 한 것이 있는데, 글자에 대한 다른 해설을 모아 둔 것으로, 형체·의미·독음에 관한 여러 가지 해설이 함께 보존되어 있다. 다음의 예를 보자.

> 축(祝) 祝 : "축도를 드릴 때 찬사를 주관하는 사람을 말한다. 시(示)로 구성되었고, 또 인(人)과 구(口)로 구성되었다. 일설에는 태(兌)의 생략된 모습이 의미부라고도 한다. 『역』에서 '태'괘는 입[口]을 상징하고, 무당[巫]을 상징한다고 했다.(祭主贊詞者. 從示, 從人·口. 一曰: 從兌省. 『易』曰: 兌爲口, 爲巫.)"

13) (역주) 鄭樵의 『通志略』에서 "邑을 뒤집은 것이 𨸏이다(反邑爲𨸏)"라고 했다.

이는 「축(祝)」의 형체에 두 가지 다른 해설이 있음을 말했는데, 하나는 "시(示)로 구성되었고, 또 인(人)과 구(口)로 구성되었다."라는 것이고, 다른 하나는 "시(示)로 구성되었고, 태(兌)의 생략된 모습으로 구성되었다."라는 것이다.

> 자(芓) 𦬁 : "암삼을 말한다. 초(艸)가 의미부이고, 자(子)가 소리부이다. 일설에는 모시풀이라고도 한다.(麻母也. 從艸, 子聲. 一曰: 芓即枲也.)"
>
> 창(昌) 𣅑 : "아름다운 말을 말한다. 일(日)로 구성되었고, 또 왈(曰)로 구성되었다. 일설에는 햇빛을 말한다고도 한다.(美言也. 從日. 從曰. 一曰: 日光也.)"

이상은 모두 글자의 의미 해석에서 서로 다른 견해가 존재해 함께 기록해 둔 경우이다.

> 첨(㐁) 㐁 : "혀로 핥는 모습을 말한다. 각(𧮫)의 생략된 모습으로 구성되었고, 상형이다. 첨(𠥦)은 첨(㐁)의 고문체이다. '삼년도복(三年導服)'이라고 할 때의 도(導)와 같이 읽는다. 일설에는 대나무의 푸른 껍질을 말한다고도 하는데, 이때에는 첨(沾)과 같이 읽는다. 또 달리 서(誓)와 같이 읽기도 한다. 필(弻)이 이 글자로 구성되었다.(舌皃, 從𧮫省, 象形. 𠥦 古文㐁. 讀若三年導服之導. 一曰: 竹上皮. 讀若沾. 一曰: 讀若誓. 弻字從此.)"
>
> 회(盍) 盍 : "작은 사발을 말한다. 명(皿)이 의미부이고, 유(有)가 소리부이다. 회(灰)와 같이 읽는다. 일설에는 회(賄)와 같이 읽는다고도 한다.(小甌也. 從皿, 有聲. 讀若灰. 一曰: 若賄.)"

이상은 모두 글자의 독음에 차이를 보이는 여러 해설을 함께 기록해 둔 경우이다.

왕균(王筠)은 '일왈(一日)'이라는 말이 "허신의 원문에는 거의 보이지 않는다." 라고 하면서 이에 대해 다음의 네 가지 가능성을 제시했다.

첫째, 『설문해자』의 원문일 가능성인데, 이러한 가능성은 매우 낮다.
둘째, 후세 사람들이 덧보탠 글자일 가능성이다.
셋째, 『설문해자』에 첨가된 『자림』(字林)의 해석으로, "일왈(一日)"이라는 말로 구분해 둔 것일 가능성이다.
넷째, 후세 사람들이 다른 판본(版本)에 근거해 덧붙인 교정 내용일 것이다.

왕균은 『설문석례』(說文釋例)에서 이러한 상황에 대해 상세하게 예를 들어 설명했는데, 참고할만하다.

## 6. 연속된 표제자*

『설문해자』에서 소전체로 된 표제자가 연속되어 제시된 때가 있는데, 이러한 체제는 전대흔(錢大昕)의 위대한 발견으로 『십가재양신록』(十駕齋養新錄)에 보인다. 그 예로서, "미상은 날이 밝다는 뜻이다(昧爽, 旦明也.)", "힐향은 베를 말한다(肸響, 布也.)", "추애는 아래라는 뜻이다(湫隘, 下也.)", "참상은 별을 말한다(參商, 星也.)" 등을 들었다.

이에 대해 전대흔은 이렇게 말했다.

"옛사람들이 책을 쓰는 데는 간단하지만 법칙이 있었다. 학문을 좋아하고 생각이 깊은 사람이라면 당연히 그 의미의 체계가 있는 곳을 찾아야지 경솔하게 제멋대로 지껄여서는 아니 된다. 고정림(염무)은 그렇게 박학했음에도 허신이 「삼(參)」을 상성(商星)이라 풀이한 것을 두고 천상에 어두웠다고 비판했는데, 허신이 어찌 그러했겠는가?(古人著書, 簡而有法. 好學深思之士, 當尋其義例所在, 不可輕下雌黃. 以亭林之博物, 乃譏許氏訓參爲商星, 以爲昧於天象, 豈其然乎?)"

고염무(顧炎武)는 『일지록』(日知錄)에서 허신(許愼)이 「삼(參)」을 "상성(商星)"으로 풀이한 것은 천문을 알지 못한 탓이라고 비판했는데, 이는 『설문해자』의 이 부분 해설은 소전체로 된 표제자를 연속해서 읽어야 한다는 원칙을 몰라 생긴 오해 때문이었다.

전대흔은 또 모든 산 이름[山名]이나 강 이름[水名]도 소전체로 된 표제자를 연속해서 읽어야 한다고 했는데, 이는 옳은 말이다.

## 7. 『설문해자』의 독음 체제

『설문해자』에는 '역성(亦聲)'과 '생성(省聲)' 등을 포함한 해성(諧聲)자의 편방(偏旁)을 설명한 이외에도, 해당 글자의 독음을 직접 밝힌 예도 있는데, 하나는 '독약(讀若)'이고 다른 하나는 '독동(讀同)'이다. 다만 『설문해자』에서 "닉(匿)은……'양추추(羊騶箠: 양의 채찍 끝에 다는 쇠)와 같이 읽는다(匿……讀如羊騶箠)"[14]라고 한 예에서 '독여(讀如)'라는 말도 한 번 보이는데, '독여(讀如)'는 '독약(讀若)'과 같다.

---

14) (역주) 단옥재의 『설문해자주』에서는 "당연히 '羊箠鏊의 鏊와 같이 읽는다(讀若羊箠鏊之鏊)"라고 했는데, 鏊은 채찍 끝에 달린 쇠를 말한다.

### (1) '독약(讀若)'

자주 쓰이지 않는 글자의 경우, 한나라 때에는 아직 반절(反切)이 만들어지기 전이었던지라 직음(直音)이라는 방식으로 해당 글자의 독음을 표시할 수밖에 없었다. 『설문해자』의 '독약(讀若)'은 주로 해당 글자의 독음을 표기하려는 것이었지만, 어떤 경우에는 통가(通假) 관계를 설명하기 위한 것도 있었다. '독약(讀若)'에는 다음의 세 가지 방식이 있다.

첫째, 단순히 '독약(讀若)'이라고 한 경우.

구(勼) : "讀若鳩."(구(鳩)와 같이 읽는다.)
언(㫃) : "讀若偃."(언(偃)과 같이 읽는다.)
두(侸) : "讀若樹."(수(樹)와 같이 읽는다.)

이러한 경우는 보통 자주 보이는 글자를 가져와서 독음을 직접 설명한 경우이다.

둘째, 경전을 인용하여 '독약(讀若)'이라 밝힌 경우.

한나라 때 사람들은 일반적으로 경전에 익숙했다. 독음을 달면서 경전을 인용한 것은 해당 독음의 정확성을 높이려는 것이었다. 하지만, 그 의미를 더 상세히 설명하기 위한 때도 있었다.

질(趍) : "讀若『詩』'威儀秩秩'"(『시경』의 '위의질질(威儀秩秩·용모와 행동 가지런하네!)'과 같이 읽는다.)

「질(趍)」은 '달리다[走]'는 뜻으로, 「질(秩)」과는 의미상 관련이 없고, 단지 독음을 밝히려 한 것이었다.

람(鬑) : "讀若『春秋』'黑肱以濫來奔'."(『춘추』의 '흑굉이람래분(黑肱以濫來奔·흑굉이 람 땅을 갖고서 망명해 왔다)[15]'과 같이 읽는다.)

「람(鬑)」은 "머리칼이 길다(髮長)"는 뜻으로, 「람(濫)」의 뜻과는 무관하다.

표(受) : "물체가 떨어지다는 뜻이다. 위의 손으로 아래의 손에 전해주는 모습이다. 조(爪)로 구성되었고, 또 우(又)로 구성되었다. 표(受)로 구성된 글자는 모두 표(受)가 의미부이다. 『시경』의 '표유매(摽有梅·떨어지는 매실)'의 표(摽)와 같이 읽는다.(物落, 上下相付也. 從爪, 從又. 凡受之屬皆從受, 讀若『詩』'摽有梅.')"

「표(摽)」는 "치다[擊]"는 뜻인데, 「표(受)」와 「표(摽)」는 독음이 같을 뿐 아니라 의미도 서로 통한다.

최(竄) : "틀어막다는 뜻이다. ……「우서」에서 말한 '최삼묘(竄三苗·삼묘를 틀어막다)'의 최(竄)와 같이 읽는다.(塞也. ……讀若「虞書」曰'竄三苗'之竄.)"

15) (역주) 소공 31년 조에 나오는 기록으로, 黑肱은 邾의 大夫이며, 濫은 東海의 昌慮縣에 해당한다. 이때부터 濫은 노나라의 땅이 되었다.

금본(今本) 「순전」(舜典)에서는 "찬삼묘어삼위(竄三苗於三危'삼묘'를 '삼위'에서 틀어막았다)"라 적었고, 『맹자』「만장」(萬章)에서는 "살삼묘어삼위(殺三苗於三危'삼묘'를 '삼위'에서 죽였다)"라고 적었다. 이는 「최(㲋)」의 뜻을 설명하려는 것이었다.

『설문해자』에서 "변(釆)은 변(辨)과 같이 읽는다.(釆, 讀若辨.)"라고 했고, 또 "변(𥸨)……변( 𠃬 )은 변(辨)의 고문(古文)이다."라고 했는데, 이는 '독약(讀若)'이 어떤 경우에는 두 글자 간에 서로 통용할 수 있다는 사실을 표시해 주기도 한다.

셋째, '독약(讀若)'에서 방언(方言)과 속어(俗語)를 인용한 경우.

왕균(王筠)은 『설문석례』(說文釋例)에서 『설문해자』에서 방언과 속어를 인용했던 것은 "같은 시대를 사는 사람들에게 알리려는 것이었다. 모든 사람이 이 말에 익숙해 있다면, 귀에 들리는 말로써 눈에 보이는 글자를 인식하게 되고, 그렇게 되면 독음이 틀리는 일은 절대 없었을 것이다. 게다가 이러한 방법은 허신으로부터 시작된 것도 아니요, 또 허신에서 끝난 것도 아니다.(所以曉同世之人也. 人皆習熟此語, 則以耳中之語識目中之字, 其音必不誤矣. 且此法不自許君始也, 亦不自許君止也.)"라고 했다. 이에 해당하는 예를 보면 다음과 같다.

액(餩) 餩 : "굶주리다는 뜻이다. 식(食)이 의미부이고, 액(戹)이 소리부이다. 초나라 사람들이 '에인'이라고 할 때처럼 읽는다.(饑也. 從食, 戹聲. 讀若楚人言恚人.)"

잔(僝) 僝 : "갖추다는 뜻이다. 인(人)이 의미부이고, 전(孨)이 소리부이다. 여남(汝南) 지역에서 잔수(涛水)라고 할 때처럼 읽는다.(具也. 從人, 孨聲. 讀若汝南涛水.)"

화(𢢸)[16] 𣢅: "가증스럽거나 놀랄 때 내는 소리를 말한다. 기(旡)가 의미부이고, 괘(咼)가 소리부이다. 초나라 사람들은 다(多)를 과(夥)라고 하는데, 그때의 과(夥)처럼 읽는다.(屰惡驚詞也. 從旡, 咼聲. 讀若楚人名多夥.)"

(2) '독동(讀同)'

'독동(讀同)'에도 두 가지 형식이 있는데, 하나는 '독여모동(讀與某同)'이고, 다른 하나는 '독약모동(讀若某同)'이다.

왕균(王筠)은 『설문석례』(說文釋例)에서 이렇게 말했다.

"'독여모동(讀與某同)'이라고 한 것은 독음이 같음을 말한 것이다. 또 '독약모동(讀若某同)'은 당연히 '독약모(讀若某)'에서 끊어 읽고, '동(同)'자는 따로 문장을 이루어야 하는데, 바로 한 글자를 두 부분에 나누어 귀속시킨 것이다. 하지만, 오랫동안 필사되면서 '여(與)'와 '약(若)' 두 글자 간에 잘못이 생겼음이 분명하다.(凡言'讀與某同'者, 言其音同也. 凡言'讀若某同'者, 當是'讀若某'句絕, '同'字自爲一句, 即是一字, 分隸兩部也. 然傳寫既久, 必有'與''若'二字互訛者.")

이러한 왕균의 해설은 참고할만하다.

첫째, '독여모동(讀與某同)'

16) (역주) 禍의 고자이다.

시(敀) : "펴다는 뜻이다. 복(攴)이 의미부이고, 야(也)가 소리부이다. 시(施)와 독음이 같다.(敷也. 從攴, 也聲. 讀與施同.)"

『설문해자』에서 「시(施)」를 "깃발의 모습(旗皃)"이라고 풀이했는데, 마찬가지로 야(也)가 소리부이다. 「시(敀)」와 「시(施)」는 독음은 같지만, 글자는 다르다.

작(雀) : "사람 곁에서 사는 작은 새를 말한다. 소(小)로 구성되었으며, 또 추(隹)로 구성되었다. 작(爵)과 독음이 같다.(依人小鳥也. 從小隹, 讀與爵同.)"

「작(爵)」은 "제사용 기물[禮器]"이다. 「작(雀)」과 「작(爵)」은 독음은 같지만 다른 글자이다. 왕균은 『설문석례』에서 「작(雀)」과 「작(爵)」을 같은 글자라고 하면서, '독여(讀與)'를 '독약(讀若)'으로 고쳤는데, 이는 잘못이다.[17]

둘째, '독약모동(讀若某同)'

기(丌) : "물체의 아랫부분을 말한다. 제물을 올리는 작은 탁자를 말한다. 상형이다. 기(丌)로 구성된 글자는 모두 기(丌)가 의미부이다. 독음은 기(箕)와 같다.(下基也. 薦物之丌. 象形. 凡丌之屬皆從丌. 讀若箕同.)"

17) (역주) 段玉裁는 이에 대해 "지금 세상에서 말하는 麻雀을 말한다. 갈색을 띠며, 우는 소리는 절절하다. 禮器 중에서 이의 모습을 본떴으므로 爵이라 불렀다. 爵과 雀은 독음이 같아, 후세 사람들은 참새를 爵이라 쓰기도 했다."라고 했는데, 爵이 참새[雀]의 모양을 본뜬 데서 이름 붙여졌다는 말은 정확한 해석이다.

「기(箕)」를 고문(古文)으로는 「기(其)」로 적는다. 『설문해자』에서 키[簸]의 모습을 형상했다고 풀이한 것은 옳다. 원시형태로 볼 때, 「기(丌)」와 「기(其)」는 서로 다른 글자이다. 하지만 전국(戰國) 고문(古文)에서는 「기(丌)」와 「기(其)」가 서로 구분 없이 통용되었다.

지(婺) 𡠗 : "도착하다는 뜻이다. 여(女)가 의미부이고, 집(執)이 소리부이다. 「주서」에서 '큰 명이 오질 않네'라고 했다. 독음은 지(摯)와 같다.(至也. 從女, 執聲. 「周書」曰: '大命不婺.' 讀若摯同.)"

금본(今本) 「서백감려」(西伯戡黎)에서는 "대명부지(大命不摯·커다란 명이 내리질 않으니)"라고 했고, 「요전」(舜典)에서는 "일사지(一死贄·죽은 짐승 한 가지를 예물로 삼는다)"라고 했다. 「지(婺)」·「지(摯)」·「지(贄)」는 모두 「집(執)」의 파생자[孳乳字]이다.

노(䲞) 𢿍 : "양병을 말한다. 치(甾)가 의미부이고, 호(虍)가 소리부이다. 독음은 노(盧)와 같다.(䍐也. 從甾, 虍聲. 讀若盧同.)"

「노(䍐)」는 아가리가 작은 항아리를 말하며, 「노(盧)」는 식기[飯器]를 말한다. 「노(䍐)」와 「노(盧)」는 사실 한 글자에서 분화한 글자이다. 「노(盧)」는 명(皿)이 의미부이고 노(䲞)가 소리부인데, 「노(䲞)」는 주문(籒文)으로 '노( 𢿍 )', 전문(篆文)으로는 '노( 𢿍 )'로 적어, 이를 증명해 주고 있다.

# 제6장

# 『설문해자』의 서체(書體)

『설문해자』「서」(敘)에서 "지금 전서체를 표제자로 두어, 고문과 주문이 합쳐지게 했으며, 학자들의 다양한 견해를 널리 인용했다.(今敘篆文, 合以古籒, 博采通人.)"라고 했다. 『설문해자』는 소전(小篆)을 위주로 서술했는데, 소전 외에도 고문(古文)과 주문(籒文)이 포함되어 있고, 또 '혹체(或體)'·'기자(奇字)'·'속서(俗書)' 등의 명칭도 등장한다. 이에 대해 나누어 설명하기로 한다.

## 1. 소전(小篆)

허신의 설명에 의하면, 소전은 바로 “진의 시황제가 처음으로 천하를 통일했을 때”, 승상(丞相) 이사(李斯)가 전국(戰國) 때의 서로 다른 문자 형체를 통일한 것으로, 사주(史籒) 대전(大篆)을 “생략하고 고친[省改]” 형체인데, 이것이 『설문해자』에서 근거로 삼아 해설했던 기본 형체이다.

어떤 문자든 그 전후로 발전과 계승의 관계를 맺는 법이다. 상(商)나라 갑골문(甲骨文)의 어떤 형체는 줄곧 주(周)나라 때의 청동기(青銅器) 명문으로까지 이어졌다. 심지어 어떤 전국(戰國) 진한(秦漢) 때의 문자도 상주(商周) 문자의 본래 모습을 보존하고 있다. 예컨대 「목(木)」의 경우, 상나라 갑골문과 주나라 청동기 명문으로부터 전국시대 때의 도기(陶器)·석기(石器)·새인(璽印) 문자 등에서 모두 등으로 적어 소전의 과 기본적으로 일치하고 있다. 또 「읍(邑)」도 상주 때부터 진한 때까지 기본적으로 ·· 등으로 적었고, 「방(方)」도 기본적으로 ·· 등과 같이 적었는데, 이러한 예는 셀 수도 없이 많다.

그래서 『설문해자』의 소전체가 글자마다 모두 고문(古文)이나 주문(籒文)과 다를 필요는 없다. 『설문해자』에서 특별히 밝혀 놓은 것은 고문(古文)이고, 특별히 밝혀 두지 않은 것은 소전(小篆)이지만, 예외도 있다. 예컨대 다음을 보자.

> 석(舄) : “까치를 말한다. 상형이다. 작( )은 석(舄)의 전서체인데, 추(隹)와 석(昔)으로 구성되었다.(鵲也. 象形. 篆文舄. 從隹昔.)”

이미 「작(鵲)」이 전문(篆文)이라고 했다. 그렇다면 「석(舄)」은 고문(古文)이거나 주문(籒文)일 것이다. 『옥편』(玉篇)에는 또 「작(鵲)」자가 따로 있는데, 지금과 같은 상황이다.

간(栞) 栞 : "나무를 비스듬하게 깎아 표시를 하다는 뜻이다.……간(栞)의 전서체는 견(幵)으로 구성되었다.(槎識也. ……栞 篆文從幵.)"

그렇다면 「간(栞)」은 당연히 고문(古文)이거나 주문(籀文)일 것이다.

유(内) 禸 : "땅에 남은 짐승의 발자국을 말한다. 유(蹂)는 전서체인데, 족(足)이 의미부이고, 유(柔)가 소리부이다.(獸足蹂地也……蹂 篆文. 從足, 柔聲.)"

여기서도 「유(内)」는 당연히 고문(古文)이거나 주문(籀文)이어야 한다.

## 2. 고문(古文)과 주문(籀文)

『설문해자』에서 말한 고문(古文)과 주문(籀文)이 도대체 무엇을 지칭하는지 역대로 논란이 많았다. 허신 자신은 고문(古文)이 창힐(倉頡)이 만든 것이라 했는데, 그렇다면 가장 오래된 원시 문자라는 말이다.

오늘날의 처지에서 보면, 이는 분명히 잘못된 견해이다. 하지만 『설문해자』에 열거된 고문(古文)의 경우, 허신이 근거로 삼았던 것은 "공자가 육경을 쓰고, 좌구명이 춘추전을 기술할 때 모두 고문으로 했다.(孔子書六經, 左丘明述春秋傳, 皆以古文.)"라고 한 '고문'이다. 그래서 실제 『설문해자』에서 말한 '고문'은 바로 벽중서(壁中書), 즉 서한 때 노(魯) 공왕(恭王)이 공자 가택을 허무는 과정에서 얻은 고문으로 된 문헌을 말한다. 이러한 문자는 달리 '과두문(蝌蚪文)'이라고도 한다. 지금 보면, 이는 전국(戰國) 때 통용되던 문자임이 분명하다.

주문(籒文)의 경우, 허신은 주(周) 선왕(宣王) 때의 "태사였던 '주'가 『대전』 15편을 저술했다.(太史籒著大篆十五篇.)"라고 했는데, 바로 진(秦)나라 때의 여덟 가지 서체 중에 들어 있는 '대전(大篆)'을 말한다.

왕국유(王國維)는 「사주편소증」(史籒篇疏證)에서 고문(古文)은 전국(戰國) 시대 때 동쪽[東土] 지역의 육국(六國)에서 통용되던 문자이고, 주문(籒文)은 서쪽[西土] 지역의 진(秦)나라에서 통용되던 문자라고 했다. 왕국유의 이러한 견해에 대해 대부분 의심의 여지가 없다고 믿고 있지만, 사실은 문제가 있다.

왕국유 자신의 말을 빌려, 미시적인 변화라는 관점에서 보면, 전국 시대 때 각국의 문자는 진(秦)과 육국(六國)뿐 아니라, 육국(六國) 간에도 약간의 특정한 차이가 존재했었다. 하지만, 거시적인 변화라는 관점에서 보면, 전국 시기 각 지역의 문자는 기본적으로 같았으며, 어떤 근본적인 문제가 존재한 것은 결코 아니었다.

오늘날의 한자로 본다 하더라도, 광동(廣東)과 강소(江蘇)나 절강(浙江) 지역에는 여전히 방언을 표현하기 위한 어떤 특수한 글자들이 존재한다. 예컨대 「가(家)」를 달리 "가(欠)"나 "가(疝)"로 적기도 하며, 「루(樓)」를 "유(柚)"나 "륙(杭)"으로 적기도 하는 등, 지방에 따라 차이를 보인다. 이러한 차이가 존재한다고 해서 현재 전국적으로 통용되고 있는 한자에 지역성이라는 근본적인 차이가 존재한다고 할 수는 없다.

전국 시대의 경우, 금석(金石) 문자와 간독(簡牘) 문자, 공문서[詔令], 부절(符節) 문자, 청동기[鼎彝] 상의 문자와 문헌을 기록하는 문자 및 장인[工匠]들이 새기는 문자 간에는 서체 상의 차이가 존재했는데, 이는 지역성의 차이가 아니다. 진(秦)과 육국(六國), 그리고 서쪽 지역[西土]과 동쪽 지역[東土]은 같았다.

왕국유는 '주문(籒文)'을 서체의 이름이 아니라, 『사주편』(史籒篇)이라는 책에서 자료를 가져 왔으며, 그 때문에 '주문(籒文)'이라고 불렀을 뿐이라고 했는데, 이는 분명히 일리가 있는 견해이다.

허신은 고문(古文)과 주문(籀文)을 엄격하게 구분했고, 이들은 서로 다른 시기에 속하며, 서로 다른 서체라고 여겼다. 『설문해자』에 열거된 고문(古文)과 주문(籀文)을 분석한 결과 필자는 다음의 사실을 단정할 수 있었다.

고문과 주문은 모두 전국 시기의 문자로, 『사주편』에서 뽑은 것을 '주문'이라 불렀고, 공자 가택 벽에서 나온 것은 '고문'이라 불렀다. 물론 『사주편』과 공자 가택의 벽에서 나온 고문의 참모습이 어떤지 오늘날 볼 수는 없지만, 현재 볼 수 있는 고고 발굴에 의한 전국 시대 고문자자료에 근거해 다음의 사실만은 확정할 수 있다. 즉 형식적인 부분에서 비교하자면, 고문은 간단하고 주문은 복잡하다는 것이 이 둘 간의 대략적인 차이이다. 예컨대 다음의 것들을 보자.

| 글자 | 시(時) | 추(秋) | 악(嶽) | 모(貌) | 진(秦) | 지(地) | 이(邇) | 득(得) | 려(麗) | 뢰(雷) | 운(雲) | 례(禮) |
|---|---|---|---|---|---|---|---|---|---|---|---|---|
| 고문 | 時 | | 嶽 | | 秦 | | 邇 | 得 | 麗 | 雷 | 雲 | 禮 |
| 주문 | | 秋 | | 貌 | | 地 | | | | 雷 | | |
| 전문 | 時 | 秋 | 嶽 | 貌 | 秦 | 地 | 邇 | 得 | 麗 | 雷 | 雲 | 禮 |

## 3. 혹체(或體)·속체(俗體)·기자(奇字)

『설문해자』에는 9천 3백 53자[文]가 실렸고, 또 중문(重文) 1천 1백 62자가 실렸는데, '중문(重文)'은 한 글자에 대한 다른 서체를 말한다. 이 다른 서체에는 고문(古文)·주문(籀文)·혹체(或體)·속체(俗體) 등이 포함된다. 고문과 주문과 전문(篆文)은 서로 다른 시가의 형체 상의 차이이지만, 혹체와 속체는 같은 시기의 서로 다른 형체이다. 어떤 학자는 '혹체'와 '속체'를 표준적인 형체 이외의 것으로, 비 표준적인 형체인 '속서(俗書)'라 여기기도 하지만, 이는 옳지 않다. 왕균(王筠)은 『설문석례』(說文釋例)에서 이에 대해 대단히 정교한 논지를 폈는데, 이렇게 말했다.

> "『설문해자』에는 '혹체'라는 것이 있는데, 한 글자에 대한 다른 형체를 말할 뿐이며, 그 속에 정체와 속체의 구분을 두었던 것은 아니다. 대서본에서 말한 소위 '혹 어떤 글자로 적기도 한다(或作某)'를 소서본에서는 간혹 '속체로는 어떤 글자로 적는다(俗作某)'라고 하기도 했는데, 이 때문에 옛것을 좋아하는 자들은 일괄적으로 '혹체'를 '속자'로 간주해 버렸다. 때로는 미언으로 의미를 드러내기도 했고, 때로는 솔직한 말로 서로 비난했지만, 이는 그들의 말을 아무 생각 없이 그대로 받아들인 결과이다.(『說文』之有或體也, 亦謂一字殊形而已, 非分正俗於其間也. 自大徐本所謂或作某者, 小徐間謂之俗作某, 於是好古者概視或體爲俗字, 或微言以示意, 或昌言以相排, 是耳食也.)"

왕균은 많은 예증을 통해 이를 증명했다. 예컨대 「집(集)」은 「집(雧)」의 혹체(或體)이다. 하지만, 『설문해자』에서 정자(正字)라고 말한 「집(噍)」·「집(雜)」·「집(䌖)」·「집(鏶)」 등은 모두 「집(集)」으로 구성되었지 「집(雧)」으로 구성되지는 않았다.

또 「주(𠷎)」는 「주(疇)」의 혹체(或體)지만, 『설문해자』의 「주(禱)」·「주(醻)」·「주(騭)」·「주(㽞)」·「주(𣪠)」·「주(翯)」 등은 모두 「주(𠷎)」로 구성되었지 「주(疇)」로 구성되지는 않았다. 또 「연(㶞)」은 「연(淵)」의 혹체(或體)지만, 「인(婣)」의 주문(籒文)을 「인(㛘)」(媥)으로 적었음을 볼 때, 「연(㶞)」은 고문(古文)이거나 주문(籒文)이다.

이렇게 볼 때, 왕균의 논단은 정확한 것이며, 그가 든 논거는 충분하고 설득력이 있다. 그뿐만 아니라, 한 걸음 더 나아가 고문자에서 볼 때, 혹체(或體)로 쓰인 「주(𠷎)」가 사실은 정자(正字)로 쓰인 「주(疇)」보다 더 원시형태에 들어맞고 있다. 갑골문에서는 이를 [illegible]로 적고 있어, 전(田)으로 구성된 「주(疇)」는 이후에 생겨난 글자[後起字]임에 분명하다. 또 「연(淵)」의 혹체인 「연(㶞)」의 경우, 고문(古文)으로는 연([illegible])으로 적었는데, 최근 출토된 「중산왕정」(中山王鼎)에서는 연([illegible])으로 적어, 「연(㶞)」이 고문자 자형에 더 가까움을 볼 수 있다. 또 「육(育)」의 혹체는 「육(毓)」으로 적는데, 이를 갑골문에서는 육([illegible])으로 적고 있어, 「육(毓)」이 원래 글자에 더 들어맞음을 볼 수 있다.

위에서 든 이러한 혹체는 모두 근거가 있는 것들이어서 이를 '속서(俗書)'라 부를 수는 없다. 또 왕균이 '속체(俗體)'를 두고 정규적인 형체가 아니라고 한 견해도 쉽게 동의할 수 없다.

왕균 자신도 이미 금본(今本)『설문해자』 속의 몇몇 '속체(俗體)'라 불리는 글자들이 사실은 '속(俗)'되지 않다는 것을 알고 있었다. 그래서 왕균은 이들이 모두 "분명히 허신 때의 원문이 아니다"라고 했지만, 그는 어떠한 증거로써도 "분명히 허신 때의 원문이 아닌" 이러한 글자들을 증명하지는 못했다. 『설문해자』에 이렇게 말했다.

> 탄(灘) [illegible]: "물이 스며들어 시들다는 뜻이다. 수(水)가 의미부이고, 탄(難)이 소리부이다. 『시경』에서 '소금밭에서처럼 시들었구나'라고 했다. 탄

(灘)은 탄(灘)의 속자인데, 추(隹)로 구성되었다.(水濡而乾也. 從水, 鷬聲. 『詩』曰: '灘其乾矣.' 灘, 俗灘, 從隹.)"

근(鷬) 鷬: "새를 말한다. 조(鳥)가 의미부이고 근(堇)이 소리부이다. 근(難)은 근(鷬)의 혹체자인데 추(隹)로 구성되었다.(鳥也. 從鳥, 堇聲. 難, 鷬或, 從隹.)"

「수(水)」 부수에서는 '속(俗)'이라 했다가 「조(鳥)」 부수에서는 '혹(或)'이라 했는데, 이는 '혹체(或體)'와 '속체(俗體)' 간에 그다지 엄격한 구분이 없었음을 보여주며, 이 때문에 '혹(或)'과 '속(俗)'은 같은 개념이라 볼 수밖에 없다. 「초(艸)」 부수의 「연(䕼)」, 「일(日)」 부수의 「난(曩)」, 「인(人)」 부수의 「나(儺)」, 「심(心)」 부수의 「난(戁)」 등은 모두 「난(難)」으로 구성되었지만, 이러한 글자는 모두『설문해자』에서 정체(正體)에 귀속되었다. 그렇다면 「수(水)」 부수의 「탄(灘)」은 단지 형체 상으로 「탄(灘)」과 차이가 날 뿐이다. 그렇다면 '정체(正體)'와 '속체(俗體)' 간에 또 무슨 본질적인 차이가 있었겠는가?

언어 문자는 본래부터가 약정속성(約定俗成)의 산물이다. '속체'는 바로 당시 통용되던 글자체로, 전통적인 문자 형체와 서로 같을 필요는 없다. 허신의 고문(古文)과 주문(籒文)도 상나라 때의 갑골문이나 서주 때의 금문과 다 일치하는 것은 아니며, 『설문해자』의 소전(小篆)도 전국 시대 때의 고문이나 주문과 다 일치하는 것도 아니다. 그래서 고체(古體)라고 해서 이를 정규적인 글자체로 볼 필요는 없다. 청나라 때의 학자들은 한자를 현대 글자로 옮겨 적길[隸古定] 좋아했는데, 반드시 『설문해자』를 근거로 삼았으며, 그렇게 해야만 문자의 정확한 형체에 들어맞을 수 있다고 여겼다. 하지만, 소전부터 고문과 주문에 이르기까지 많은 형체 변화가 있었다는 사실은 몰랐다. 그렇다면, 반드시 갑골문이나 청동기 명문의 형체 구조에 근거해 해서체[楷字]로 옮겨 적어야만 문자의 정확한 형체에 들어맞겠는가?

「득(得)」을『설문해자』에서처럼 「득(𢔶)」으로 쓸 수는 없으며, 「득(㝵)」으로 쓸 수밖에 없다. 또 「망(望)」을 『설문해자』대로 「망(朢)」으로 쓸 수는 없으며, 「망(𦣠)」으로 쓸 수밖에 없다. 「추(秋)」를 『설문해자』의 전문(篆文)처럼 「추(烁)」로 쓸 수도 없고, 『설문해자』의 주문(籒文)을 따라서 「추(烁)」로 쓸 수도 없으며, 단지 「추(穐)」나 「추(龝)」로 쓸 수밖에 없다(애초에 龜로 구성된 것이 아니다). 고체를 그대로 옮겨 적는다는 것은 전문적인 연구를 위해서는 가능한 일이겠지만, 통용 문자에 혼란만 가져올 뿐이다.

『설문해자』에서 '기자(奇字)'라고 명확하게 지칭한 경우는 단지 다음의 두 글자밖에 없다.

인(儿) [illegible] : "인자한 사람을 말한다. 인(人)의 고문 '기자'이다.(仁人也. 古文奇字人也.)"

무(𣞤) [illegible] : "없다는 뜻이다. 무(亡)가 의미부이고, 무(無)가 소리부이다. 무(无)는 무(無)의 '기자'이다.(亡也. 從亡, 無聲. 无, 奇字無.)"

'기자(奇字)'도 일종의 이체자(異體字)이다. 실제 정황으로 말하자면, 『설문해자』에 열거된 다음의 글자처럼 고문(古文)에 귀속되었으면서도 기자(奇字)에 속하는 것들도 있다.

자(𦣹)—자(自)
수(𦣻)—수(首)
력(𩰲)—력(鬲)
마(𣏟)—마(麻)

『설문해자』의 혹체(或體)·속체(俗體)·기자(奇字)는 모두 한 글자에 대한 다른 형체인데, 이들을 '이체자(異體字)'라 통칭할 수 있을 것이다. 『설문해자』에서 말하는 '속체(俗體)'의 '속(俗)'이 '통속(通俗)'의 '속(俗)'이라는 뜻이며, 허신이 이러한 글자들을 무시했다는 어떤 것도 찾아볼 수 없다.

# 제7장

# 문자학의 기본 이론 — 육서(六書)

허신(許愼)이 문자를 해설하는 과정에서 책 전체를 통해 시종일관 견지했던 기본 이론은 바로 '육서'이다. 그리고 『설문해자』를 연구하는 후대의 학자들은 언제나 개별의 모든 글자를 '육서'라는 규칙으로 판단해 왔다. 그래서 '육서'의 내용이 무엇인지를 먼저 파악하지 않으면 개별 문자의 형체에 대한 허신의 이해를 깊이 있게 체득할 수 없을뿐더러, 『설문해자』라는 책 전체의 체제에 대해서도 이해하기 어려워진다.

## 1. '육서'이론의 기원

'육서'라는 명칭은 『주례』(周禮)에서 처음 보인다.

> "보씨가 공경대부의 자제들을 '도'로써 키웠는데, '육서'로 가르쳤다. '오례'가 그 처음이요, '육악'이 두 번째이며, '오사'가 세 번째이며, '오어'가 네 번째이며, '육서'가 다섯 번째이며, '구수'가 여섯 번째이다.(保氏養國子以道, 乃教之六藝 一曰五禮, 二曰六樂, 三曰五射, 四曰五馭, 五曰六書, 六曰九數.)"

정중(鄭衆)이 풀이한 『주례주』(周禮注)의 해석에 의하면, '육서'는 바로 상형(象形)·회의(會意)·전주(轉注)·처사(處事)·가차(假借)·해성(諧聲)를 말한다. 반고(班固)의 『한서』(漢書)「예문지」(藝文志)에서도 '육서'에 대해 풀이하였는데, "『주관』의 '보씨'가 공경대부 자제의 교육을 관장했으며, '육서'로써 가르쳤는데, 상형·상사·상의·상성·전주·가차가 그것이며, 글자 창제의 근본이다.(『周官』保氏掌養國子, 教之'六書', 謂象形·象事·象意·象聲·轉注·假借, 造字之本也.)"라고 했다. '육서'의 명칭에 대한 반고(班固)와 정중(鄭衆)의 해석은 『설문해자』「서」(敘)에서 밝혔던 허신(許慎)의 '육서' 명칭과 대동소이하다. 하지만, 그 순서에는 차이가 있다. '육서'에 대한 허신의 명칭과 순서는 "지사(指事)·상형(象形)·형성(形聲)·회의(會意)·전주(轉注)·가차(假借)"이다.

허신 이후, '육서'의 명칭에 대해서는 서로 다른 많은 변화가 있었지만, 여기서 일일이 열거하지는 않겠다.

『주례』에서 말한 보씨(保氏)가 공경대부의 자제[國子]를 가르쳤던 '육서'는 과연 반고와 정중이 해석했던 그런 내용일까? 이에 대해서는 좀 더 깊이 있게 고찰해 보아야 할 것이다. 『주례』에는 대량의 고대자료가 보존되어 있어, 중국 고대 역사문화를 연구하는데 대단히 중요하다. 하지만, 『주례』가 후세 사람들의 정리를 거쳐 체계화되고 이상화되었다는 점만은 반드시 주의해야 할 부분이다.

그래서 지금 우리는 『주례』에서 묘사된 예제(禮制)는 서주(西周) 때의 원시 예제 모습이 아니라고 단정할 수 있다. 그것은 서주 때의 것이 아닐 뿐 아니라 춘추전국 시기의 것이라 하더라도, 오늘날 우리가 당시에 이미 체계적인 '육서' 이론이 형성되었다고 믿어야 할 어떤 이유도 존재하지 않는다. '육서' 이론의 형성은 문자의 형체에 대해 계통적이고 전면적이고 깊이 있는 연구와 검토 이후에나 가능한 것임을 알아야만 한다. 서한 이전에는 이러한 작업을 한 적이 없다. 『사주편』(史籒篇)이나 『창힐편』(倉頡篇) 등과 같은 초기의 '자서(字書)'에는 그 어디에도 '육서'의 이론에 관한 언급이 없다.

어떤 학문이라도 발생과 발전의 과정을 거친다. 고대의 학설은 사승(師承) 관계를 중시했기에 그들의 사승 관계를 통해 어떤 맥락을 찾아볼 수 있을 것이다. 반고의 『한서』「예문지」는 유흠(劉歆)의 『칠략』(七略)에 근원을 두고 있다. 그렇다면, 반고의 '육서' 명칭에 관한 해석은 사실은 유흠에서 나왔다. 정중(鄭衆)의 부친은 정흥(鄭興)이고, 정흥은 또 유흠(劉歆)의 제자이다. 허신은 가규(賈逵)의 제자인데, 가규의 부친인 가휘(賈徽)도 유흠의 제자였다. 이렇게 본다면 반고·정중·허신의 '육서'설이 모두 유흠에게서 나왔음을 알 수 있다.

서한 시기 고문경(古文經)의 출현과 고대 명각(銘刻) 자료의 출토는 이러한 고문 자료에 대한 연구와 논의를 확대시켰다. 유흠은 서한 말기를 살았는데 공안국(孔安國)·양웅(揚雄)·장창(張敞)·사마상여(司馬相如) 등과 같은 초기 문자 학자들의 성과를 광범위하게 흡수했으며, 허신이 이를 최후로 발휘하고 운용했음은 의심의 여지가 없다.

## 2. '육서'의 내용

『설문해자』에서 배열된 '육서'의 명칭과 순서는 지사(指事)·상형(象形)·형성(形聲)·회의(會意)·전주(轉注)·가차(假借)이다. 그 실제 내용으로 말하자면, 이들 '육서' 간의 성질이 완전히 같지 않다는 것을 전혀 부정할 수 없다. 혹자는 '육서'가 같은 각도에서 문자를 관찰하고 분석한 것이 아니라, 서로 다른 관점에서 문자를 관찰하고 분석한 것이라 하기도 한다. 그래서 어떤 사람은 지사(指事)·상형(象形)·형성(形聲)·회의(會意)를 '사체(四體)'라 하고, 전주(轉注)와 가차(假借)를 '이용(二用)'이라 하기도 하는데, 일리가 있는 말이다.

지사·상형·형성·회의는 문자 형체의 구조 규칙이라는 측면에서 말한 것이고, 전주와 가차는 문자부호의 운용 규칙이라는 측면에서 말한 것이다. 아래에서 '육서'에 관한 허신의 정의를 분석해보기로 하자.

### (1) 지사(指事)

> "지사라는 것은 보면 알 수 있고 살피면 뜻이 드러나는 것으로, '상'과 '하'가 그 예이다.(指事者, 視而可識, 察而可見, 上下是也.)"

엄가균(嚴可均)과 단옥재(段玉裁) 모두는 "살피면 뜻이 드러난다(察而可見)"는 말은 『한서』「예문지」의 안사고(顔師古)의 주에 근거해 "살피면 뜻이 보인다(察而見意)"로 고쳐져야 한다고 했다. '지사'에 관한 허신의 정의가 다소 모호한 바람에 후세에서 많은 논쟁이 일어났으며, 일부 오해도 생겼다.

"보면 알 수 있다(視而可識)"는 특징은 '상형'과 혼동되는데, '상형'에 해당하는 글자는 "보면 알 수 있기(視而可識)" 때문이다. "살피면 뜻이 보인다(察而見

意)"라는 것은 거의 '회의'에 가까운 특성인데, '회의'에 해당하는 글자들도 "살피면 뜻을 볼 수(察而見意)" 있기 때문이다. 여기서는 단지 허신이 예로 들었던 「상(上)」과 「하(下)」 두 글자의 풀이를 통해 그가 '지사'에 대해 도대체 어떻게 이해했던가를 살필 수 있다.

금본 『설문해자』에서 「상(上)」과 「하(下)」는 상(丄)과 하(丅)로 적었는데, 허신은 이들이 '고문(古文)'이라고 분명하게 적시했으며, 전문(篆文)으로는 상(上)과 하(下)로 적었다.

단옥재는 「상(丄)」과 「하(丅)」는 당연히 二과 二로 적어야 하며, "가로획 위에 있는 것과 가로획 아래에 있는 것을 보면 그것이 위인지 아래인지를 알 수 있고, 살피면 그것이 아래인지 위인지의 뜻을 볼 수 있다.(有在一之上者, 有在一之下者, 視之而可識爲上下, 察之而見上下之意.)"라고 했는데, 그의 해설은 옳다. 갑골문에서는 「상(上)」과 「하(下)」를 二과 二나 ⌣과 ⌢로 적었다.

그래서 '지사'는 다음의 몇 가지 특징을 가져야만 한다.

첫째, 그것은 추상적인 모습을 형상한 것이지, 구체적인 모습을 형상한 것이 아니다. 혹자는 사건을 형상한 것[象事]이지 사물을 형상한 것[象物]이 아닌 것이 바로 '지사'와 '상형'의 근본적인 차이점이라고 하기도 한다.

둘째, 그것은 독체자(獨體字)도 아니면서 합체자(合體字)도 아니다. 그것은 독체(獨體) 부호에다 독체(獨體)가 아닌 부호를 더한 것으로, 두 개 이상의 독체 부호를 결합한 것이 아니다. 이것이 '지사'와 '회의'의 근본적인 차이점이다.

「상(上)」과 「하(下)」를 예로 들어 보면, 「상(上)」과 「하(下)」는 추상적인 개념이지 어떤 구체적인 물체를 지칭하는 것이 아니다. 그것은 '사건[事]'이지 '사물[物]'이 아니다. '가로획[一]'은 하나의 독립된 형체이며, 그 위에다 점 하나를 더함으로써 그것이 '위[上]'에 있음을 분명하게 나타내게 되고, 아래쪽에다 점을 하나 더함으로써 그것이 '아래[下]'에 있음을 나타내게 된다. 더해진 점은 독립된 형체가 결코 아니다. 그것은 문자부호로, 단독으로 쓰일 수가 없다. 다음에 든 것도 모두 지사자인데, 『설문해자』에서는 이렇게 말했다.

> 역(亦) 亦 : "사람의 겨드랑이를 말한다. 대(大)로 구성되었는데, 양쪽 겨드랑이를 형상했다.(人之臂亦也. 從大, 象兩亦之形.)"

이는 오늘날의 「액(腋)」의 최초 형체이다. 「대(大)」는 사람[人]의 정면 모습으로, 하나의 독립된 형체이고, 양쪽의 두 점은 이곳이 겨드랑이임을 표시한다. 두 점은 하나의 문자부호로 독립적으로 존재할 수 없어서 독립된 형체가 아니다.

> 본(本) 本 : "나무의 아랫부분을 본(本)이라 한다. 목(木)으로 구성되었으며, 가로획[一]이 그 아래쪽에 있는 모습이다.(木下曰本. 從木, 一在其下.)"

「본( 本 )」은 하나의 독립된 형체인데, 「목(木)」의 아랫부분에 부호(가로획)를 더함으로써 이곳이 '뿌리[本]'임을 나타냈다. 이 가로획은 구체적인 개념을 나타낸 것이 아니며, 그 기능은 「역(亦)」에서의 두 점과 같다.

> 촌(寸) 寸 : "10푼을 말한다. 사람 손의 안쪽으로 한 치 되는 곳, 즉 동맥이 있는 곳을 촌구(寸口)라고 한다. 우(又)로 구성되었고, 또 가로획[一]으로 구성되었다.(十分也. 人手卻一寸, 動脈, 謂之寸口. 從又, 從一.)"

「우(又)」는 하나의 독립된 형체, 즉 '손[手]'을 나타낸다. 손[手]과 팔꿈치[肘] 사이에다 가로획[一]을 더함으로써 그 부위가 '촌(寸)'임을 나타냈다. 이 가로획은 해당 부위를 나타내는 기능을 하며, 「상(上)」과 「하(下)」에서의 가로획과 같은 기능인데, 이 또한 독립된 형체로 볼 수는 없다.

감(甘) ㅂ : "맛이 훌륭함을 말한다. 입[口]에 가로획[一]이 든 모습이다. 가로획[一]은 맛을 뜻한다.(美也. 從口含一, 一, 道也.)"

「감(甘)」은 하나의 추상적인 개념인데, 여기의 가로획[一]도 어떤 구체적인 '사물[物]'을 나타내지는 않는다. 사람의 입에 들어가는 음식은 일반적으로 언제나 감미로운 것이다. "입에 가로획을 문 모습이다(從口含一)"라고 하고, 이 '가로획[一]'을 '도(道)'라고 풀이했는데, 이러한 허신의 해석은 대단히 철학적이다.

'지사'자는 단순한 두 개 이상의 독립된 형체의 결합일 수 없으며, 그중에는 반드시 부위나 처소 등을 나타내는 부호가 들어가야만 하며, 이러한 부호는 문자로서 독립적으로 존재할 수 없다. 이와 동시에 '지사'자는 또 추상적인 개념을 표시해야지 어떤 구체적인 물체를 표시해서는 아니 된다.

어떤 문자부호들, 예컨대 숫자를 기록하는 일(一)·이(二)·삼(三)·사(☰)·오(㐅)…… 등은 초기의 각획(刻劃) 부호로부터 기원했는데, 이러한 것들은 독립된 문자형체일 수 있지만, 결코 구체적인 사물의 형체를 형상한 것은 아니며, 일종의 추상적 개념만 표시할 뿐이다.

이들 글자는 그 자체 외에 다른 어떤 지사 부호가 들어 있진 않지만, 이러한 글자도 지사자로 간주한다. 다만, 이러한 것들은 특수한 지사자로, 숫자를 나타내는 글자인 「일(一)」·「이(二)」·「삼(三)」·「사(☰)」·「오(㐅)」·「육(⋀)」·「칠(十)」·「팔(八)」·「구(九)」·「십(丨)」 등에 한정된다. 그중에서 허신은 소전체인 [六] 에 근거해 「육(六)」을 "입(入)과 팔(八)로 구성되었다"고 했는데, 이는 잘못된 해석이다. 「육(六)」의 형체 변화과정을 보면 "⋀→介→[六]"으로 변해왔으며, 이를 입(入)과 팔(八)로 분리하는 것은 불가능하다.

숫자를 표기하는 글자 외에도 「구(丩)」·「효(爻)」·「문(文)」과 같은 일부 글자가 추상적 형체를 형상한 것이라고 해서 모두 '지사'자로 보는 것은 타당하지 않다. 그렇게 되면 지사자의 범위를 불필요하게 확대하게 되며, 지사와 상형·회의의 경계선을 혼동시키기 때문이다. 지사·상형·회의·형성이 이미 문자의 형체구조라는 측면에서 분류한 것이라면, 이러한 기준을 버리고 다시 분류할 기준을 만들 필요는 없다.

### (2) 상형(象形)

> "상형이라는 것은 해당 사물을 그림으로 그리고, 형체를 따라 그려낸 것으로, '일'과 '월'이 그 예이다.(象形者, 畫成其物, 隨體詰詘, 日月是也.)"

모든 고문자의 기본형체는 언제나 객관 사물의 그림이며(숫자 기록 글자는 각획 부호로 비교적 특수하지만, 이들도 일종의 추상적 그림이라 할 수 있다), 이로써 언어를 기록하는 부호로 삼는다.

상형자의 정의에 대해 역대 학자들의 논쟁은 그다지 많지 않으며, 별다른 의견 차이도 존재하지 않는다. 하지만, 오늘날 고문자학 연구가 깊어지고 발전함에 따라, 전통 관념에서 모호함 때문에 생겼던 몇몇 착오에 대해서는 분명하게 바로 잡을 필요가 생겼다.

문자부호로서의 상형은 물론 객관 사물의 도상(圖象)에서 근원했기 때문에, "해당 사물을 그림으로 그리고, 형체를 따라 그려낸 것(畫成其物, 隨體詰詘.)"이라고 했다. 하지만, 문자는 절대 그림[圖畫]과 동일시될 수는 없다. 문자는 모두 규칙화 · 선조화(線條化)·부호화의 과정을 거치게 된다. 혹자는 그것이 객관적 도상(圖像)을 전형화하고 추상화한 부호라고 하기도 한다.

「일(日)」과 「월(月)」 두 글자를 가지고 설명하자면, 「일(日)」은 소전체로 Θ

이라고 적는데, 『설문해자』의 고문(古文)에서는 로 적었다. 바깥은 태양의 둥근 모습을 그렸는데, 이것은 추상화와 전형화를 거친 태양의 모습으로 하나의 완전한 형체를 그린 것이다. 하지만 『설문해자』에서는 "구(口)와 일(一)로 구성되었다"라고 했는데, 이는 잘못된 해설이며, 허신 스스로 이미 상형에 대한 자신의 정의를 위배했다. 게다가 『설문해자』의 해설체계에 따르면, "어떤 것과 어떤 것으로 구성되었다(從某某)"는 구조는 반드시 회의자에 속한다.

"구(口)와 일(一)로 구성되었다"라고 했는데, '구(口)'는 무엇이고, '일(一)'은 무엇일까? 이들이 「일(日)」과 어떤 관계를 맺을까? 역대로 적잖은 학자들이 「일(日)」의 형체에 대해 여러 가지 왜곡된 해석을 해왔다. 혹자는 '일(一)'을 태양 속의 검은 그림자라고 했는데, 소위 '양중유음(陽中有陰)'이라는 말이 그것이다. 또 혹자는 태양에 산다는 신화 전설 속의 새를 그린 것이라고 했다. 하지만, 이는 모두 상상에서 나온 말에 지나지 않는다.

「일(日)」(偏旁으로서의 '日'도 포함)은 갑골문에서 이라고 적은 외에도 이나 이나 등으로 적었으며, 심지어 이나 로 적은 때도 있는데, 이들은 모두 하나의 전체적인 모습이지 분할할 수 있는 형체도 아니며, 또 "구(口)로 구성되었지도" 그리고 "일(一)로 구성되었지도" 않다.

「월(月)」은 소전체에서 로 적었는데, 형체 자체로 보면 이미 달[月]의 모습을 찾아볼 수 없다. 『설문해자』에서 「월(月)」의 뜻을 "이지러지다(闕)"로 풀이했다. 이러한 풀이는 한나라 때 통용되던 소위 '성훈(聲訓)'이라는 방법으로, 달의 특징을 대단히 깊이 있게 설명한 동시에 「월(月)」의 형상적 특징을 잘 드러냈다. 사람들 마음속에서의 달(月)의 형상은 수시로 이지러지고[闕] 수시로 차기도[圓] 하는데, 이지러진 것[闕]이 일상적이 모습이고, 찬 것[圓]은 일시적인 현상이다. 달의 이지러진 모습을 형상화했다고 한 것은 달[月]에 대한 사람들의 전형화와 추상화 과정이다. 달 그 자체로 말하자면, 그것은 영원히 둥근 모습이며, 사실

수천수만 년 동안 한 번도 이지러진 적이 없다. 이지러졌다는 것은 단지 지구상에 사는 사람들이 달에 대해 일으킨 착시의 결과이다. '상형'자는 객관 사물에 대한 관찰에 근거해야만 하고, 그중 가장 드러나는 특징적 부분으로 부호를 만들어야 한다. 엄격하게 말해서, 완벽하게 "형체를 따라 그려낸다(隨體詰詘)"는 것은 불가능하다. 그것은 한마디로 하자면, 문자는 부호이지 그림이 아니기 때문이다. 그래서 황이주(黃以周)는 『육서통고』(六書通故)에서는 이렇게 말했다.

> "옛사람들의 그림은 대체로 비슷하게 그 의미를 그렸을 뿐이지 일일이 하나하나 작은 부분까지 그대로 그렸던 것은 아니다.……그런데도 지금 육서를 논의하는 자들은 『설문해자』를 비난하길 좋아한다. 상형자에 근거해 고문과 주문을 고치고, 가능한 한 세세한 부분까지 갖추려고 하는데, 가까워지려고 하면 할수록 진실과는 멀어진다는 말은 이를 두고 한 말일 것이다. 허신이 '해당 사물을 그림으로 그렸다'라고 한 것은 글자의 '형체를 따라 그려낸 것으로', 마음 가는 대로 그린 것이지 반드시 있는 그대로 그릴 필요는 없다는 말이다. 이는 제멋대로 만들어내려는 견문이 좁고 꽉 막힌 사람들을 경계하기에 충분하다.(古人圖像, 大判髣髴其意而止, 不一一求其肖也……近之治六書者, 好攻『說文』, 於象形字動改古篆, 力求其肖, 所謂彌近理而大亂真者也. 許云畫成其物, 謂字之詰詘, 隨意爲之, 非必逐形曲肖, 深有戒夫鄉壁虛造者矣.)"

이는 옳은 견해이다.

전서체에서 「우(牛)」는 牛로, 「양(羊)」은 羊으로 적었지만, 갑골문에서는 각각 [illegible]와 [illegible]로 적어, 모두 머리 부분의 뿔을 특징적으로 부각시켰는데, "있는 그대로 그린 것(逐形曲肖)"은 아니다. 물론 「호(虎)」·「표(豹)」·「상(象)」·「시(兕)」 등과 같은 일부 초기 고문자는 부호화의 정도가 아직 낮은 상태여서 대단히 원시적인 형체를 보존하고 있다. 하지만, 이들이 차지하는 비율은 정말이지 얼마 되지 않으며, 전체의 주류는 아니다.

모든 '상형'자는 하나의 완전한 형체여야 하며, 분할될 수는 없다(물론 중첩된 상형은 포함되지 않는다). 이전의 많은 학자는 상형자에 독체(獨體)와 합체(合體)의 구분이 있다고 보았는데, 이러한 학설은 성립되기 어렵다. 단옥재(段玉裁)가 예로 든 다음의 글자들을 분석해 보자.

「기(箕)」:

이는 죽(竹)이 의미부이고 '키(𠀠)'를 형상한 상형이다. 『설문해자』에서 고문(古文)체인 는 기(箕)의 생략된 모습[省形]이라고 했는데, 이는 문자 발전변화의 본말을 거꾸로 해석한 것이다. 는 상주 때의 문자에서 로 적은 것과 비슷하며, '키'의 모습을 그렸다. 이후 이것이 대명사로 쓰이게 되자, 죽(竹)을 더한 기(箕)로 분화했다. 기(箕)는 뒤에 생겨난 글자로, 죽(竹)이 의미부이고 기(其)가 소리부인 형성자이지, 상형자일 수 없다. 이는 「치(齒)」가 본래는 (『說文』古文)나 (甲骨文)로만 적었는데, 이후 소리부인 지(止)를 더해 형성자가 되었고, 「역(逆)」이 원래는 역(屰)으로만 적었으나 이후 착(辵)을 더해 착(辵)이 의미부이고 역(屰)이 소리부인 형성자가 되었고(『說文』에서도 「屰」과 「逆」의 두 글자로 분화했다), 「화(龢)」가 원래는 약(龠)으로만 적었으나, 이후 소리부인 화(禾)를 더해 형성자가 되었던 것(『說文』에서도 두 글자로 분화하였다)과 마찬가지이다. 여기서 「치(齒)」·「역(逆)」·「화(龢)」 등을 상형자라고 할 수 있겠는가? 이러한 예는 너무나 많아 일일이 다 들 수가 없다.

장태염(章太炎)은 『문시』(文始)에서 「과(果)」와 「타(朶)」 등을 들어 '합체(合體) 상형'이라고 했는데, 「과(果)」와 「타(朶)」는 모두 분할할 수 없는 형체이다. 「과(果)」를 만약 목(木)과 전(田)으로 분할하고, 「타(朶)」를 목(木)과 수( )로 구분한다면(『說文』에서는 를 새의 짧은 깃털이라고 풀이했다), 이는 분명히 성립될 수 없는 해석이 되고 말 것이다. 소위 '합체(合體)'라는 것은 두 개 이상의 독립된 형체의 '결합[合]'이어야 하는데, 「과(果)」와 「타(朶)」는 분할되고 나면 각자 독립된 형체로 사용될 수 없다. 그래서 「과(果)」와 「타(朶)」를 합체 상형자라고 할 수는 없다. 이는 「화(禾)」도 마찬가지이다. 「화(禾)」를 소전체에서는 화(𥝌)로 적는데, 상주 고문자의 형체와 같다. 바로 곡식[禾]이 이삭을 늘어트린 모습을 그렸으며, 분할할 수 없는 형체이다. 그런데도 『설문해자』에서 "목(木)으로 구성되었고, 또 수(𠂹)의 생략된 모습으로 구성되었다.(從木, 從𠂹省.)"라고 풀이한 것은 잘못된 것이다. 왕균(王筠)의 『설문석례』(說文釋例)에서도 "이렇게 왜곡하려 한다면 차라리 상형이라고 해 버리는 게 낫다.(如此迂曲, 不如以象形蔽之.)"라고 했는데, 이는 정확한 견해이다.

마찬가지 예로, 「조(鳥)」와 「록(鹿)」도 전체 상형으로, 이를 분할할 수 없으며, 이를 두고 "비(匕)로 구성되었다."고 할 수는 없다. 「호(虎)」도 전체 상형인데, 전서체에 보이는 자형은 형체가 잘못 변해[訛變] 그렇게 된 것이다. 그래서 허신도 "호랑이의 발은 사람의 발을 닮았다(虎足象人足)"라고만 했지, 감히 "호(虍)로 구성되었고, 또 인(人)으로 구성되었다."라고 하지는 못했던 것이다.

고대 중국의 한자는 형체 구조가 비교적 복잡한 편이며, 부호화의 정도에도 일정한 한계가 있었다. 『설문해자』의 부수 구분[分部]에도 합리적이지 못한 곳도 있다. 그래서 형체 구조 분석을 할 때에는 반드시 전면적으로 관찰해야지, 몇몇 글자가 어떤 부수에 귀속되었다고 해서, 그것의 형체를 분할해낸다면 발을 잘라 신발에 맞추는 격이 되고 말 것이다.

근대의 임의광(林義光)의 『문원』(文源)은 청동기 명문에 근거해, 「사(射)」·「섭(涉)」·「용(舂)」·「관(盥)」 등을 상형자로 규정했다. 진·한 때의 전서체는 상주 고문자와 비교하면 형체 구조상에서 많은 변화가 있었다. 그래서 전서의 형체 구조를 분석할 때 상주 고문자를 참고하는 것은 필요하다. 하지만, 전서 형체의 분석과 상주 고문자 형체의 분석을 같은 선상에 놓고서 이야기할 수는 없다. 『설문해자』는 전서에 근거해 해설한 것인데, 이 모두를 상주 고문자에 근거해 평가한다는 것은 지나치게 엄격한 잣대를 갖다 대는 것이라 하겠다.

어떠한 사물의 관찰과 분석도, 그것 전체의 발전과 변화과정을 살펴야 하며, 이와 동시에 그것의 일정 단계와 안의 범위에서의 상태와 특징도 살펴야만 한다. 그렇지 않으면 비교와 연구를 진행할 수 없다.

송나라 때의 정초(鄭樵) 이후로, '상형'자의 각종 형태에 대해 상세한 분류가 이루어져 왔다. 예컨대, 정초의 『육서략』(六書略)에서는 상형을 '정생(正生)'·'측생(側生)'·'겸생(兼生)'의 세 가지로 분류했다. 정생(正生)은 다시 "천지(天地)·산천(山川)·정읍(井邑)·초목(艸木)·인물(人物).조수(鳥獸)·충어(蟲魚)·귀물(鬼物)·기용(器用)·복식(服飾)" 등으로 나누었고, 측생(側生)은 다시 "모습[象貌]·숫자[象數]·위치[象位]·기운[象氣]·소리[象聲]·귀속[象屬]" 등으로 분류했고, 겸생(兼生)은 다시 "형겸성(形兼聲)과 형겸의(形兼意)" 등으로 분류했다.

또 임의광(林義光)의 『육서통의』(六書通義)에서는 상형을 "전체 상형(全體象形), 연연 상형(連延象形), 분리 상형(分理象形), 표상 상형(表象象形), 효열 상형(殽列象形)" 등으로 분류했다.

이는 모두 비교적 복잡한 분류로, 어떤 경우에는 심지어 상형과 지사·회의·형성 등과의 구분이 모호해져 문자의 형체 구조 자체의 규칙을 이해하는 데 별 도움이 되지 못하기도 하므로, 크게 취할 바가 못 된다.

### (3) 형성(形聲)

> "형성이라는 것은 사물이 성질을 이름으로 삼고 비유되는 바를 취해 서로 조합하여 만든 것으로, '강'과 '하'가 그 예이다.(形聲者, 以事爲名, 取譬相成,

江河是也.)"

형성자는 『설문해자』에서 가장 많은 비중을 차지하며, 이 글자들에 대해 내린 허신의 정의도 가장 명확하다. 『설문해자』에서 "어떤 것이 의미부이고 어떤 것이 소리부이다(從某, 某聲.)"나, "어떤 것이 의미부이고 어떤 것의 생략된 모습이 소리부이다(從某, 某省聲.)"를 비롯해 "어떤 것이 의미부인데 어떤 것은 소리부도 겸한다(從某, 某亦聲.)"라고 풀이한 것은 모두 형성자에 속한다. 어떤 학자들은 "어떤 것은 소리부도 겸한다(某亦聲)"라고 풀이한 경우를 '회의 겸 형성'으로 보기도 한다.

단옥재(段玉裁)는 이렇게 생각했다.

> "사물의 성질을 이름으로 삼는다고 한 것은 절반인 의미를 말한다. 비유하는 바를 취해 서로 조합하여 만든다는 것은 절반인 소리를 말한다. '강'과 '하'는 물[水]을 이름으로 삼고, '공'과 '가'와 같은 독음으로 비유했고, '공'과 '가'를 취해 글자를 조합하여 만들었다. 형성이 지사와 상형과 다른 점은 지사와 상형은 독체지만 형성은 합체라는데 있다. 형성이 회의와 다른 점은 회의는 의미를 위주로 한 합체이지만 형성은 소리를 위주로 한 합체라는데 있다. 소리부는 왼쪽에 놓이기도 하고, 오른쪽에 놓이기도 하고, 위쪽에 놓이기도 하고, 아래쪽에 놓이기도 하고, 가운데 놓이기도 하고, 바깥에 놓이기도 한다.(以事爲名, 謂半義也; 取譬相成, 謂半聲也. 江河之字, 以水爲名, 譬其聲如工可, 因取工可成其名. 其別於指事象形者, 指事象形獨體, 形聲合體. 其別於會意者, 會意合體主義, 形聲合體主聲. 聲或在左, 或在右, 或在上, 或在下, 或在中, 或在外.)"

『설문해자』 형성자의 범주에 대한 단옥재의 해석은 매우 분명하다.

오늘날 볼 수 있는 대서본(大徐本)과 소서본(小徐本) 『설문해자』는 서로 차이를 보이는데, 특히 형성자에 대한 의견 차이가 더욱 심하다. 후세 학자들은 각자의 시각에 따라 견해가 달랐지만, 사실은 대서와 소서 모두에 옳은 것도 있고 그른 것도 있다. 엄가균(嚴可均)의 『설문교의』(說文校議)는 대서본(大徐本)의 오류를 바로잡은 저작이다. 그의 동생인 엄장복(嚴章福)은 또 이를 위해 『설문교의의』(說文校議議)를 지어, "잘못된 글자는 바꾸고, 빠진 글자는 보충했다.(訛誤者易之, 漏略者補之.)" 대체로 소서(小徐)의 학문이 대서(大徐)보다 뛰어났다는 것은 학자들에 의해 이미 공감을 얻고 있다. 대서와 소서 모두가 고대음에 밝지는 않았지만, 대서는 『설문해자』의 형성자에 대해 당시의 독음과 일치하지 않는 글자에 대해 소리부가 아니리라 의심하면서 소리부를 삭제해 버렸다. 이에 비해 소서(小徐)는 이를 많이 보존시켰는데, 이 때문에 소서본(小徐本)의 형성자가 대서본(大徐本)에 비해 많아졌다. 전오소(田吳炤)의 『설문이서전이』(說文二徐箋異)에는 대서본과 소서본 간의 차이를 매우 상세하게 나열해 두었는데, 참고할만하다.

문자는 언어를 기록하는 부호이다. 엄격한 의미에서의 문자는 모두 반드시 고정된 독음이 있어야만 한다. 초기의 문자는 서로 다른 문자부호로써 서로 다른 어음을 기록했다. 인지 능력이 발전함에 따라 문자부호도 끊임없이 증가했다. 너무 많아진 문자부호는 필연적으로 형체 구조가 갈수록 복잡해지게 하였으며, 이를 따라 기억과 사용상의 어려움도 생겨난 것은 필연적이었다. 형성자는 중국 고대한자의 가장 중요한 '파생[孳乳]' 방법이었는데, 그것은 형성자는 몇몇 기본 형체를 이용해 새로운 문자부호를 조합해 내는 방식이었다.

정초(鄭樵)는 『육서략』(六書略)에서 이렇게 지적했다.

> "해성은 나머지 '오서'와 같이 나왔다. '오서'는 한계가 있지만, 해성은 끝이 없다. '오서'는 의미를 숭상하지만, 해성은 소리를 숭상한다. 이 세상 천하에 의미의 한계는 있으나 소리의 한계는 없다. 해성이라는 것은 소리를 합쳐 글자가 된 것으로, 그 수는 헤아릴 수 없이 많다.(諧聲與五書同出. 五書有

窮, 諧聲無窮. 五書尚義, 諧聲尚聲. 天下有有窮之義, 而有無窮之聲. 諧聲者, 合聲成字, 不可勝舉.)"

형성자가 나머지 '오서(五書)'와 동시에 출현하였는지는 이론의 여지가 있다. 하지만 "소리를 합쳐 글자가 된다(合聲成字)"라는 것이 한자의 주요한 파생[孳生] 수단이라는 점은 의심의 여지가 없다. 오늘날 한자를 만들 때 여전히 이러한 방법을 이용하고 있다. 예컨대 화학원소에 관한 새로운 글자는 모두 형성자인데, 이는 이러한 것의 좋은 예증이다.

초기에는 형성자가 아니었던 많은 글자가 이후로 가면서 점차 형성자로 변하기도 했다. 예를 보자.

> 소전체의 성(曐·曐)은 고문자에서 본래 이나 으로 적었는데, 사실은 「정(晶)」자이다. 처음에는 「정(晶)」과 「성(曐)」이 구분되지 않았으나, 이후에 "각기 쓰이는 바가 달라져" 생(生)을 소리부로 첨가하였다. 그리하여 「정(晶)」 외에도 「성(曐)」이라는 형성자가 분화하였던 것이다. 또 「계(雞)」는 원래 독체 상형자로, 로 적었었는데, 중기 갑골문 이후로 소리부인 해(奚)를 더해 형성자인 「계(雞)」가 되었다. 또 「치(雉)」도 초기 갑골문에서는 로만 적었었는데, 다소 시간이 흐르고서 소리부인 시(矢)나 이(夷)를 더하여 형성자인 「치(雉)」나 「치(䧅)」가 되었다. 『설문해자』에서는 치(雉)의 고문을 치(𨾔)로 적었다.

많은 형성자가 기본 형체로부터 분화되어 나왔는데, '통가(通假)'에 의해 쉽게 뒤섞일 가능성을 피하고자 파생된 형성자도 있다. 예를 보자.

> 「구(冓)」에서 「구(構)」·「구(溝)」·「구(遘)」·「구(媾)」·「구(篝)」 등이 파생되어 나왔고,

「추(隹)」에서 「유(唯)」·「유(惟)」·「유(維)」·「수(誰)」·「수(雖)」 등이 파생되어 나왔고,

「우(又)」에서 「우(右)」·「유(有)」·「우(佑)」·「우(祐)」·「유(宥)」 등이 파생되어 나왔다.

형성자의 구조 형식으로 말하자면 다음의 유형이 있다.

좌형우성(左形右聲): 「송(松)」·「백(柏)」·「구(溝)」·「혁(洫)」;
우형좌성(右形左聲): 「계(雞)」·「치(雉)」·「웅(雄)」·「자(雌)」;
상형하성(上形下聲): 「분(棼)」·「록(麓)」·「림(霖)」·「진(震)」;
하형상성(下形上聲): 「권(帣)」·「상(常)」·「렬(裂)」·「장(裝)」;
외형내성(外形內聲): 「원(園)」·「포(圃)」·「유(囿)」·「고(固)」;
내형외성(內形外聲): 「여(輿)」·「휘(徽)」·「학(學)」·「판(辦)」.

형체가 나누어진 소리부(形體散裂之聲): 「사(衺)」·「금(衾)」·「과(裹)」·「곤(袞)」. 이는 의미부인 의(衣)가 나누어진 모습이다.

「황(黃)」은 전(田)이 의미부이고 광(炗)이 소리부인데, 광(炗·光)이 아래위로 분할되어 전(田) 속으로 들어갔다(이것은 小篆의 訛變 形體에 근거해 분석한 것이다).

전대소(錢大昭)는 이 밖에도 다음의 유형을 제시했다.

중형좌우성(中形左右聲)
상성좌우하형(上聲左右下形)
하성좌우상형(下聲左右上形)
중성상하형(中聲上下形)
중형상하성(中形上下聲)
중성좌우하형(中聲左右下形)
중형좌우상성(中形左右上聲)

중성상하좌형(中聲上下左形)
중형상하우성(中形上下右聲)
중성상하좌우형(中聲上下左右形)
중형상하좌우성(中形上下左右聲)(『說文統釋自序』에 보임).

이러한 분류는 지나치게 번잡하고, 게다가 신빙성도 떨어진다.

이외에도 상당한 논란이 있는 '생성(省聲)'이라는 것이 있다. 번잡함으로부터 간략함으로 나아가는 것이 문자 발전 변화과정의 중요한 경향의 하나임을 인정해야만 한다. 어떤 형성자의 소리부는 간화(簡化) 때문에 원래의 모습을 잃어버리기도 하는데, 이러한 현상은 분명히 존재한다. 다음의 예를 보자.

> 진(進) 𨔶 : "나아가 올리다는 뜻이다. 주(辵)가 의미부이고, 린(藺)의 생략된 모습이 소리부이다.(登也. 從辵, 藺省聲.)"

『옥편』에 「진(進)」의 고문으로 진(䢅)이 실려 있는데, 「진(進)」을 구성하는 추(隹)는 린(藺)의 생략된 모습이다.

> 융(融) 融 : "음식 삶는 증기가 위로 올라가는 모습을 말한다. 력(鬲)이 의미부이고 충(蟲)의 생략된 모습이 소리부이다. 융(𩰫)은 융(融)의 주문인데, 생략되지 않은 모습이다.(不省炊氣上出也. 從鬲, 蟲省聲. 𩰫 籒文融. 不省.)"

「충(虫)」이 소리부 충(蟲)의 생략된 모습이라는 것은 주문(籒文)의 「융(𩰫)」으로 증명할 수 있다.

추(秋) 𥤚 : "곡식이 익어가는 모습이다. 화(禾)가 의미부이고, 추(𪏮)의 생략된 모습이 소리부이다. 주문(籀文)으로는 𥤚로 쓰는데, 생략하지 않았다.(禾穀熟也. 從禾, 𪏮省聲. 𥤚 籀文. 不省.)"

「추(秋)」는 𥤚의 간략화한 모습인데, 소리부인 추(𪏮)가 화(火)로 줄었다.

탄(歎) 𣤋 : "읊다는 뜻이다. 흠(欠)이 의미부이고, 관(鸛)의 생략된 모습이 소리부이다. 𣤋은 탄(歎)의 주문(籀文)인데, 생략하지 않았다.(吟也. 從欠, 鸛省聲. 𣤋 籀文歎. 不省.)"

「탄(歎)」이 𣤋의 생략된 모습이라는 것은 주문(籀文)으로부터 증명할 수 있다.

하지만 『설문해자』에서 말한 '생성(省聲)'의 70~80 퍼센트는 믿을 수가 없는데, 그것은 아마도 허신의 오해로 말미암은 것이거나, 아니면 이후 사람들이 덧보탠 결과 때문으로 보인다. 다음을 보자.

감(監) 監 : "아래로 굽어보다는 뜻이다. 와(臥)가 의미부이고, 감(䲗)의 생략된 모습이 소리부이다.(臨下也. 從臥, 䲗省聲.)"

이는 완전히 오해에서 비롯된 해석이다. 갑골문에서는 「감(監)」을 [glyph]으로, 금문에서는 [glyph]으로 적었는데, 옛날에는 물을 그릇[盤]에 담고, 담긴 물을 거울로 삼았었다. 「감(監)」과 「감(鑑)」은 같은 글자에서 분화된 글자이다. 「감(監)」은 사람이 물그릇에 머리를 비추는 모습을 그렸다. 허신은 「감(監)」의 원래 자형

구조를 잘못 이해한 바람에 "와(臥)가 의미부이고, 감(衉)의 생략된 모습이 소리부이다.(從臥, 衉省聲.)"라고 풀이했는데, 사실은 「감(監)」은 「와(臥)」나 「감(衉)」과는 아무런 관계가 없는 글자이다.

매(邁) : "먼 곳으로 가다는 뜻이다. 주(走)가 의미부이고, 채(蠆)의 생략된 모습이 소리부이다.(遠行也. 從走, 蠆省聲.)"

「채(蠆)」는 「만(萬)」에서 파생한 글자[孳乳字]이다. 『설문해자 계전』(繫傳)에서는 「매(邁)」에 대해 "만(萬)이 소리부이다"라고 풀이했는데, 옳은 말이다. 금문에서도 「매(邁)」는 「만(萬)」으로 자주 가차되고 있다. 그런데 『설문해자』의 혹체(或體)에서 으로 적었다고 해서 이에 근거해 「매(邁)」를 "채(蠆)의 생략된 부분이 소리부이다"라고 풀이할 수는 없다. 왕균(王筠)의 『설문석례』(說文釋例)에서도 "그것을 왜곡하여 '생성'으로 풀이할 이유가 있겠는가?(何必委曲其辭以爲省乎?)"라고 하여, 이에 대해 이미 언급한 바 있다.

책(迮) : "갑자기 일어나다는 뜻이다. 정(定)이 의미부이고, 작(作)의 생략된 모습이 소리부이다.(迮迮, 起也. 從定, 作省聲.)"

갑골문에서는 「사(乍)」로 적었지 「작(作)」이라 적은 경우는 없으니, 「작(作)」은 이후에 생겨난 글자이다. 「책(迮)」은 사(乍)가 소리부인데, 이를 두고 "작(作)의 생략된 부분이 소리부이다"라고 할 필요는 없다.

상(商) : "바깥으로부터 안쪽을 살펴 알다는 뜻이다. 놜(㕯)이 의미부이고, 장(章)의 생략된 모습이 소리부이다.(從外知內也. 從㕯, 章省聲.)"

상주 때의 고문자에서 「상(商)」은 [seal glyphs] 등으로 적고 있어, 「장(章)」과 전혀 관계가 없다. 따라서 이를 두고 "장(章)의 생략된 모습이 소리부이다(省聲)"라고 할 수는 없다.

> 요(要) : "신체의 가운데 부분을 말한다. 두 손으로 허리를 잡은 모습을 그렸다. 구(臼)가 의미부이고, 교(交)의 생략된 부분이 소리부이다. 는 요(要)의 고문체이다.(身中也. 象人要自臼之形. 從臼, 交省聲. 古文要.)"

허신이 「요(要)」를 두고 "두 손으로 허리를 잡은 모습을 그렸다(象人要自臼之形)"라고 풀이한 것은 정확한 해석이다. 전서체는 고문을 생략하거나 변화시켜 만들어진 것인데, 전서체의 를 구성하는 는 「교(交)」와 전혀 관계가 없다. 단옥재(段玉裁)는 소전체의 자형까지 고쳐가면서 허신의 해석을 변호했는데, 그럴 필요는 전혀 없었다.

더구나 아래에서 열거하게 될 '생성(省聲)'은 더더욱 아무 근거가 없는 예들이다.

> 곡(哭) : "슬피 우는 소리를 말한다. 훤(吅)이 의미부이고, 옥(獄)의 생략된 모습이 소리부이다.(哀聲也. 從吅, 獄省聲.)"
>
> 사(事) : "맡아 다스리다는 뜻이다. 사(史)가 의미부이고, 지(之)의 생략된 모습이 소리부이다.(職也. 從史, 之省聲.)"
>
> 분(奔) : "달리다는 뜻이다. 요(夭)가 의미부이고, 분(賁)의 생략된 모습이 소리부이다.(走也. 從夭, 賁省聲.)"
>
> 서(黍) : "조의 차진 품종을 말한다. 대서 때가 되면 씨를 뿌린다. 그래서

'서'라고 불렀다. 화(禾)가 의미부이고, 우(雨)의 생략된 모습이 소리부이다.(禾屬而黏者也. 以大暑而種, 故謂之黍. 從禾, 雨省聲.)"

멱(汨) : "장사에 '멱라연'이 있다. 굴원이 빠져 죽은 강이다. 수(水)가 의미부이고, 명(冥)의 생략된 모습이 소리부이다.(長沙汨羅淵. 屈原所沈之水. 從水, 冥省聲.)"

형성자의 소리부[聲符]는 글자의 표음(表音) 기능을 위한 것이다. 하지만, 형체 차이가 너무 심하면 표음 기능을 할 수가 없으며, 그렇게 되면 형성자가 될 수 없다. 문자 형체구조가 명확하지 않은 상황에서 억지로 해석할 필요는 없다. 그래서 단옥재도 이렇게 말한 적이 있다. "허신의 책에서 '생성'이라 한 것은 의심할 만한 것이 많다. 하나의 편방(偏旁)을 갖고서 전체 글자의 독음을 대표하기 어려울 때에는 '어떤 글자의 생략된 모습'이라고 했는데, '가(家)'를 '가(豭)'의 생략된 모습이 소리부이라거나, '곡(哭)'을 '옥(獄)'의 생략된 모습이 소리부이라고 한 것 등은 모두 믿기 어렵다.(許書言省聲多有可疑者. 取一偏旁不載全字, 指爲某字之省, 家爲豭省, 哭之爲獄省, 皆不可信.)" 고문자에서 「사(史)」·「리(吏)」·「사(事)」는 같은 글자로, 모두 "손[又]에 붓대[中]를 쥔 모습"에서 왔으며, 이후 점차 분화된 글자들이다. 이들은 처음부터 끝까지 「지(之)」와는 전혀 관계가 없던 글자이다.

「서(黍)」도 갑골문에서 나 등으로 적어, 수(水)로 구성되었지 우(雨)의 생략된 모습으로 구성되지 않았다. 「분(奔)」도 금문에서 으로 적어, 아랫부분이 세 개의 지(止)로 구성되었으나 이후 잘못 변해 훼(卉)가 되었는데, 이 때문에 허신은 "분(賁)의 생략된 모습이 소리부이다"라고 했던 것이다.

대서(大徐)와 소서(小徐)는 '생성(省聲)'에 대해 서로 다른 견해를 갖고 있었다. 예컨대 「열(窦)」·「결(妜)」·「결([illegible])」 등에 대해 대서는 이 모두가 "결(決)의 생략된 모습이 소리부이다"라고 했지만, 소서는 "결(夬)이 소리부이다"라고 했다.

「결(駃)」에 대해서도 소서는 "결(決)의 생략된 모습이 소리부이다"라고 했지만, 대서는 "결(夬)이 소리부이다"라고 했다. 이렇게 볼 때, 일부 '생성(省聲)'자는 후세 사람들이 고친 것이지 허신의 원래 모습이 아님을 알 수 있다.

다음으로는 『설문해자』의 '역성(亦聲)', 즉 '회의'자이면서 '형성'자를 겸하는 것에 관해 살펴보자. 사실은 이러한 것 대다수는 파생되어 분화한 글자들이다.

> 개(愾) 愾: "크게 숨을 쉬다는 뜻이다. 심(心)으로 구성되었고, 또 기(氣)로 구성되었는데, 기(氣)는 소리부도 겸한다.(大息也. 從心, 從氣, 氣亦聲.)"

「기(氣)」·「희(餼)」·「개(愾)」는 모두 「기(氣)」에서 파생 분화된 글자들로, 갑골문과 초기 금문에서는 모두 三로 적고 있다. 그래서 엄격하게 말하자면, 「개(愾)」는 주로 형성자로 쓰였는데, 이러한 형성자의 소리부는 표의 기능을 겸하고 있을 뿐이다.

이와 같은 예로는 다음의 것들이 있다.

> 예(禮) 禮: "이행하다는 뜻이다. 이로써 신을 모시고 복을 빌게 된다. 시(示)로 구성되었고, 또 예(豊)로 구성되었는데, 예(豊)는 소리부도 겸한다.(履也. 所以事神致福也. 從示, 從豊, 豊亦聲.)"
>
> 취(娶) 娶: "아내를 취한다는 뜻이다. 여(女)로 구성되었고, 또 취(取)로 구성되었는데, 취(取)는 소리부도 겸한다.(取婦也. 從女, 從取, 取亦聲.)"

갑골문에서는 「예(豊)」와 「취(取)」로만 적었을 뿐, 「예(禮)」와 「취(娶)」로 적지는 않았다. 「예(禮)」와 「취(娶)」는 이후에 생겨난 형성자이다.

계복(桂馥)은 『설문해자부설』(說文解字附說)에서 이렇게 말했다.

"해성자에는 '역성자'라고 한 것도 있는데, 이에는 두 가지 예가 있다. 하나는 부수로부터 소리부가 만들어진 것을 갖고서 '역성'이라 부른 경우이다. 예컨대, 팔(八)부수의 「별(𠔁)」에서, '팔(八)의 중복된 형태로 구성되었는데, 팔(八)은 나누다는 뜻이며, 소리부도 겸한다. 또 반(半)부수의 「반(胖)」에서도, 반(半)으로 구성되었고 또 육(肉)으로 구성되었는데, 반(半)은 소리부도 겸한다고 했다. 구(句)부수의 「구(拘)」와 「구(笱)」에서도 모두 구(句)는 소리부도 겸한다고 했다. 훤(吅)부수의 「단(單)」에서도, 훤(吅)으로 구성되었고 또 반(甲)으로 구성되었는데, 훤(吅)은 소리부도 겸한다고 했다. 또 필(疋)부수의 「소(𤴓)」와 「소(𤴔)」18)에서도, 필(疋)은 소리부도 겸한다고 했다. 구(丩)부수의 「구(䒤)」에서도 구(丩)로 구성되었는데, 구(丩)는 소리부도 겸한다고 했다. 벽(𦣝)부수의 「석(𦣞)」에서도, 벽(𦣝)으로 구성되었는데, 벽(𦣝)은 소리부도 겸한다고 했다. 기(丌)부수의 「기(𨑒)」에서도, 기(丌)로 구성되었는데, 기(丌)는 소리부도 겸한다고 했다. 정(井)부수의 「형(刑)」에서도, 정(井)으로 구성되었고 도(刀)로 구성되었는데, 정(井)은 법(法)을 말하며, 정(井)은 소리부도 겸한다고 했다. 후(后)부수의 「구(垢)」에서도, 구(口)와 후(后)로 구성되었는데, 후(后)는 소리부도 겸한다고 했다. 이러한 것들이 한 가지 예이다. (諧聲字有曰亦聲者, 其例有二: 從部首得聲曰亦聲. 如八部𠔁下云, 從重八, 八別也, 亦聲. 半部胖下云, 從半從肉, 半亦聲. 句部拘笱下皆云, 句亦聲. 吅部單下云, 從吅甲, 吅亦聲. 疋部𤴓𤴔下皆云, 疋亦聲. 丩部䒤下云, 從丩, 丩亦聲. 𦣝部𦣞下云, 從𦣝, 𦣝亦聲. 丌部𨑒下云, 從丌, 丌亦聲. 井部刑下云, 從井從刀. 井, 法也. 井亦聲. 后部垢下云, 從口后, 后亦聲, 此一例也.)"

"때로는 해당 글자를 구성하는 편방의 의미를 해설하면서 '소리부도 겸한다'라고 한 것도 있다. 예컨대 시(示)부수의 「회(禬)」에서, '복을 함께 모으는

18) (역주) 𤴓은 疏와 같이 읽어[讀若], 독음이 所와 菹의 반절이며, 𤴔는 독음이 所와 菹의 반절이다.

제사를 말하며, 회(會)로 구성되었는데, 회(會)는 소리부도 겸한다.'라고 했다. 옥(玉)부수의 「모(瑁)」에서도, '제후가 홀을 갖고서 천자를 배알하는데, 천자는 옥으로 홀을 덮는다. 옥(玉)과 모(冒)로 구성되었는데, 모(冒)는 소리부도 겸한다.'라고 했다. 또 복(菐)부수 「반(𦦻)」에서도 '팔(八)이 의미부인데, 팔(八)은 나누다는 뜻이며, 팔(八)은 소리부도 겸한다.'라고 했다. 「신(晨)」에서는 또 '진(辰)으로 구성되었는데, 진(辰)은 때를 말하며, 진(辰)은 소리부도 겸한다.'라고 했다. 「전(叀)」에서도 '철(屮)은 초목이 자라날 때 생기는 잎을 말하며, 철(屮)은 소리부도 겸한다.'라고 했다. 또 충(虫)부수의 「특(蟘)」에서도 '관리가 뇌물을 요구하면 자연스레 벼를 갉아먹는 해충이 생긴다. 특(貣)으로 구성되었는데, 특(貣)은 소리부도 겸한다.'라고 했는데, 이 또한 '역성'에 대한 한 예이다. 이상의 두 가지 예가 아니면서 '역성(亦聲)'이라 한 것은 아마도 후세 사람들이 덧보탠 것일 것이다.(或解說所從偏旁之義而曰亦聲. 如示部禬下云, 會, 福祭也, 從會, 會亦聲. 玉部瑁下云, 諸侯執圭朝天子, 天子執玉以冒之. 從玉冒, 冒亦聲. 菐部𦦻下云, 從八, 八分之也, 八亦聲. 晨下曰從辰, 辰時也, 辰亦聲. 叀下云, 屮, 財見也, 屮亦聲. 虫部蟘下云, 吏乞貣則生蟘, 從貣, 貣亦聲. 此又一例也. 非此二例而曰亦聲者, 或後人加之.")

### (4) 회의(會意)

"회의라는 것은 부류를 나열하고 의미를 합쳐서, 그것이 가리키는 바를 나타내는 것으로, '무'와 '신'이 그 예에 해당한다.(會意者, 比類合誼, 以見指撝, 武信是也.)"

단옥재(段玉裁)는 이에 대해 비교적 상세하게 해석을 덧붙여 이렇게 말했다.

"회(會)는 합친다[合]는 뜻이며, 두 가지 형체의 의미를 합친다는 의미이다. 한 가지 형체로 그 의미를 나타내기가 부족했기에, 두 가지 형체의 의미를 합쳐서 글자를 만들었다. ……'지위(指撝)'는 '지미(指麾)'와 같은데, 가리키는 바를 말한다. 인(人)과 언(言)의 뜻을 나열하여 합치면 반드시 「신(信)」의 의미가 드러나게 되며, 과(戈)와 지(止)의 뜻을 나열하여 합치면 반드시 「무(武)」의 의미가 드러나게 된다. 이것이 회의이다. 회의라는 것은 뜻을 합친다는 의미이다. 회의에 속하는 글자의 경우, '인(人)과 언(言)으로 구성되었다'거나, '지(止)와 과(戈)로 구성되었다'는 식으로 이야기했는데, 이는 인(人)과 언(言), 지(止)와 과(戈)가 모두 연결되어야만 글자가 되기 때문이며, 이를 '인(人)으로 구성되었고 또 언(言)으로 구성되었다'거나 '과(戈)로 구성되었고, 또 지(止)로 구성되었다'는 식으로 풀이할 수는 없다.(會者, 合也, 合二體之意也. 一體不足以見其義, 故必合二體之意以成字. ……指撝與指麾同, 所謂指向也. 比合人言之誼, 可以見必是信字; 比合戈止之誼可以見必是武字, 是會意也. 會意者, 合誼之謂也. 凡會意之字, 曰從人言, 曰從止戈. 人言·止戈二字皆聯屬成文, 不得曰從人從言, 從戈從止.)"

단옥재의 이러한 해석은 대체로 정확하다 하겠다. 회의자는 반드시 두 개나 두 개 이상의 독립된 형체로 구성되어야 한다. 회의자에는 다음과 같이 이체(二體), 삼체(三體), 사체(四體)로 구성된 유형이 존재한다.

### A. 이체(二體)

대다수의 회의자는 두 개의 형체(二體) 조합으로 되어 있다. 『설문해자』에서 다음처럼 "어떤 글자와 어떤 글자로 구성되었다(從某某者)"라고 하여, 독체자를 연속으로 나열한 경우는 모두 회의자에 속한다.

막(莫) 𦱤 : "해가 장차 어두워지려고 할 때를 말한다. 해[日]가 풀숲[茻] 속에 있는 모습을 그렸다.(日且冥也. 從日在茻中.)"

「막(莫)」은 지금의 「모(暮)」의 본래 글자(本字)이다. "해[日]가 풀숲[茻] 속에 있는 모습"으로 '해가 지다'는 뜻을 나타냈다. 일(日)이나 망(茻)이 연결되지 않고 개별적으로 쓰이면 '날이 저물다(莫)'는 뜻과 관련되지 못한다.

병(秉) : "볏단을 말한다. 손[又]으로 벼[禾]를 쥔 모습을 그렸다.(禾束也. 從又持禾.)"

「병(秉)」의 최초의 뜻은 "벼 한 단(一束禾)"으로, "손으로 움켜쥘 수 있을 만큼의 볏단"을 말하는데, 오늘날 현대 한어에서의 "한 움큼(一把)"에 해당한다. "손[又]으로 벼[禾]를 쥐다"가 바로 「병(秉)」의 뜻이다.

급(及) : "미치다는 뜻이다. 우(又)로 구성되었고, 또 인(人)으로 구성되었다.(逮也. 從又, 從人.)"

서현(徐鉉)의 해석에 의하면, "앞 사람에게 미치다(及前人也)"라는 뜻이라고 했다. 다른 사람이 앞에 있고, 뒤에서 그에게 이르다는 뜻으로부터 '미치다(逮及)'는 뜻을 그렸다.

취(取) : "사로잡다는 뜻이다. 우(又)로 구성되었고, 또 이(耳)로 구성되었다. 『주례』에서 '사로잡으면 그 왼쪽 귀를 자른다.'라고 했다. 『사마법』에서도 '자른 귀를 헌상한다.'라고 했는데, 괵(聝)은 귀를 말한다.(捕取也. 從又, 從耳. 『周禮』: '獲者取左耳.' 『司馬法』曰: '載獻聝.' 聝者, 耳也.)"

이상의 예에서 "우(又)와 인(人)"이나 "우(又)와 이(耳)"라고 하면 "연결해서 글자를 만들(聯屬爲文)" 방법이 없게 된다. 그래서 "우(又)로 구성되었고 또 인(人)으로 구성되었다(從又從人)"거나 "우(又)로 구성되었고 또 이(耳)로 구성되었다(從又從耳)"라고 했던 것이다. 이처럼 『설문해자』에서 "어떤 글자로 구성되었고 또 어떤 글자로 구성되었다(從某從某)"라고 한 경우는 모두 회의자이다.

B. 삼체(三體)

제(祭) : "제사를 드리다는 뜻이다. 시(示)로 구성되었으며, 손[手]에 고기[肉]를 쥔 모습을 그렸다.(祭祀也. 從示, 從手持肉.)"

「제(祭)」는 갑골문에서 로 적었는데, "손[手]에 고기[肉]를 쥔 모습", 즉 제사를 지내다는 뜻이다. 금문에서 다시 시(示)가 더해져 나 라 적었고, "제단(示) 앞에서 손[手]에 고기[肉]를 쥔 모습"을 그렸는데, 여기에 이르면 세 가지 형체로써 그 의미를 합친 경우가 된다.

수(叜) : "늙은이를 말한다. 우(又)로 구성되었는데 또 재(灾)로 구성되었다. 왜 그런지는 알 수 없으므로 비워둔다.(老也. 從又, 從灾, 闕.)"

『설문해자』의 해설 체제에 따르면, 「수(叜)」는 당연히 회의자에 해당한다. 하지만, 허신은 이의 형체 구조를 완전히 이해하지 못했기 때문에 비워 둘 수밖에 없었다.

필자는 이렇게 생각한다. 「수(叜)」를 갑골문에서 로 적었는데, 소전체는 기본적으로 이를 계승했다. 그래서 당연히 "면(宀)으로 구성되었으며, 여기에다 손[手]에 횃불[火]을 쥔 모습을 그렸다.(從宀, 從手持火)"라고 해석해야 할 것이다. 『설문해자』에서 "면(宀)은 교차해서 위를 덮은 처마가 깊은 집을 말한다.(宀, 交覆深屋也.)"라고 했으니, 집안[宀]에서 "손[手]에 횃불[火]을 쥐고" 무엇인가를 찾는다는 것이 「수(叜)」의 본래 뜻이고, 「수(搜)」의 본래 글자이다.

C. 사체(四體)

폭(㬥) [篆] : "(볕에) 말리다는 뜻이다. 일(日)로 구성되었고, 출(出)로 구성되었고, 공(廾)으로 구성되었고, 미(米)로 구성되었다.(晞也. 從日, 從出, 從廾, 從米.)"

해[日]가 나왔을[出] 때 쌀[米]을 들고 나와[廾] '말리다'가 「포(㬥)」의 뜻이다. 하지만 『설문해자』에서 「포(㬥)」의 고문(古文)을 [古文] 로 적었고, "일(日)이 의미부이고, 포(麃)가 소리부인" 형성자라고 했다. 그런데 소전체에 들면서 어떻게 회의자로 변하게 되었는지는 실로 의문이다.

이외에도 다음처럼 중첩에 의한 회의자도 있다.

역(秝): "드문드문하여 적당하다는 뜻이다. 두 개의 화(禾)로 구성되었다.(稀疏適也. 從二禾.)"
삼(森): "나무가 많은 모양을 말한다. 임(林)으로 구성되었고, 또 목(木)으로 구성되었다.(木多貌. 從林, 從木.)"
은(犾): "개 두 마리가 서로 물어뜯다는 뜻이다. 두 개의 견(犬)으로 구성되었다.(兩犬相齧也. 從二犬.)"
각(珏): "두 개의 옥이 합쳐져 하나의 '각'이 된다.(二玉相合爲一珏.)"
초(艸): "갖가지 풀을 말한다. 두 개의 철(屮)로 구성되었다.(百卉也. 從二屮.)"
훼(卉): "풀을 총체적으로 부르는 명칭이다. 초(艸)와 철(屮)로 구성되었다.(艸之總名也. 從艸屮.)"
망(茻): "풀이 우거진 것을 말한다. 네 개의 철(屮)로 구성되었다.(衆艸也. 從四屮.)"
접(耴): "편안하다는 뜻이다. 두 개의 이(耳)로 구성되었다.(安也. 從二耳.)"
섭(聶): "귀에다 대고 작은 말로 소곤거리다는 뜻이다. 세 개의 이(耳)로 구성되었다.(附耳私小語也. 從三耳.)"

이러한 중첩자[疊體字]를 이전에는 상형으로 보기도 했고, 혹자는 회의로 보기도 했는데, 필자는 당연히 회의에 속하지 상형은 아니라고 생각한다.

상형자는 반드시 독체(獨體)여야 한다. 「력(秝)」을 "드문드문하여 적당하다는 뜻이다(稀疏適)"라고 했고, 「임(林)」을 "평평한 땅에 나무가 무성함을 말한다(平土有叢木)"라고 했으니, 그 형체를 형상했다는 것은 불가능하며, 그 의미를 모은 것이라고 해야만 할 것이다.

"초목이 처음 생겨나는 것(艸木初生)"이 「철(屮)」의 뜻이고, 두 개의 「철(屮)」이 모여 「초(艸)」가 되고, 세 개의 「철(屮)」이 모여 「훼(卉)」가 되어 "풀을 총체적으로 부르는 명칭(艸之總名)"이 되고, 네 개의 「철(屮)」이 모여 「망(茻)」이 되어 "풀이 우거지다(眾艸)"라는 의미를 나타냈는데, 이들은 형체 자체만 가지고서는 해당 개념을 구별할 방법이 없다.

### (5) 전주(轉注)

> "전주라는 것은 부류를 세우고 하나를 우두머리로 삼아, 같은 뜻을 주고받는 것을 말하며, '고(考)'와 '노(老)'가 그 예이다.(是也轉注者, 建類一首, 同意相受, 考老是也.)"

그간 전주에 관한 논쟁이 가장 심했다. 역대 학자들은 허신이 내린 정의와 매우 다른 많은 견해를 제시해 왔다.

호온옥(胡韞玉)은 『육서통론』(六書通論)에서 이렇게 말했다.

> "예로부터 전주에 관한 논의가 많았는데, 각자의 설이 달라 어느 하나 옳

은 것이 없었다. 허신이 '건류일수(建類一首), 동의상수(同意相受), 고로시야(考老是也).'라고 했는데, 「고(考)」와 「로(老)」가 같은 부(同部)에 속했기 때문에 많은 후세 사람들이 오류를 범하게 되었다. 배무제(裴務齊)는 '「고(考)」(의 丂)는 왼쪽으로 돌았고, 「노(老)」(의 匕)는 오른쪽으로 돌았다.'라고 했는데, 이는 예서체에 근거해 전서를 해석한 것으로 너무나 비속하여 논할 가치조차 없다. 대동(戴侗)의 『육서고』와 주백기의 『육서정와』에서도 (考는) 왼쪽으로 돌았고 (老는) 오른쪽으로 돌았다는 학설을 그대로 인용했다. 그뿐만 아니라 「산(山)」을 비스듬히 한 것이 「부(阜)」이고, 「인(人)」을 뒤집으면 「화(匕)」가 된다고 하면서, 형체에 한정해서 전주를 논의했다. 게다가 「지(止)」의 전주가 「타(彐)」가 되고, 「정(正)」의 전주가 「핍(乏)」이 되고, 「가(可)」의 전주가 「파(叵)」가 되고, 「지(之)」의 전주가 「잡(帀)」이 된다고 했다. 그는 이런 식으로 상형과 회의를 전주와 혼용시켰는데, 이는 모두 「고(考)」와 「로(老)」에 대한 잘못된 해석 때문에 생겨난 결과이다. 정초의 『육서략』에서는 '해성과 전주는 하나이다'라고 했는데, 이는 또 전주를 형성에 혼용시킨 경우이다. 요약하자면 이들은 모두 전주를 '글자 창제의 방법'으로 보았다. 여러 가지 학설이 많아 어떤 것은 저것에 통하고 어떤 것은 이것에 이르렀다. 하지만, 전주는 '글자 운용의 방법'으로, '글자 창제의 방법'과는 관련이 없다. 이러한 견해는 대동원(대진)이 처음으로 내세웠으며, 단약응(단옥재)와 왕록우(왕균)도 모두 이 학설에 근거했다. 이런 식으로 의미에 근거해 전주를 논의하게 되면 이런저런 모든 것을 다 매끄럽게 처리할 수 있으며, 조금의 의문도 남지 않게 된다.(古之論轉注者多矣, 說各不同, 莫衷一是. 許君曰: '建類一首, 同意相受, 考老是也.' 考老二字, 適爲同部, 遂生出後人許多之謬誤. 裴務齊謂考字左回, 老字右轉, 以隸釋篆, 至爲鄙俗, 固無論也. 戴侗『六書故』·周伯琦『六書正譌』, 亦沿用左回右轉之說. 別舉側山爲阜, 反人爲匕以爲例, 拘形以論轉注. 至有謂止之轉注爲彐, 正之轉注爲乏, 可之轉注爲叵, 之之轉注爲帀, 混象形會意於轉注, 皆由考老二字而誤也. 鄭樵『六書略』謂'諧聲轉注一也', 則又混轉注於形聲. 要之皆以轉注爲造字之法, 故立論雖多, 或通於彼而格於此. 轉注乃用字之法, 與造字無與. 此其義自戴東原剏之, 段若膺(玉裁)·王箓友(筠)皆本其說. 持此義以論轉注, 洵可謂左右逢源, 毫無窒礙矣.)"

전주가 '글자 창제[造字]의 방법'인지 아니면 '글자 운용[用字]의 방법'인지에 대해서는 두 학파의 서로 다른 견해가 있다.

한 학파는 강성(江聲)을 대표로 하는데, 전주를 글자 창제[造字]의 방법이라 주장한다.

강성(江聲)은 『육서설』(六書說)에서 이렇게 말했다.

> "『설문해자』는 책 전체를 5백 40부로 나누었다. 「일(一)」에서 시작하여 「해(亥)」에서 끝나는데, 5백 40부의 우두머리가 소위 '하나의 우두머리[一首]'라는 것이다. 이어지는 '어떤 것에 귀속된 것은 모두 어떤 것을 따른다'라고 했는데, 이것이 바로 '같은 뜻을 주고받는다'라는 말이다. 이것이 모두 전주에 대한 해설이다.(『說文解字』一書, 凡分五百四十部. 其始一終亥, 五百四十部之首, 即所謂一首也; 下云凡某之屬皆從某, 即同意相受也. 此皆轉注之說也.)"

장태염(章太炎)은 이러한 견해를 더욱 진전시켰는데, 『소학답문』(小學答問)에서 이렇게 말했다.

> "전주와 가차는 모두 글자 창제의 법칙이다. '같은 뜻풀이[同訓]'라고 한 것은 후세 사람들이 전주에 대해 붙인 이름이지, 육서의 전주를 말한 것은 아니다. '같은 독음[同聲]의 통용'이라고 한 것도 후세 사람들이 가차에 대해 붙인 이름이지, 육서의 가차를 말한 것은 아니다. 무릇 글자라는 것은 파생 과정을 거치면서 점차 늘어나는데, 말이 같으면 쌍성(雙聲)으로 서로 전해질 수 있고, 첩운(疊韻)으로 서로 이어지면 다른 한 글자를 만들게 되는데, 이것이 바로 전주이다. 그러면 '부류를 세우고 하나를 우두머리로 삼는다'라는 것은 무엇을 두고 한 말일까? 여기에서 부류[類]는 성류(聲類)를 말하며, 우두머리[首]라는 것은 오늘날 말하는 말의 토대[語基]를 뜻한다.(轉注假借, 悉爲造字之則. 汎稱同訓者, 在後人亦得名轉注, 非六書之轉注也; 同聲通用者, 在後人亦得名假借, 非六書之假借也. 夫字者, 孳乳而浸多, 或同語而雙聲相轉, 疊韻

相邇，則爲更制一字，此所謂轉注也. 何謂建類一首? 類謂聲類，首者今所謂語基.)"[19]

"전주라는 것은 번잡해졌지만 죽지 않는 것으로, 글자가 파생되어 늘어난 것을 말한다.(轉注者，繁而不殺，恣文字之孶乳者也.)"[20]

장태염은 『문시』(文始)와 『소학답문』(小學答問) 등에서 언어의 성음(聲音)과 문자부호와의 관계를 반복적으로 강조했는데, 이는 대단히 필요한 부분이다. 하지만, 그는 문자부호 자체의 형체 구조의 규칙성을 홀대했으며, 특히 『설문해자』 이전의 고문자에 대해 허무주의적 태도를 견지했는데, 이는 그가 가진 한계이다. 이러한 점이 그로 하여금 문자의 형체[形]·독음[音]·의미[義]의 세 가지 방면의 상호관계를 전면적이며 정확하게 인식하지 못하게 만들었다. 그는 서로 다른 시기의 문자 형체의 발전변화 과정을 전혀 이해하지 못했고, 문자 형체 자체가 아닌 독음과 의미와 문자와의 관계에 근거해 형체 구조의 규칙성을 파헤쳤는데, 이 때문에 필연적으로 일련의 잘못된 결론을 도출하고 말았다.

그가 전주의 예증으로 들었던 「복(富)」과 「비(備)」, 「무(亡)」와 「무(無)」, 「공(空)」과 「과(窠)」, 「병(屛)」과 「번(藩)」 등은 단지 통가(通假)에 해당하는 글자들로, 이들은 "같은 이름에 같은 뜻이면서 두 글자로 파생된 것(一名一誼而孶乳爲二字)"이라고 할 수 없을뿐더러, 전주라고 할 수는 더더욱 없다.

문자의 파생[孶乳]을 논의하려면, 무엇보다 먼저 서로 다른 시기에서의 문자의 발전 변화를 잘 알아야만 한다. 장태염은 이러한 조건을 갖추지 못했었다. 그가 이해한 파생은 단지 문자의 독음이 같고[音同] 의미가 통하는[義通] 현상에

19) 『章氏叢書』「小學答問」，上海 右文社 印行本.
20) 章太炎，『國故論衡』「轉注假借說」，1917年 浙江圖書館 刊本.

한정되었다. 이는 분명히 문자부호 상호 간의 관계에 관한 문제이며, 문자부호가 그 운용과정에서 생겨난 문제이지 문자부호 자체의 형체 구조에 관한 문제일 수는 없다.

다른 한 학파는 대진(戴震)을 대표로 한다. 대진이 「육서론」(六書論)을 지었다지만, 애석하게도 전해지지 않고, 『대동원집』(戴東原集)에 그의 「자서」(自序) 1편만이 전한다. 그는 「강신수 선생의 소학 논의에 대한 답글」[答江愼修先生論小學書]에서 이렇게 말했다. 그 형체 구조로 볼 때, "고(考)와 로(老)는 해성과 회의에 속하는 글자인데, 이는 글자의 본질[體]에 관한 것이고, 이를 끌어와 전주라고 한 것은 글자의 운용[用]에 관한 것이 되며(考老二字屬諧聲會意者, 字之體. 引之言轉注者, 字之用)", "돌려가며 서로 주석을 삼고 서로 뜻풀이를 한다(轉相爲注, 互相爲訓)"고 했는데, 이것이 바로 전주이다.

대진(戴震)의 제자인 단옥재(段玉裁)도 스승의 학설을 계승했으며, 이 학설을 더욱 발전시켰다. 그는 이렇게 말했다.

> "노(老)부수에서 「노(老)」를 늙은이[考]라고 했고, 「고(考)」도 늙은이[老]라고 했다. 「고(考)」로 「노(老)」의 뜻을 주석하고, 「노(老)」로 「고(考)」의 뜻을 주석했는데, 이러한 것을 전주라고 한다. 「노(老)」는 형체적으로 인(人)과 모(毛)와 화(匕)로 구성되어, 회의에 속한다. 하지만 「고(考)」는 형체적으로 노(老)가 의미부이고 교(丂)가 소리부인 구조로 형성에 속하는데, 그 의미로 뜻풀이하게 되면 전주가 된다.(老部曰: 老者考也; 考者老也. 以考注老, 以老注考, 是之謂轉注. 蓋老之形從人毛匕, 屬會意; 考之形從老, 丂聲, 屬形聲, 而其義訓則爲轉注.)"[21]

21) 段玉裁, 『說文解字注』, 上海古籍出版社 1981年(經韻樓臧版 影印本에 근거함), 756쪽 下 오른쪽.

오늘날의 말로 쉽게 풀이하자면, 같은 의미가 있는 글자로서, 서로 간에 주석할 수 있으면 모두 '전주'라 부를 수 있다는 말이다.

『설문해자』「심(心)」부수를 보자.

「에(恚)」: "한하다는 뜻이다.(恨也.)"
「한(恨)」: "원망하다는 뜻이다.(怨也.)"
「원(怨)」: "성내다는 뜻이다.(恚也.)"

여기서 보듯 「에(恚)」·「한(恨)」·「원(怨)」은 의미가 같은데, 서로 돌려가며[轉] 주석을 하고 있다[注].

또 『설문해자』「언(言)」부수를 보자.

「어(語)」: "논다다는 뜻이다.(論也.)"
「론(論)」: "의논하다는 뜻이다.(議也.)"
「의(議)」: "말하다는 뜻이다.(語也.)"

「어(語)」·「논(論)」·「의(議)」도 마찬가지로 같은 의미이며, 서로 돌려가며 주석하고 있다. 하지만, 형체 구조로 본다면 「에(恚)」·「한(恨)」·「원(怨)」·「어(語)」·「논(論)」·「의(議)」 등은 모두 형성자에 속한다. 이상의 예는 "같은 부수 내에서의 전주(同部轉注)"에 속한다. 이외에도 다음처럼 "다른 부수 간의 전주(異部轉注)"도 있다.

『설문해자』「우(牛)」부수에서 다음과 같이 말했다.

「곡(犗)」: "소를 거세한다는 뜻이다.(騬牛也.)"

또 『설문해자』 「마(馬)」 부수에서 다음과 같이 말했다.

「승(騬)」: "말을 거세한다는 뜻이다.(牾馬也.)"

또 『설문해자』 「양(羊)」 부수에서 다음과 같이 말했다.

「갈(羯)」: "양을 거세한다는 뜻이다.(羊羖犗也.)"
「이(羠)」: "양을 거세한다는 뜻이다.(騬羊也.)"

또 『설문해자』 「시(豕)」 부수에서 다음과 같이 말했다.

「분(豮)」: "돼지를 거세한다는 뜻이다.(羠豕也.)"

또 『설문해자』 「견(犬)」 부수에서 다음과 같이 말했다.

「의(猗)」: "개를 거세한다는 뜻이다.(犗犬也.)"

왕균(王筠)은 『설문석례』(說文釋例)에서 이런 글자들은 "지칭하는 사물은 하나인데, 미치는 대상에 따라 다른 명칭이 생긴 것일 뿐이다. 서로 바꾸어가며 해설한 것은, 말을 번거롭게 하지 않게 하려는 것일 뿐이다.(其事則一, 隨所施而異其名耳. 交互說之, 不煩言而已解.)"라고 했다.[22] "서로 바꾸어가며 해설한다(交互說之)"라는 것, 이것이 바로 '전주'의 주요한 내용이다.

22) 王筠, 『說文釋例』, 北京中國書店, 1983年(世界書局 影印本에 근거함), 177쪽.

## (6) 가차(假借)

"가차라는 것은 본래 그에 해당하는 글자가 없어 소리에 의탁하여 개념을 빌린 것으로, '영(令)'과 '장(長)'이 그것이다.(假借者, 本無其字, 依聲托事, 令長是也.)"

단옥재(段玉裁)는 이에 대해 이렇게 해석했다.

"'탁(托)'은 '맡기다[寄]'라는 뜻이다. 소리가 같은 부분에 기대어 이것에 맡기면 해당 개념을 표시하는 글자가 없는 사물이라도 맡길 수 있는 글자가 생긴다. 예컨대 한나라 사람들은 현의 우두머리[縣令]를 '영장(令長)'이라 했는데, 1만 호 이상 되는 현의 우두머리를 '영(令)', 1만 호 이하 되는 현의 우두머리를 '장(長)'이라 불렀다. '영(令)'의 본래 의미는 명령을 내리다는 뜻이며, '장(長)'의 원래 의미는 장구하다는 뜻이다. 현령(縣令)과 현장(縣長)을 지칭할 글자가 없었는데, 명령은 장구하다는 뜻으로부터 끌어와 그것을 표현했는데, 이것을 두고 '가차'라 한다.(托者寄也. 謂依傍同聲而寄於此則凡事物之無字者, 皆得寄而有字. 如漢人謂縣令曰令長. 縣萬戶以上爲令, 減萬戶爲長. 令之本義, 發號也; 長之本義, 久遠也. 縣令縣長本無字, 而由發號久遠之義引申展轉而爲之, 是謂假借.)"23)

객관 사물은 대단히 복잡하며, 사람들의 사상의식도 매우 풍부하다. 중국 고대한자와 같은 문자로 개념을 표상하면서, 모든 개념마다 전문적인 부호를 쓴다면, 셀 수도 없는 많은 양의 자형을 만들어내야 하고, 이 때문에 이를 기억하고

23) 段玉裁,『說文解字注』, 上海古籍出版社, 1981年(經韻樓臧版 影印本에 근거함), 756쪽.

사용하는데 극히 어려움이 생기고 말 것이다. 특히 대단히 추상적인 개념의 경우, 형상화할 형체도 없고, 의미를 합쳐서 만들 수도 없어서, 독음이 같은 어떤 글자를 사용해 다른 의미를 표상하게 된다.

전주가 동의어[同義詞]라고 한다면, 가차자는 다의어[多義詞]이다. 하나의 문자부호가 운용과정에서 서로 다른 개념을 표상하게 되는데, 그 과정에서 '가차' 의미가 필연적으로 존재하게 된다.

"소리에 의탁하여 개념을 빌린다(依聲托事)"는 것이 '가차'의 핵심 개념이다. "본래 그에 해당하는 글자가 없다(本無其字)"는 것이 '가차'의 기원이었는데, 그 말류(末流)에 이르러 '가차'의 방법, 즉 "소리에 의탁하여 개념을 빌린다(依聲托事)"는 방법을 남용하게 되면서, "본래 그에 해당하는 글자가 있는(本有其字)" 경우도 '가차'하게 되었다.

『설문해자』에서는 다음과 같은 술어로써 어떤 글자가 가차에 해당함을 밝혔다(孫經世, 『說文解字假借考』 참조).

첫째, '고위(故爲)'·'고이위(故以爲)'·'이위(以爲)'·'고차이위(故借以爲)'·'고인이위(故因以爲)'·'혹이위(或以爲)'.

> 봉(鳳) 𩾏: "신성한 새를 말한다……조(鳥)가 의미부이고, 범(凡)이 소리부이다. 𠣔은 봉(鳳)의 고문체이다. 상형이다. 봉새가 날면, 수만 마리의 새들이 무리지어 따라 날기 때문에, '붕당'이라는 뜻으로도 쓰이게 되었다.(神鳥也……從鳥, 凡聲. 𠣔古文鳳. 象形. 鳳飛, 群鳥從以萬數, 故以爲朋黨字.)"

고문의 「봉(鳳·𠣔)」은 상형구조이지만, 소전체의 「봉(鳳·𩾏)」은 형성자이다. 원래는 새[鳥]의 이름이었으나 '붕당(朋黨)'의 '붕(朋)'으로 쓰이게 되면서, 가차자에 속하게 되었다. 「봉(鳳)」과 「붕(朋)」은 고대의 독음에서 구분이 없었다.(古音에서 重唇音인 b/p와 輕唇音인 m/f 간에는 구분이 없었다).

오(烏) : "효성스런 새이다. 상형이다. 공자는 '오(烏)는 어기를 뱉을 때 쓰는 말이다'라고 했다. 그 어기를 나타내는 말로써 '오호'라는 의미를 표현했다.(孝鳥也. 象形. 孔子曰: 烏, 盱呼也. 取其助氣, 故以爲烏呼.)"

'오호(烏呼)'는 어기사(語氣詞)이기 때문에, 형상화할 형체도 없고 의미를 합쳐서 만들 수도 없어서, '까마귀[烏鴉]'라고 할 때의 「오(烏)」를 빌어 사용할 수밖에 없었다. 문헌에서는 달리 '어희(於戲)'라 적기도 '오호(烏呼)'라 적기도 했는데, 「어(於)」는 「오(烏)」의 고문(古文)이다. 이후 다시 「오(嗚)」가 출현하게 되었는데, 이는 '오호(嗚呼)'에만 쓰이는 글자로 전서체에서는 없던 글자이다.

래(來) : "주나라에서 받아들였던 보리의 우량종인 '소맥[來]'과 '대맥[麰]'을 말하는데, 보리 한 줄기에 두 개의 이삭이 연다. 까끄라기가 있는 모습을 그렸다. 하늘에서 보내 준 것이라는 의미에서 '오가다[行來]'라고 할 때의 '오다'는 뜻이 생겼다. 『시경』에서 '우리에게 소맥[來]과 대맥[麰]을 내려주셨네.'라고 노래했다.(周所受瑞麥來麰. 一來二縫. 象芒朿之形. 天所來也, 故爲行來之來. 『詩』曰: '詒我來麰.')"

허신은 전서체의 「래(來)」가 까끄라기가 있는 보리의 모습을 그렸다고 했다. 그래서 그것이 '보리[來麥]'라고 할 때의 '래(來)'로 쓰여, 그것의 본래 의미로 쓰일 때에는 상형자에 속하지만, 그것이 '오가다[行來]'라고 할 때의 '래(來)'로 쓰여 가차 의미로 쓰일 때에는 가차자에 속한다.

위(韋) : "서로 위배하다는 뜻이다. 천(舛)이 의미부이고, 위(口)가 소리부이다. 무두질한 짐승 가죽은 굽어 벌어진 것을 묶어 교정하는 데 쓸 수 있다. 그래서 '가죽[皮韋]'이라는 뜻으로 빌려 썼다.(相背也. 從舛, 口聲. 獸皮之韋, 可以束枉戾相韋背, 故借以爲皮韋.)"

'위배하다[相背]'가 「위(韋)」의 '본래 의미'이며, '가죽[皮韋]'은 「위(韋)」의 '가차 의미'이다. 소전체에 「위(違)」가 있고 이를 '떠나다[離]'는 뜻이라고 했는데, 사실은 「위(韋)」로부터 분화한 글자이다. 그러자 「위(韋)」는 '가죽[皮韋]'이라고 할 때의 전용자로, 「위(違)」는 '위배하다[違背]'라고 할 때의 전용자로 쓰이게 되었다.

서(西) : "새가 둥지 위에 앉은 모습을 그렸다. 상형이다. 해가 서쪽으로 기울면 새는 둥지로 날아든다. 그래서 '동서(東西)'라고 할 때의 '서쪽'이라는 의미가 생겼다. '서(西)'로 구성된 글자는 모두 서(西)부수에 귀속된다. 서(棲)는 서(西)의 혹체자로, 목(木)과 처(妻)로 구성되었다.(鳥在巢上. 象形. 日在西方而鳥棲, 故因以爲東西之西. 凡西之屬皆從西. 棲, 西或, 從木妻.)"

「서(西)」가 새가 둥지 위에 앉은 모습을 형상했는지는 좀 더 생각해 보아야 할 문제이다. 초기 고문자의 형체에 근거해 보면, 「서(西)」가 「서(棲)」의 본래 글자일 수는 없다. 하지만, 한 가지 긍정할 수 있는 것은 '동서남북(東西南北)'이라고 할 때의 「서(西)」는 분명히 가차자라는 점이다. 방위를 나타내는 모든 글자는 예외 없이 모두 가차자이다.

둘째, '고문이위(古文以爲)'와 '주문이위(籒文以爲)'.

려(旅) : "군에서 5백 명 단위를 '려'라고 한다.…… 는 '려'의 고문(古文)이다. '고문'에서는 '노위(魯衛)'라고 할 때의 '로(魯)'로도 쓰였다. (軍之五百人爲旅. …… 古文旅. 古文以爲魯衛之魯.)"

견(臤) : "단단하다는 뜻이다. ……'고문'에서는 '현(賢)'자로 쓰였다.(堅也. ……古文以爲賢字.)"

원(爰) : "끌어 당기다는 뜻이다. 표(受)로 구성되었고, 또 우(于)로 구성되었다. '주문'에서는 수레의 끌채라는 뜻으로 쓰였다.(引也. 從受, 從于. 籒文以爲車轅字.)"

「원(爰)」을 갑골문에서는 으로 적어, 두 손으로 끌어당기는 모습을 그려 회의자이지만, 『설문해자』에서 말한 것처럼 "표(受)로 구성되고, 또 우(于)로 구성된(從受從于)" 구조는 아니다. 『설문해자』에는 또 "수(手)가 의미부이고 원(爰)이 소리부인(從手, 爰聲.)" 구조의 「원(援)」이 있어 "끌어당기다[引]"는 뜻을 갖는데, 사실은 「원(爰)」에서 분화한 글자이다.

"고문에서는……라 한다(古文以爲)"거나 "주문에서는……라 한다(籒文以爲)"라고 한 것은 문자 초기 단계의 가차 현상을 말한다. 소전체에서 이들의 '본래 글자[本字]'가 모두 존재하지만, 이러한 '본래 글자'는 사실 파생에 의해 분화한 글자들이다.

인명이나 지명 등과 같은 고유명사는 모두 형상화할 형체도 없고, 의미를 합쳐서 만들 수도 없어서 가차라는 방법을 쓸 수밖에 없다. 다른 글자로 대체하여 사용하면서, 이후 점차 이들 고유명사의 전용자가 생겨났다.

예컨대 '노위(魯衛)'라고 할 때의 「로(魯)」는 「어(魚)」에서 분화한 글자이다. 『설문해자』에서는 「로(魯)」를 굼뜸을 표시하는 말[鈍詞]라고 했는데, '노위(魯衛)'라고 할 때의 「로(魯)」의 본래 글자로 보지는 않았다. 소전체에서 「현(賢)」과

「견(堅)」은 모두 「현(臤)」에서 분화한 글자로, 원래는 모두 없던 글자들이다. 「현(賢)」은 서주 금문에서 인명으로 쓰였고, 전국(戰國) 때의 「중산왕호」(中山王壺)에서는 「현(賢)」을 「현(掔)」으로 썼다는 것은 이러한 사실을 설명해 주고 있다.

엄격하게 말해서 초기의 가차자는 모두 "본래 그에 해당하는 글자가 없는 것(本無其字)"이었다. 이후 어떤 글자에 대해 가차자로 쓰일 전용자가 출현하게 되었는데, 이러한 후기자(後起字)를 그것의 '본래 글자(本字)'라고 할 수는 없다. 예컨대 모든 부정사는 모두 가차자이지만, '본래 글자'라 부를 만한 글자는 근본적으로 없었다. 다시 말해 "본래 그것에 해당하는 글자가 없었다(本無其字)".

「불(不)」·「부(否)」·「막(莫)」·「물(勿)」·「불(弗)」·「무(毋)」·「무(無)」·「미(靡)」·「비(非)」·「비(匪)」·「미(微)」……등과 같은 모든 부정사의 경우, 어느 글자를 "본래 글자"로 규정할 수 있겠는가? 그 어떤 것도 '본래 글자'는 아니다. 『설문해자』에서는 「불(不)」을 두고 "새가 날아올라 선회하면서 내려오지 않음을 말한다. 가로획[一]으로 구성되었는데, 가로획은 하늘을 뜻한다. 상형이다.(鳥飛上翔不下來也. 從一, 一猶天也, 象形.)"라고 했다. 이 때문에 모두 「불(不)」이 모든 부정사의 '본래 글자'라고 하지만 이는 잘못된 견해이다.

「불(不)」은 갑골문에서부터 전서에 이르기까지 기본적으로는 별다른 변화를 겪지 않았다. 그 형체의 발전과정을 보면 다음과 같다.

어디를 보아도 이를 두고 "새가 날아올라 선회하는(鳥飛上翔)" 모습이라 해석할 수는 없다. 더구나 "내려오지 않다(不下來)"라고 해석할 여지는 더더욱 없어 보인다.

고문자 학자들은 이를 꽃꼭지[花柎]의 모습이라 하기도 하고, 혹자는 초목의 뿌리를 그린 것이라고도 하는데, 오히려 이러한 해석이 사실에 더 가까워 보인다.

「부(否)」는 이후에 생겨나 분화한 글자이기에, 이도 '본래 글자'라고 할 수 없다. 나머지 다른 글자들은 『설문해자』에서 이미 '본래' 의미로 쓰인 것이 아님을 밝힌 바 있다.

어떤 가차자라도 가차되기 전에 그 글자는 이미 존재했고 또 이미 운용됐다. 어떤 문자라도 먼저 그 '본래 의미'가 있고 뒤에 '가차 의미'로 쓰이게 마련이다. 문자 형체의 발생이라는 측면에서, 소위 '글자를 만드는 단계의 가차[造字假借]'라는 것은 존재하지 않는다.

어느 글자가 '가차'자인지를 결정하려면 반드시 '본래 의미'와 '가차 의미'의 구별이 먼저 이루어져야만 한다. 어떤 글자의 본래 의미를 지금 잘 모른다고 해서 그것의 본래 의미가 근본적으로 존재하지 않는다고 할 수는 없다. 어떤 문자 형체라도 가차를 위해 출현할 수는 없기 때문이다. 강원(江沅)은 『설문해자주』(說文解字注)「후서」(後敘)에서 이렇게 말했다.

> "경전과 역사서와 백가들의 저술에는 가차자가 많이 등장한다. 허신은 책 이름으로 '설해(說解)'라는 것을 사용했기에, 글자의 본래 의미에 대해 이야기하지 않을 수 없었다. 본래 의미가 밝혀지면 나머지 의미도 밝혀지며, 파생 의미도 밝혀지게 되며, 가차 의미도 밝혀지게 된다.(經史百家, 字多假借. 許書以說解名, 不得不專言本義者也. 本義明而後餘義明, 引伸之義亦明, 假借之義亦明.)"

『설문해자』에서 말한 '본래 의미'와 '가차 의미'가 꼭 객관적 실제 상황에 들어맞는 것은 아니다. 이러한 점은 응당 유의해야 할 점인데, 이에 대해서는 뒤에서 다시 논의하게 될 것이다.

고대문헌을 읽으려면, 반드시 '가차'라는 이 고대문자 사용의 중요한 현상을 이해해야만 한다. 특히 지금 볼 수 있는 선진(先秦) 때의 문헌은 기본적으로 전국(戰國)이나 진한(秦漢) 시기로부터 전해 내려온 것으로, 가차의 사용이 많은데, 통가(通假) 현상에 밝지 않으면 이러한 문헌을 통독하기 어렵다.

『논어』「술이」(述而)에서 "나에게 몇 년의 시간을 더 준다면, 나이 50에 배움을 계속한다 해도, 큰 무리는 없을 것이다.(加我數年, 五十以學, 易可以無大過矣.)"라고 했는데, 여기의 '역(易)'은 '역(亦)'에 해당한다. 다시 말해 현대 한어에서의 '또한[也]'에 해당한다.

고대 문헌에서는 표점 부호가 없었기 때문에(고대의 簡牘에는 가끔 '勾識'라는 것이 등장하는데, 대략 지금의 標點符號에 해당한다), 가차를 이해하지 못하면 오해가 생기기 십상이다.

송(宋)나라 때의 이학가(理學家)들은 가차의 원리를 잘 이해하지 못하여, 위에서 든 『논어』의 문구를 "나에게 몇 년의 시간을 더 준다면, 나이 50에 『주역』을 배운다 해도, 큰 무리는 없을 것이다.(加我數年, 五十以學『易』, 可以無大過矣.)"라고 해석했는데, '역(易)'을 『주역』(周易)으로 잘못 해석했던 것이다. 게다가 육경(六經)이 모두 공자(孔子)에게서 나왔다는 학설을 신봉한 나머지, 공자가 『주역』을 50살이 되어서야 읽었을 리 없다고 하면서, 마침내 '오십(五十)'을 '졸(卒)'로 바꾸어 "나에게 몇 년의 시간을 더 준다면, 끝내 『주역』을 배운다 해도, 큰 무리는 없을 것이다.(加我數年, 卒以學『易』, 可以無大過矣.)"라고 고치기까지 했다. 이런 식으로 고대문헌을 해석한다면, 혼란만 가중될 뿐이다. 『사기』도 '역(易)'을 책 이름으로 보았는데, 근거로 삼아서는 아니 된다.

또 "부인(夫人)"이라는 단어도 옛날에는 "나라 임금의 아내를 부인이라 한다(邦君之妻曰夫人)"는 말처럼 귀족 통치자의 부인을 말했다. 하지만, 어떤 경우에는 전혀 이런 뜻이 아닌 때도 있다.

『좌전』 양공(襄公) 8년: "사람마다 비통해해 두둔할 바를 몰랐다.(夫人愁痛, 不知所庇.)"
『국어』(國語)「주어」(周語): "사람마다 이익을 받들어 윗사람에게 바쳤다.(夫人奉利而歸諸上.)"

'부(夫)'는 여기서 '범(凡)'으로 가차되었는데, 두예(杜預)를 비롯해 위소(韋昭)는 『주(注)』에서 "'부인'은 '사람마다'라는 뜻이다.(夫人, 猶人人也.)"라고 했다.

다음처럼 '부인(夫人)'이 또 다른 의미로 쓰인 예도 있다.

『논어』「선진」(先進): "저 사람은 말을 하지 않지만, 말을 하면 언제나 옳다.(夫人不言, 言必有中.)"
『좌전』 희공(僖公) 30년: "만약 그 사람의 도움이 없었더라면, 여기에 이르지는 못했을 것이다.(微夫人之力, 不及此.)"

여기서 '부(夫)'는 '피(彼)'로 가차되었다. 그래서 '부인(夫人)'은 '피인(彼人)'과 같은 말이다. 그래서 여기의 '부(夫)'는 양평성(陽平聲)으로 읽어야지 음평성(陰平聲)으로 읽어서는 아니 된다.

『좌전』 양공(襄公) 33년 조에서 진(晉)의 양공(襄公)이 선진(先軫)에게 "다른 사람이 청했지만 내가 거절을 했소.(夫人請之, 吾舍之矣.)"라고 했는데, 여기의 '부인(夫人)'도 '피인(彼人)'에 해당한다. 그래서 진(晉) 문공(文公)의 부인(夫人)인 '문영(文嬴)', 즉 양공의 모친을 지칭한다. 어떤 사람은 '부인(夫人)'의 의미를 오해하여, 진 양공의 '부인(夫人)'으로 해석하기도 했는데, 정말 웃음거리가 아니고 무엇이겠는가? 정초(鄭樵)의 『육서략』(六書略)에서 이렇게 지적한 바 있다. "선대 유학자들은 경전의 바다 속에 빠져, 마치 그 넓은 바다를 조각배를 타고 다니듯 멈추지를 못했는데, 이것이 모두 가차의 매력 때문이었다.(先儒所以顚沛淪沒於經籍之中, 如泛一葦於溟渤, 靡所底止, 皆爲假借之所魅也.)" 이는 분명히 경험에서 우러나온 말일 것이다.

오늘날의 처지에서 보면, 많은 가차자가 독음에서 차이를 자주 보이는데, 이는 고금음(古今音)에 변화가 일어났기 때문이다. 예컨대 「추(隹)」의 경우, 「유(唯)」·「유(惟)」·「유(維)」 등으로 가차되기도 하고, 또 「수(雖)」나 「수(誰)」 등으로 가차되기도 한다. 「수(誰)」는 「추(隹)」가 소리부이고, 「수(雖)」는 유(唯)가 소리부이고, 「유(唯)」도 추(隹)가 소리부이다. 이들은 전국(戰國) 진한(秦漢) 때의 고대음에서는 구별되지 않고 아주 같았을 것이다.

'가차'에 정통하려면 고대 음운에 밝아야 한다. 거꾸로 말해, 우리는 문자의 가차 관계를 통해 고금음(古今音)의 변화 상황을 이해할 수도 있다.

## 3. '육서' 이론의 운용

'육서'는 문자학에 관한 최초의 이론이며, 오늘날까지도 중국문자의 규칙을 이야기할 때에는 여전히 '육서' 이론을 기초로 삼는다.

역대로 '육서' 이론은 학자들이 대단히 중시해 왔던 이론이다. 정초(鄭樵)는 『육서략』(六書略)「육서서」(六書序)에서 "성인의 도는 육경에 기댈 수밖에 없고, 육경의 저술은 오직 문언으로만 되었는데 문언의 근본은 육서에 있다.(聖人之道, 惟藉六經, 六經之作, 惟務文言; 文言之本, 在於六書.)"라고 말한 적이 있다. 황이주(黃以周)도 『설문해자보설』(說文解字補說)「서」(敘)에서 "옛 성인은 이미 갔지만 '도'는 글자에 실려 있다. 육경 이외에는 소위 도라는 것은 없으며, 육서 외에는 소위 글자라는 것은 없다.(古聖既往, 道載於文. 六經之外, 無所謂道; 六書之

外, 無所謂文.)"라고 했다.

'육서' 이론은 설사 부족한 점이 있긴 하지만, 여전히 중국 고대문자를 이해하고 장악하는 중요한 방법이자 수단이다.

중국의 고대문자는 그 형체구조로 말하자면, 상형문자의 범주에 속한다. 이러한 문자의 형체는 대단히 복잡하고, 게다가 부호의 수도 매우 많다. 하지만, 반드시 알아야 할 것은, 이러한 문자는 이미 부호화한 문자이며, 그 발전 단계로 말하자면, 이미 어음과 매우 긴밀하게 결합한 일종의 표음(表音)문자라는 사실이다. 그것은 어음(語音)의 기록을 통해 개념을 전달하지, 문자의 형상 그 자체로써 개념을 전달하는 것이 아니다. 게다가 장기간의 발전과정 속에서 문자의 형체[形]·독음[音]·의미[義]에도 커다란 변화가 생겼다.

이러한 사실은 고대 한자 자체의 특징과 그것의 형체[形]·독음[音]·의미[義] 간의 관계에 대해 이해를 해야 한다는 것을 말해준다. 이해를 위해서는 이해 방법과 이론에 관한 체계가 필요한데, 이러한 이론과 방법의 하나가 바로 '육서'이다.

'육서' 중의 지사·상형·형성·회의는 주로 문자의 형체구조의 규칙, 즉 글자의 본질[體]에 대해 말한 것이고, 전주와 가차는 문자의 형체[形]·독음[音]·의미[義]의 관계, 즉 글자의 응용[用]에 대해 논의한 것이다. 혹자는 '육서'를 글자 창제[造字]의 방법이라 하는데, 이는 잘못된 이해이다.

문자를 변별하고 파악하려면, 먼저 문자의 형체를 익혀야만 한다. 중국 고대문자의 형체는 대단히 복잡하여, 『설문해자』에만 9천 3백 53개의 형체가 실렸다. 하지만, 이들은 몇몇 기본형체에 의해 구성된 것들이다. 『설문해자』는 5백 40부수로 나누었는데, 9천 3백 53개의 글자는 이 5백 40개의 기본형체에 의해 구성되었다. 그러나 실제는 기본형체도 이렇게 많지는 않아 단지 1백여 개에 불과하다.

왕균(王筠)의 『문자몽구』(文字蒙求)는 바로 '육서'의 지사·상형·형성·회의라는 이 '사체(四體)'를 이용해 2천여 개의 자형을 귀납했다. 간단함으로써 복잡함을 제어하는 방법을 통해 복잡한 자형을 장악했던 것이다. 그는 「자서」(自序)에서 진설당(陳雪堂)의 말을 인용해 이렇게 말했다. "사람들이 글자를 잘 알지 못하는 것은 그것을 나누지 못하는 데 있다. 진정으로 한 글자를 몇 글자로 나눌 수 있다면, 점이나 획 하나라도 더하거나 뺄 필요 없이 쉽게 기억하여 잊어버리지 않게 될 것이다.(人之不識字也, 病於不能分. 苟能分一字爲數字, 則點畫必不可以增減而易記而難忘矣.)" 이것이 그가 『문자몽구』라는 책을 저술했던 이유이기도 했다.

인간의 사회생활은 풍부하고 다채롭다. 동시에 객관 사물에 대한 관찰과 인식은 날로 깊어지고 세밀해진다. 이 때문에 이와 상응하는 언어 문자로써 이를 표현할 필요가 생긴다. '전주'는 동의어이긴 하지만 운용하자면 그다지 간단한 문제만은 아니며, 그들 간에도 완전히 의미가 같은 것도 아니다. 「초(初)」·「재(哉)」·「수(首)」·「기(基)」·「조(肇)」·「조(祖)」·「원(元)」·「태(胎)」·「숙(俶)」·「락(落)」·「권여(權輿)」 등은 모두 '시작[始]'이라는 의미로, 이들은 넓은 의미에서의 동의어에 속한다. 하지만, 이들은 서로 다른 상황에서만 사용되고 서로 다르게 운용되지, 어떤 곳에서나 동등하게 운용될 수 있는 것은 아니다. 많은 학자가 언어 문자에서의 파생[引申] 현상과 파생 분화[孳乳分化] 현상을 '전주'라고 여기는데, 이는 일종의 오해이다. 글자 의미[字義]의 파생[引申]은 자형의 분화로, '전주'의 한 가지 요소이긴 하지만 이것이 전주 그 자체와 같은 개념은 아니다.

가차는 더더욱 문자의 사용과정 속에 일어난 매우 복잡한 현상이다. 고대문헌은 지하에서 출토된 것이든 아니면 역대로 전해 내려온 것이든, 그것을 통독하는 데 힘든 매우 중요한 원인 중의 하나가 가차 현상을 분명하게 잘 알 수 있다는 데 있다.

오늘날 볼 수 있는 최초의 문헌인 갑골(甲骨) 각사(刻辭)로 말하자면, 문자부호의 사용에서 가차 현상이 차지하는 비중이 상당하여 70% 이상을 차지하고 있다. 같은 문자부호가 서로 다른 언어 환경 하에서 서로 다른 개념을 나타내는 것이다. 어떻게 이를 구별하고 확정할 것인지는 언어와 문자 간의 관계 문제와 광범위하게 연계되어 있을 뿐 아니라 언어 문자의 발전변화 문제와도 관련되어 있다. 『설문해자』는 이러한 방면에서 대단히 귀중한 많은 자료를 제공해 주고 있는데, 이것이 바로 우리가 『설문해자』를 더욱 충분히 활용해야 할 부분이다.

# 제8장 『설문해자』의 부수(部首)

『설문해자』「서」(叙)에서 이렇게 말했다.

> "창힐이 처음 문자를 만들 때, 대체로 부류에 근거해 형체를 본떴는데, 이 때문에 '문(文)'이라 했다. 이후 형체와 소리가 서로 더해졌는데, 이를 '자(字)'라 한다. 자(字)라는 것은 파생하여 점점 많아진다는 것을 의미한다.(倉頡之初作書, 蓋依類象形, 故謂之文. 其後形聲相益, 即謂之字. 字者, 言孳乳而浸多也.)"

문자는 점진적으로 발전하고 점진적으로 늘어나며 점진적으로 완비된다. 중국문자는 몇몇 기본형체가 조합되어 만들어진다. 상대적으로 말해, "독체를 '문'이라 하고, 합체를 '자'라 한다.(獨體爲文, 合體爲字.)"라는 말이 있지만, 총체적으로 말하자면 '문자(文字)'라는 말이 전체적인 개념이다.

『설문해자』에 수록된 9천 3백 53자(금본 大徐本에서는 9천 4백 31자)는 5백 40개의 부수에 귀속되었다. 이것이 바로 허신(許愼)이 「후서」(後敘)에서 말한 "부수를 세울 때에는 「일(一)」을 그 시작으로 삼았다. (글자 배열은) 부류에 따라 함께 모으고, 사물은 종류에 따라 분류했다. 같은 가지의 잎들이 하나로 엮였듯, 같은 뜻이 있는 글자들을 한결같이 연이어 놓았다. (부수와 귀속자는) 순서에 따라 배열하되 뒤섞여도 경계를 벗어나지 않았는데, 그것은 형체에 근거해 체계적으로 배열했기 때문이다.(其建首也, 立一爲端. 方以類聚, 物以群分. 同條牽屬, 共理相貫. 雜而不越, 據形系聯.)"라는 말이다. 5백 40부수를 문자의 기본형체라 해야 할 것이며, 이는 '편방(偏旁)'이라 불리기도 한다. 문자가 귀속된 부류로 말하자면 '부수(部首)'라 해야 할 것이고, 문자 형체구조의 조합으로 말하자면 '편방(偏旁)'이나 '자원(字原)'이라 불러야 할 것이다.

오조(吳照)는 『설문편방고』(說文偏旁考) 「자서」(自敘)에서 "5백 40부는 창힐에게서 시작되었다.……그중 8천 8백 13문은 모두 이로부터 나왔다. 그렇다면, 편방은 글자의 근원이 된다.(凡五百四十部, 本於倉頡. ……其中八千八百一十又三文, 皆從是焉出. 則偏旁者, 字之原也.)"라고 했는데, 이러한 해설은 주백기(周伯琦)의 『설문자원』(說文字原)에 근원을 두고 있다.

문자를 부수에 근거해 분류한 것은 허신에 의해 처음으로 제창되었으며 그 이전에는 없었다. 이러한 부수 분류법은 문자의 형체 구조를 심도 있게 분석하는 데 매우 유용하기 때문에, 『설문해자』 이후로 오랫동안 이러한 부수 분류 방법이 계속 사용되었다.

진(晉)나라의 여침(呂忱)은 『자림』(字林)이라는 책을 지었는데, 당시에는 이 책도 『설문해자』라 불리기도 했다. 허신의 『설문해자』보다 뒤에 나왔기에, 3천 4백 71자가 더 실려, 총 1만 2천 8백 24자를 수록했다. 『자림』도 5백 40부수에 의해 글자를 분류했다. 이 책은 이미 없어졌지만, 청나라 임대춘(任大椿)의 『자림고일』(字林考逸)에서 이를 집록(輯錄)했으며, 도방기(陶方琦)도 『자림고일보』(字林考逸補)를 지어 이를 보충하기도 했다.

양(梁)나라 고야왕(顧野王)의 『옥편』(玉篇)은 『설문해자』 이후, 현존하는 가장 오래된 대형 자서이다. 현재 볼 수 있는 『옥편』은 당나라 손강(孫強)과 송나라 진팽년(陳彭年) 등의 증보와 수정을 거친 것이다. 금본 『옥편』에는 총 2만 2천 7백 26자가 수록되었는데(劉師培의 『中國文字學』의 통계에 근거한 것이다), 호박안(胡樸安)의 『중국문자학사』(中國文字學史)에서는 택존당본(澤存堂本)의 경우 2만 2천 5백 61자가 수록되었다고 했다. 『옥편』은 5백 42부수 체계로 되었는데, 『설문해자』의 부수 분류와 순서에서도 조금의 차이를 보인다. 하지만, 대체로 서로 같다 할 수 있다.

『설문해자』의 부수를 기본형체로 볼 수 있을 것인가? 『설문해자』의 부수 분류는 완전히 합리적인가? 일부 학자들은 이에 대해 회의를 표시해 왔다.

예컨대 정초(鄭樵)의 『육서략』(六書略)에서는 문자에는 '자(子)'와 '모(母)'가 있으며 문자(文字)는 모(母)와 자(子)가 상생(相生)하는 것이라는 다른 이론을 제시했다. 그는 이렇게 말했다.

> "신이 옛날에 『상류서』를 지었는데, 총 3백 30개로 된 모(母)는 형체를 위주로 했고, 8백 70개의 '자(子)'는 소리를 위주로 했습니다. 이를 합치면 1천 2백 개의 '문(文)'이 되는데, 이들이 무궁한 숫자의 '글자[字]'를 만들어 냅니다. 허신이 『설문해자』를 지어, 5백 40개의 '부류[類]'를 글자[字]의 어미[母]로 삼았습니다. 하지만 어미[母]는 자식을 낳을 수 있으나 자식[子]은 그러질 못합니다. 오늘날의 『설문해자』에서 자식[子]을 어미[母]로 잘못 삼은 것이 2백 10부류[類]나 됩니다.(臣舊作『象類書』, 總三百三十母, 爲形之主; 八百七十子, 爲聲之主. 合千二百文, 而成無窮之字. 許氏作『說文』, 定五百四十類爲字之母. 然母能生而子不能生. 今『說文』誤以子爲母者二百十類.)"[24]

정초의 「모와 자를 논함」[論子母]의 경우 뒤섞여 있는 부분도 있고 스스로 모순을 이루는 곳도 있지만, 총체적인 경향은 그래도 옳다 하겠다. 열거한 예증 중, "「구(拘)」는 수(手) 부류에 넣어야 하며, 「구(鉤)」는 금(金) 부류에 넣어야 한다.(拘當入手類, 鉤當入金類.)"거나, "「율(栗)」은 목(木) 부류에 넣어야 하고, 「속(粟)」은 미(米) 부류에 넣어야 한다.(栗當入木類, 粟當入米類.)"는 등과 같은 구상은 이후의 자서(字書)에서 부수를 다시 세우고 재조정하는 근거가 되었다. 그는 문자의 형체 구조를 전면적으로 분석한 후에서야 비로소 "그중 2백 10개를 삭제하고 나머지 3백 30개를 취하는(去其二百十, 而取其三百三十.)" 결론을 도출할 수 있었다.

대동(戴侗)의 『육서고』(六書故)는 정초보다 더 발전했는데, 그는 문자 형체의 구조 규칙을 더욱 심도 있게 논의했다. 그는 「자서」(自序)에서 "글자[文]가 있고 난 후 문장[辭]이 있게 된다. 서체[書]가 많다고 하지만 그 실체를 총괄하면 육서(六書)에 지나지 않는다. 육서(六書)에 통달하고, 변화를 참조하고 유추하여 확장해 나간다면 문자 변화의 극이라 하더라도 도망할 수 없게 된다.(有文而後有辭. 書雖多, 總其實六書而已. 六書既通, 參伍以變, 觸類而長, 極文字之變不能逃焉.)"라고 했다.

대동(戴侗)은 부수를 4백 79개로 나누고 이를 9가지로 분류했는데, 문자 형체의 내원에 의해 구분했다. 대체로 말해 정초(鄭樵)가 구분했던 10가지 부류, 즉 천물(天物)·산천(山川)·정읍(井邑)·초본(艸木)·인물(人物)·조수(鳥獸)·충어(蟲魚)·귀물(鬼物)·기용(器用)·복사(服事) 등에서 가져온 것이었다.

정초는 따로 '육상(六象)' 즉 모습[貌]·숫자[數]·위치[位]·어기[氣]·소리[聲]·귀속

24) 鄭樵 『六書略』「論字母」, 1963년 世界書局 排印本 『通志略』 169쪽.

[屬] 등을 설정하였지만, 체제가 다소 혼란스러웠다. 이에 비해 대동은 상당히 정밀했으며, 게다가 2백 34개를 '모(母)'로 삼고, 2백 45개를 '자(子)'로 삼았는데, 정초의 '3백 30모(母)'에 비해 진보한 것이었다.

이 이후로, 편방학(偏旁學)(달리 '字原學'이라고도 한다)으로부터 오늘날의 구형학(構形學)에 이르기까지, 이는 점차 하나의 전문적인 학문 분과로 발전하게 되었다.

양환(楊桓)의 『육서통』(六書統)은 상형(象形)을 10가지, 회의(會意)를 16가지, 지사(指事)를 9가지, 전주(轉注)와 형성(形聲)을 각각 18가지로 나누었으며, 형성(形聲)은 따로 본성(本聲)·해성(諧聲)·근성(近聲)·해근성(諧近聲) 등의 4가지로 구분했으며, 가차(假借)는 14가지로 분류했다. 이는 너무 번잡하다 하겠으며 게다가 새로운 의미도 없었다.

조휘겸(趙撝謙)(趙古則)은 『육서본의』(六書本義)를 지었는데, 부수를 3백 60개로 나누었고, 일부 독창적인 견해를 보였다. 오옥진(吳玉搢)은 『육서부서고』(六書部敘考)에서 대동(戴侗)의 『육서고』(六書故)와 조휘겸(趙撝謙)의 『육서본의』(六書本義)의 득실에 대해 평가하면서 이렇게 말했다.

> "대동과 조휘겸의 두 책에서는 더욱 많이 변했는데, 나누고 합치고, 더하고 줄이고, 옮기고 바꾸고, 고쳐 합치기도 했다. '어미[母]' 부수로 '아들[子]' 부수를 통괄하기도 했고, 또 '아들[子]' 부수로 '손자[孫]' 부수를 통괄하기도 했다. 육의(六義)가 나누어 귀속됨으로써, 조리가 정연하여졌으며, 사물 간의 경계가 새로워졌고, 울타리도 모두 허물어졌다. 그중에는 실제 이전의 실수를 바로잡고 보충하여, 잘못을 바로잡은 것도 있었으며, 또 좋아함에 차이를 보여 제멋대로 더 과장한 것도 있었으며, 옛날 학설이 전혀 옳지 않은데도 바로 잡을 줄 모르고 그대로 전승한 것도 있었다.……(戴趙二書, 更變爲多. 分合增減, 移易改並. 有母部以領子, 而又有子部以領孫. 六義分屬, 條理秩然, 壁壘一新, 藩籬盡抉. 顧其中有實能匡弼前失, 改正訛誤者; 亦有好爲異同, 肆意

更張者; 有舊說舛謬, 曹不知正, 銜相承襲者…….)"

오옥진의 책은 간행되지 않았기 때문에 초본(鈔本)만 존재한다. 『설문해자고림보유』(說文解字詁林補遺)에서는 그의 「서언」(序言)을 수록했었다.

장화(蔣和)의 『설문자원표』(說文字原表)는 표보(表譜)의 형식으로 문자 형체의 상호관계를 표시했는데, 이는 새로운 시도였다. 하지만, 사실은 이도 정초와 대동 등의 기초 위에서 시도된 문자 형체의 관계에 대한 진일보한 논의였다. 왕균(王筠)은 장화의 이러한 작업을 매우 높게 평가했다. 그는 『설문구두』(說文句讀)에서 이 『설문자원표』(說文字原表)를 수록하였고 이에 대해 일부 교정을 하기도 했다. 그는 "장중소는 「표」로 만들었는데, 이는 다른 설문 부수 연구자들이 따라가지 못한 부분이다.(蔣仲穌所爲表, 諸家說部首者皆不及也.)"라고 했다. 장화(蔣和)의 『설문자원표』(說文字原表)는 문자형체의 상호관계를 논증했다. 하지만, 그는 『설문해자』 이외의 고문자 지식이 부족했고, 당시에 보이던 선진(先秦) 때의 명각(銘刻) 자료도 이용하지 않고 단지 전문(篆文)에만 근거해 이론을 세움으로써, 가끔 독창적인 해석이 있긴 했지만 결국 『설문해자』의 울타리를 벗어나지 못했다. 이렇게 볼 때 그에 대한 왕균(王筠)의 평가는 지나치다고 하겠다.

일본 다카다 가다치카(高田忠周)의 『설문자원보』(說文字原譜)에서는 부수를 1백 47개로 나누었다. 시마 쿠니오(島邦男)의 『은허복사종류』(殷墟卜辭綜類)에서는 갑골문의 기본형체를 1백 64개로 나누었다. 갑골문 형체는 소전과 차이가 있지만, 연계도 된다. 이 두 학자는 문자 형체의 실제로부터 출발하여, 선입견 없이, 가능한 중국문자의 기본부호를 구성하려 했다. 그들의 견해는 매우 참고할만한 가치를 가진다. 아래에서처럼 열거한 표로부터 문자 기본형체의 발전변화의 어떤 흔적들을 발견할 수 있을 것이다.

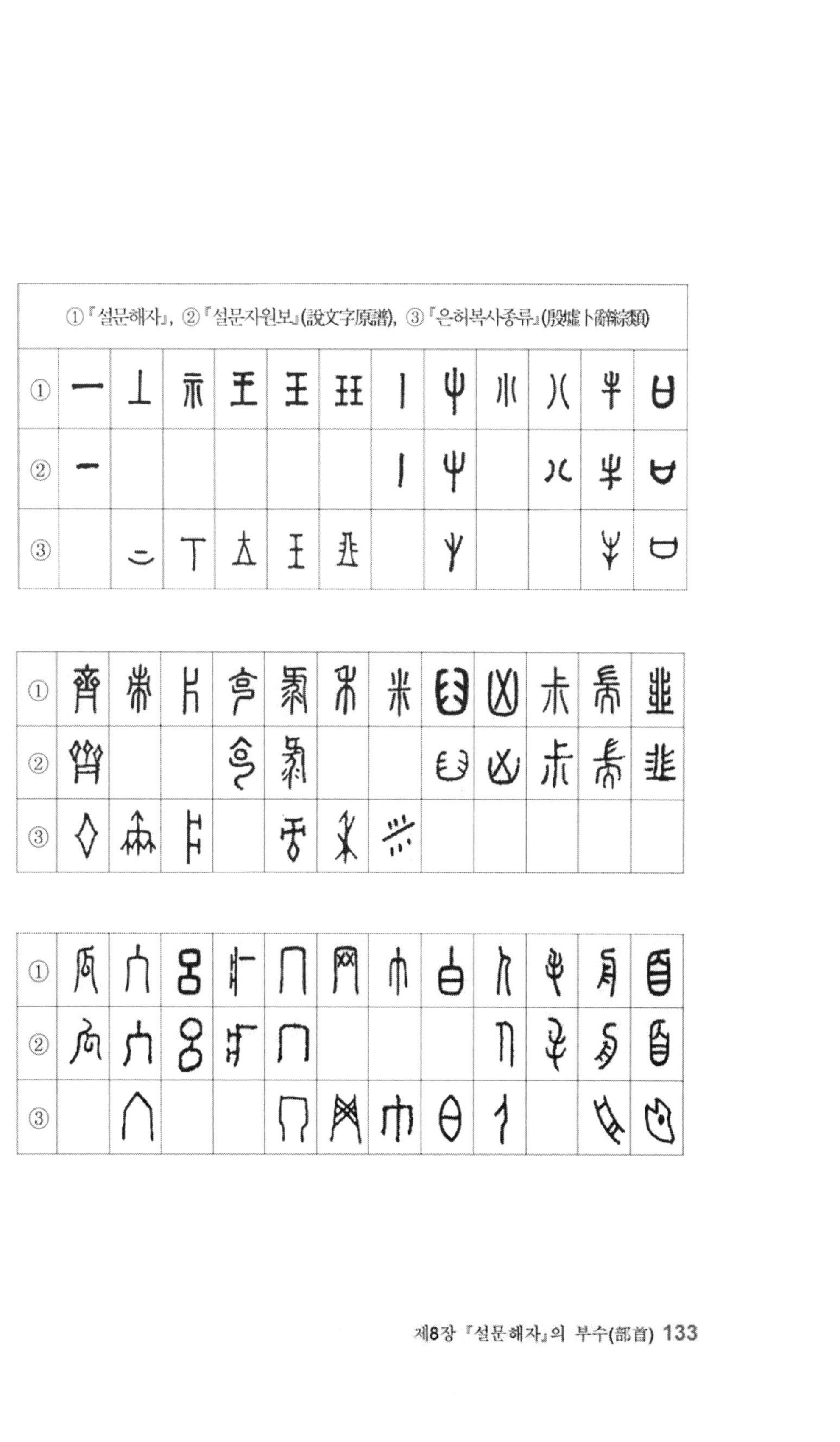

①『설문해자』, ②『설문자원보』(說文字原譜), ③『은허복사종류』(殷墟卜辭綜類)

| | | | | | | | | | | | | |
|---|---|---|---|---|---|---|---|---|---|---|---|---|
| ① | | | | | | | | | | | | |
| ② | | | | | | | | | | | | |
| ③ | | | | | | | | | | | | |

| | | | | | | | | | | | | |
|---|---|---|---|---|---|---|---|---|---|---|---|---|
| ① | | | | | | | | | | | | |
| ② | | | | | | | | | | | | |
| ③ | | | | | | | | | | | | |

| | | | | | | | | | | | | |
|---|---|---|---|---|---|---|---|---|---|---|---|---|
| ① | | | | | | | | | | | | |
| ② | | | | | | | | | | | | |
| ③ | | | | | | | | | | | | |

| | | | | | | | | | | | | |
|---|---|---|---|---|---|---|---|---|---|---|---|---|
| ① | [illegible] | [illegible] | [illegible] | [illegible] | [illegible] | [illegible] | [illegible] | [illegible] | [illegible] | [illegible] | [illegible] | [illegible] |
| ② | [illegible] | [illegible] | [illegible] | | [illegible] | [illegible] | [illegible] | [illegible] | | | [illegible] | [illegible] |
| ③ | | | | [illegible] | [illegible] | | | | [illegible] | [illegible] | | |

| | | | | | | | | | | | | |
|---|---|---|---|---|---|---|---|---|---|---|---|---|
| ① | [illegible] | [illegible] | [illegible] | [illegible] | [illegible] | [illegible] | [illegible] | [illegible] | [illegible] | [illegible] | [illegible] | [illegible] |
| ② | [illegible] | [illegible] | [illegible] | [illegible] | [illegible] | [illegible] | [illegible] | [illegible] | [illegible] | | | [illegible] |
| ③ | | [illegible] | | [illegible] | [illegible] | | [illegible] | [illegible] | | [illegible] ([illegible]) | [illegible] | [illegible] |

| | | | | | | | | | | | | |
|---|---|---|---|---|---|---|---|---|---|---|---|---|
| ① | [illegible] | [illegible] | [illegible] | [illegible] | [illegible] | [illegible] | [illegible] | [illegible] | [illegible] | [illegible] | [illegible] | [illegible] |
| ② | | | | [illegible] | | [illegible] | [illegible] | [illegible] | [illegible] | [illegible] | [illegible] | [illegible] |
| ③ | [illegible] | [illegible] | [illegible] | | [illegible] | | [illegible] | | | [illegible] | | |

| | | | | | | | | | | | | |
|---|---|---|---|---|---|---|---|---|---|---|---|---|
| ① | [illegible] | [illegible] | [illegible] | [illegible] | [illegible] | [illegible] | [illegible] | [illegible] | [illegible] | [illegible] | [illegible] | [illegible] |
| ② | [illegible] | [illegible] | [illegible] | [illegible] | | [illegible] | [illegible] | [illegible] | [illegible] | [illegible] | | [illegible] |
| ③ | [illegible] | [illegible] | | | [illegible] | | [illegible] | [illegible] | [illegible] | | [illegible] | [illegible] |

| | | | | | | | | | | | | |
|---|---|---|---|---|---|---|---|---|---|---|---|---|
| ① | | | | | | | | | | | | |
| ② | | | | | | | | | | | | |
| ③ | | | | | | | | | | | | |

| | | | | | | | | | | | | |
|---|---|---|---|---|---|---|---|---|---|---|---|---|
| ① | | | | | | | | | | | | |
| ② | | | | | | | | | | | | |
| ③ | | | | | | | | | | | | |

| | | | | | | | | | | | | |
|---|---|---|---|---|---|---|---|---|---|---|---|---|
| ① | | | | | | | | | | | | |
| ② | | | | | | | | | | | | |
| ③ | | | | | | | | | | | | |

| | | | | | | | | | | | | |
|---|---|---|---|---|---|---|---|---|---|---|---|---|
| ① | | | | | | | | | | | | |
| ② | | | | | | | | | | | | |
| ③ | | | | | | | | | | | | |

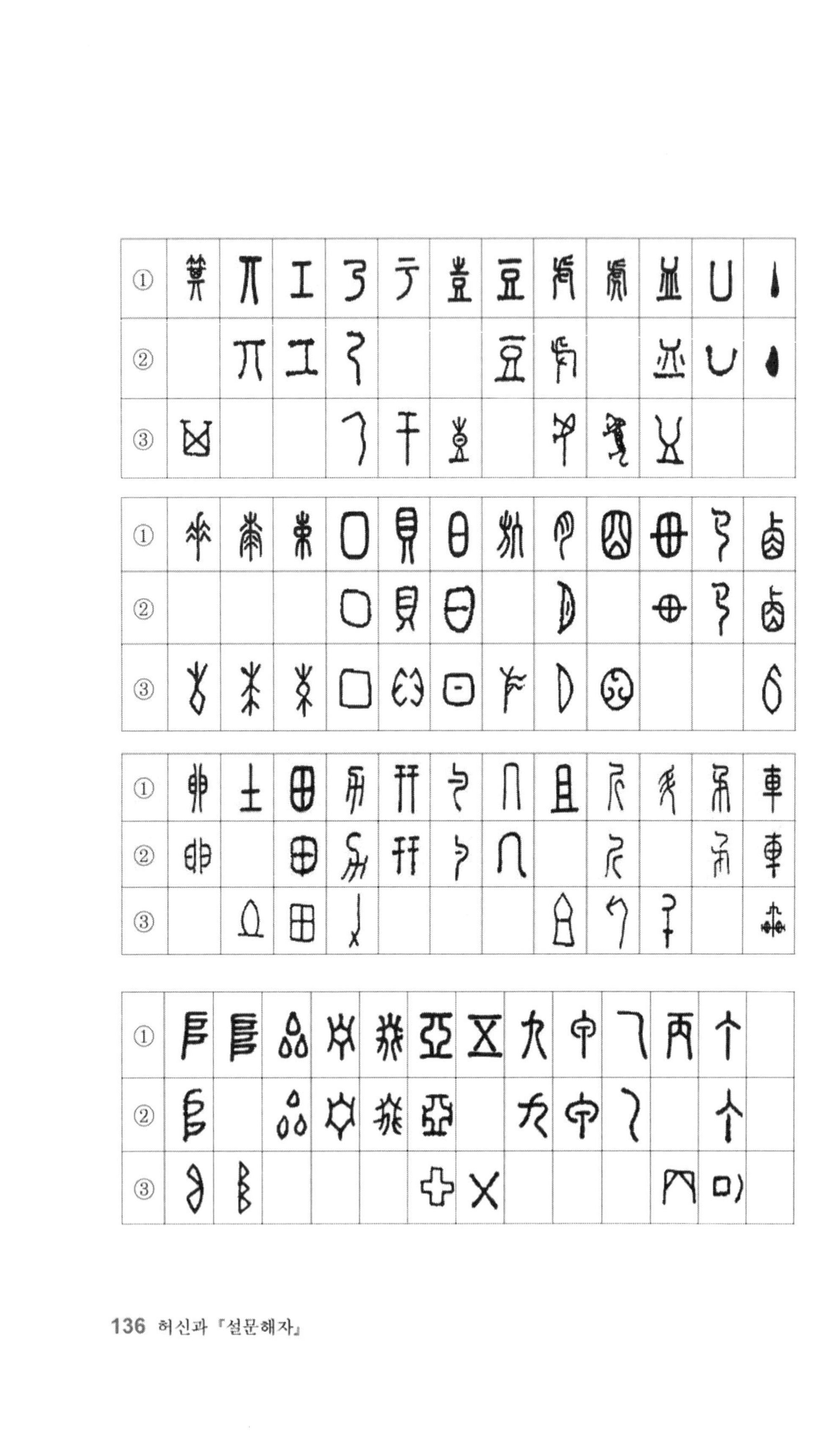

| | | | | | | | | | | | | |
|---|---|---|---|---|---|---|---|---|---|---|---|---|
| ① | | | | | | | | | | | | |
| ② | | | | | | | | | | | | |
| ③ | | | | | | | | | | | | |

| | | | | | | | | | | | | |
|---|---|---|---|---|---|---|---|---|---|---|---|---|
| ① | | | | | | | | | | | | |
| ② | | | | | | | | | | | | |
| ③ | | | | | | | | | | | | |

| | | | | | | | | | | | | |
|---|---|---|---|---|---|---|---|---|---|---|---|---|
| ① | | | | | | | | | | | | |
| ② | | | | | | | | | | | | |
| ③ | | | | | | | | | | | | |

| | | | | | | | | | | | | | |
|---|---|---|---|---|---|---|---|---|---|---|---|---|---|
| ① | | | | | | | | | | | | | |
| ② | | | | | | | | | | | | | |
| ③ | | | | | | | | | | | | | |

| | | | | | | | | | | | | | |
|---|---|---|---|---|---|---|---|---|---|---|---|---|---|
| ① | [illegible] | [illegible] | [illegible] | [illegible] | [illegible] | [illegible] | [illegible] | [illegible] | [illegible] | [illegible] | [illegible] | [illegible] | [illegible] |
| ② | [illegible] | [illegible] | [illegible] | | | [illegible] | [illegible] | [illegible] | [illegible] | | [illegible] | | |
| ③ | | | [illegible] | [illegible] | [illegible] | | [illegible] | | | [illegible] | [illegible] | [illegible] | [illegible] |

| | | | | | | | | | | | | | |
|---|---|---|---|---|---|---|---|---|---|---|---|---|---|
| ① | [illegible] | [illegible] | [illegible] | [illegible] | [illegible] | [illegible] | [illegible] | [illegible] | [illegible] | [illegible] | [illegible] | | |
| ② | [illegible] | [illegible] | [illegible] | [illegible] | [illegible] | [illegible] | [illegible] | [illegible] | [illegible] | [illegible] | [illegible] | | |
| ③ | [illegible] | [illegible] | [illegible] | [illegible] | [illegible] | [illegible] | [illegible] | [illegible] | [illegible] | | | | |

여기에서 ①은 『설문해자』의 부수이고, ②는 『설문자원보』(說文字原譜)의 자형이고, ③은 『은허복사종류』(殷墟卜辭綜類)의 자형이다. 『설문자원보』나 『은허복사종류』에 등장하지 않는 『설문해자』의 부수는 모두 생략하고 싣지 않았다.

갑골문에서 「산(山)」과 「화(火)」는 구분이 힘들고, 「정(丁)」과 「구(口)」는 크기의 차이밖에 없다. 『은허복사 종류』에는 『설문해자』에는 없는 다음과 같은 부수가 제시되었다.

그중에서 「봉(丰)」은 사실 「옥(玉)」의 이체자이며, 「왈(曰)」은 독립된 부수로 둘 필요 없이 「일(日)」부수에 통합하면 된다.

『설문자원보』(說文字原譜)와 『은허복사종류』(殷墟卜辭綜類)의 부수는 깊이 토론해야 할 부분이 많이 있으며, 편방(偏旁)과 자원(字源)에 관한 문제는 아직 더 연구되어야 할 것이다.

# 제9장

# 『설문해자』 연구사

## 1. 당(唐) 이전*

『설문해자』는 양한(兩漢) 학자들의 문자 연구 성과를 광범위하게 받아들여 모든 개별 글자의 형체[形]·독음[音]·의미[義] 각각에 대해 깊이 있게 연구했기 때문에, 경학(經學) 즉 고대 문헌 연구에 매우 중요한 도구서가 되었다. 이 때문에 역대 학자들의 존중을 받아왔으며, 이 책에 대해서도 끊임없이 정리·수정·주석 작업을 해 왔다.

『설문해자고림』(說文解字詁林)에 수록된 『설문해자』 관련 연구서만 하더라도 1백 82종이나 된다. 『설문해자고림보유』(說文解字詁林補遺)에는 2백 56종이 더 수록되어 있다. 이러한 숫자는 단지 과거 연구 성과의 주요 부분에 불과한 것으로, 완비된 것과는 아직 "거리가 매우 멀다."

일찍이 양(梁)나라 때, 유엄묵(庾儼默)이 『연설문』(演說文)을 지었고, 『수서』(隋書) 「경적지」(經籍志)에도 『설문음은』(說文音隱)이 기록되었는데, 이들은 모두 『설문해자』에 대한 초기 연구 성과이지만 애석하게도 다 실전되고 말았다.

진(晉)나라 때 여침(呂忱)의 『자림』(字林), 양(梁)나라 때 고야왕(顧野王)의 『옥편』(玉篇)도 실제로는 『설문해자』를 기초로 증정(增訂)하여 이루어진 저작이다. 『자림』은 이미 실전되었고, 『옥편』만이 지금까지 전해진다.

## 2. 당(唐)-이양빙(李陽冰)*

당(唐)나라 이양빙(李陽冰)(少溫)은 저명한 서예가였으며, 지금까지 알려진 바로는 『설문해자』를 전면적으로 정리하고 연구한 최초의 학자이다. 그가 『설문해자』에 끼친 공헌과 공적은 지우려야 지울 수 없다. 하지만 송(宋)나라 이후, 이양빙이 『설문해자』를 제멋대로 고쳤다고 하여 『설문해자』의 죄인이라는 인식이 보편적으로 존재해 왔지만, 이 말은 공정하지 못한 평가이며 사실과도 들어맞지 않는다.

당나라 초기, 안사고(顏師古)·육덕명(陸德明)·공영달(孔穎達)·가공언(賈公彥) 등이 고대 문헌을 주석하고, 현응(玄應)과 혜림(慧琳) 등이 『일체경음의』(一切經音義)를 저술했는데, 『설문해자』를 근거로 삼지 않은 것이 없다. 천보(天寶) 연간의 '안사(安史)의 난(亂)' 이후, 한때 극성했던 문자학은 점차 쇠락했으며, 문헌도 흩어지고 실전되었다. 이양빙(李陽冰)은 당나라 대종(代宗) 대력(大曆) 연간(서기 8세기 후반기)에 『설문해자』를 간정(刊定)했다. 이는 『설문해자』이라는 책을 보존하고 전해지도록 하는데 커다란 역할을 한 동시에 큰 공을 세웠다. 그렇지 않았더라면, 아마 서현(徐鉉)과 서개(徐鍇) 형제조차도 『설문해자』라는 이 책을 볼 수도 없었을 것이다. 수많은 고대 문헌들이 '안사(安史)의 난(亂)' 과정에서 소실되었다.

서현(徐鉉)은 비교적 객관적이었다. 그는 이렇게 말했다.

> "당나라 대력 연간 중, 이양빙의 전서체는 절묘해 고금을 통틀어 최고입니다. 자신 스스로 '이사 이후로는 바로 자신이라 할 수 있다'라고 했는데, 이는 틀린 말이 아닙니다. 그래서 『설문해자』를 간정한 것은 필법을 바로잡은 것이어서 학자들의 존중을 받았으며, 전서와 주문의 중흥을 이루었습니다.(李陽冰篆跡殊絶, 獨冠古今. 自云: '斯翁之後, 直至小生.' 此言爲不妄矣. 於是刊定『說文』, 修正筆法. 學者師慕, 篆籒中興.)"

이는 이양빙(李陽冰)이 단지 『설문해자』를 간정(刊定)하고 '필법'만 고쳤을 뿐, 소위 『설문해자』의 내용을 '제멋대로 바꾼' 일은 없었다는 말이다. 바로 "이양빙이 『설문해자』를 간정함으로써" 비로소 "전서[篆]와 주문[籒]이 중흥되었는데", 이러한 점에서 서현은 그래도 이양빙을 충분히 긍정했던 것이다.

다만, 서현이 이양빙에 대해 가장 불만스러워 했던 것은 바로 이런 것이었다. "그는 허신의 설을 많이 배척하였지만, 자연히 억측이었다. 자신의 생각이 옳다고 여기고서는 선대 학자가 만든 전범을 깨트리는 것이 어찌 성인의 뜻이었겠는가?(然頗排斥許氏, 自爲臆說. 夫以師心之見, 破先儒之祖述, 豈聖人之意乎?)". 하지만, 이것도 순전히 일종의 편견이다.

어떤 사람들의 눈에는 허신의 '권위적'인 결론은 영원한 진리여서 그에 대한 의심을 허용하지 않으며, 서로 다른 의견의 제시도 용납하지 않는다. 그렇게 하는 것은 신성을 모독한 것이 되고, 대역 죄인이 되는 것이다. 이양빙이 공격을 받았던 진정한 원인은 바로 "자신의 생각이 옳다고 여기고서는 선대 학자가 만든 전범을 깨트렸다.(以師心之見, 破先儒之祖述.)"는 데 있었다. 이것이 이후 와전되고 와전되어 결국 『설문해자』를 제멋대로 고쳤다는 죄명을 쓰게 되었다.

이양빙이 『설문해자』를 어떻게 간정했는지에 대한 상세한 정황은 이미 알 길이 없다. 하지만 서개(徐鍇)의 『설문해자계전』(說文解字繫傳) 「거망편」(袪妄篇)으로부터 단지 몇몇 글자의 해설에 대해 허신과 다른 자신의 관점을 제시했을 뿐이었음을 알 수 있다. 이양빙은 결코 자신의 견해를 허신의 견해와 혼동시키지 않았으며, 더더욱 자신의 의견을 허신의 의견이라고 각색하지도 않았다.

송나라 때의 이도(李燾)는 『설문해자오음운보』(說文解字五音韻譜)를 지었는데, 그는 이렇게 말했다. "이양빙은 특히 전서로 이름이 났었는데, 당시에는 이를 중흥시켰다고 평가되었다. 특히 『설문해자』를 간정했는데, 여전히 허숙중을 근본으로 삼았다.(李陽冰獨以篆學得名, 時稱中興. 更刊定『說文』, 仍祖叔重.)" "『설문해자』를 간정했지만, 여전히 허숙중(許叔重)을 근본으로 삼았다"라고 한 이 말이 매우 중요한데, 이는 이양빙이 결코 『설문해자』의 원문을 "마음대로 바꾸거나" "제멋대로 고친" 것이 아님을 말해준다.

이도(李燾)도 이양빙에 대한 불만은 있었지만, "많은 부분에서 사견을 내세워 허신을 비난해, 이를 학자들이 싫어한다.(頗出私意, 詆訶許氏, 學者恨之.)"라는 정도였다. 이양빙은 용감하게도 『설문해자』의 해설에 대해 자신의 다른 관점을 제기하였는데, 이는 몇몇 사람의 금기를 깨트린 것이 되었고, 이 때문에 "선대 학자가 만든 전형적인 규범을 깨트린(破先儒之祖述)" 것으로 여겨졌으며, 모두가 그를 함께 공격하게 되었던 것이다.

의심되는 부분을 제기하고, 서로 다른 의견을 발표하는 것과 "마음대로 바꾸거나" "제멋대로 고친" 것은 전혀 다른 두 가지 문제이다. 이양빙은 무고하게도 천 년 이상 씻기 어려운 억울한 누명을 덮어쓰고 있었던 것이다.

「거망편」(祛妄篇)에 기록된 50여 항목의 허신과 다른 이양빙의 해설은 서개에 의해 모두 '거짓[妄]'으로 비판되었다. 청나라 금석령(金錫齡)은 다시 「이양빙간정설문변」(李陽冰刊定說文辨)을 지었는데, 번거로움도 마다하지 않고 한 글자 한 글자 따져가며 논의를 벌인 결과 다음과 같은 결론을 얻었다.

> "이 책은 허신을 비난하고자 했지만, 사실은 옛사람들이 글자를 만든 근본에 대해 깊이 연구하지 못했다. 이양빙은 작고 사사로운 지혜로 해설을 견강부회했던 것이다.(此書欲難叔重, 實則於古人作字之本源未之深究, 第逞小慧私智, 穿鑿其辭.)"

하지만 금석령(金錫齡)이 오로지 『설문해자』에만 근거해 그 말을 반복하여 곱씹어 보았다는 것은 자신의 말처럼 "한쪽만 두둔하는" 것이었을 뿐 아니라 변론의 기본법칙에도 근본적으로 위배했던 것이 된다.

물론 이양빙의 어떤 견해는 잘못되었다는 것은 부정할 수 없겠지만, 어떤 것은 참고가치가 없는 것도 아니다.

예컨대, 이양빙은 「약(龠)」에 대해 "집(亼)과 책(冊)으로 구성되었는데, 집(亼)은 옛날의 집(集)자이다. 품(品)은 여러 개의 구멍을 형상했는데, 죽간처럼 여러 개의 관을 모아 구멍을 배치했을 뿐이다.(從亼冊, 亼, 古集字, 品象眾竅, 蓋集眾管如冊之形而置竅爾.)"라고 풀이했는데, 이는 분명히 정확한 견해이다. 상주 고문자에서 「약(龠)」은 등으로 적는데, 품(品)으로 구성된 것도 아니요, 륜(侖)으로 구성된 것도 아니다. 『설문해자』에서는 "약(龠)은 악기의 대나무 관을 말한다. 세 개의 구멍으로 여러 소리를 조화시킨다. 품(品)과 륜(侖)으로 구성되었는데, 륜(侖)은 이치를 말한다.(龠, 樂之竹管, 三孔, 以和眾聲也. 從

品侖, 侖, 理也.)"라고 했다. 『설문해자』의 해설은 분명히 「약(龠)」의 초기 형태와 맞지 않다. 그러나 소전체에서 약(龠)은 기본적으로 그 초기 형태를 아직 보존하고 있다.

> 장(長) 镸 : "장구하다는 뜻이다. 올(兀)로 구성되었는데, 또 화(匕)로 구성되었다. 올(兀)은 높고 멀다는 뜻이다. 오래되면 변화하기 마련이다. 장(𠀐)이 소리부이다. 장(𠀐)은 망(亡)을 뒤집어 놓은 모습이다.(久遠也. 從兀, 從匕. 兀者, 高遠意也. 久則變化. 𠀐聲, 𠀐者倒亡也.)"

허신은 「장(長)」을 해설하면서 견강부회했다. 이양빙은 이에 대해 회의를 품었으며, "망(亡)을 거꾸로 뒤집어 놓은 모습이 소리부는 아니다(非倒亡聲)"라고 했는데, 이는 옳았다. 하지만, 또 "망(亡)을 거꾸로 했기 때문에 망(亡)하지 않고 영원하다는 뜻이다.(倒亡, 不亡也.)"라고 해설함으로써, 허신의 견강부회한 전철을 밟고 말았다.

> 봉(封) 𡉚 : "제후에게 내리는 토지를 말한다. 지(之)로 구성되었고, 토(土)로 구성되었고, 촌(寸)으로 구성되었는데, 그 제도를 지킨다는 의미에서이다.(爵諸侯之土也. 從之, 從土, 從寸, 守其制度也.)"

이양빙은 「봉(封)」이 "지(之)로 구성되었고, 토(土)로 구성되었고, 촌(寸)으로 구성된 것"이 아니라 "고문(古文)체인 봉(㞶)으로 구성되었는데, 봉(㞶)은 봉(丰)으로 구성되었다."라고 해야 한다고 했다. 필자의 생각에 「봉(封)」은 상주(商周) 때부터 전국(戰國) 때까지 다음의 변화 과정을 거쳤다.

[illegible]—[illegible]—[illegible]—[illegible]—[illegible]

「봉(封)」은 「봉(丰)」에서 분화한 글자이다. 소전체에서 봉(𡊿)으로 적었는데, 그래도 그 변화의 흔적은 찾아볼 수 있다. 이양빙은 "초목이 무성하게 자라난(從艸木妄生)" 모습을 그린 것이 봉(𡴀)이고, 고문(古文)체인 봉(𡴀)은 봉(丰)으로 구성되었다고 했는데, 그의 해석이 철저하진 않았지만, 기본적으로는 맞는 말이었다. 또 『설문해자』에서 이렇게 말했다.

> 해(亥)𠅆: "풀뿌리를 말한다. 10월을 상징한다. 이때는 약한 양기가 일어나며, 왕성한 음기와 접하는 때이다. 상(二)으로 구성되었는데, 상(二)은 고문의 상(上)자이다. (두 사람의 형상 중) 하나는 남자이고 다른 하나는 여자이다. 을(乙)로 구성된 것은 뱃속에 든 몸을 구부린 아이의 모습을 그렸다. 『춘추전』에서 '해(亥)자의 윗 2획은 머리이고 아래 6획은 몸통이다'라고 했다.(荄也. 十月. 微陽起, 接盛陰. 從二, 二, 古文上字. 一人男, 一人女也. 從乙, 象裹子咳咳之形. 『春秋傳』曰: '亥有二首六身.')"

이양빙은 허신의 이러한 해설에 대해, 직설적으로 바로 이렇게 비평했다. "고문은 원래 돼지[豕]의 모습을 형상했다. 나머지 모든 해석은 견강부회일 뿐이다. 해(𠀅)는 고문의 해(亥)자로, 시(豕)로 구성되었다. 이는 원래 돼지[豕]를 형상한 데서 한 획을 줄인 것일 뿐이다". "해(亥)자가 원래 돼지[豕]를 형상한 데서 한 획을 줄인 것일 뿐이다"라고 한 것은 「해(亥)」와 「시(豕)」 간의 형체 변화 관계를 진정으로 파헤친 것이라 하겠다.

간지자에 대한 허신의 해석은 대부분 이상한 해석이라 믿을 수가 없는데, 「해(亥)」가 바로 일례라 하겠다. 사실 허신은 "고문(古文)의 해(亥)자가 시(豕)로 구성되었으며", 그 근원을 파고 들어가면 "「시(豕)」와 같다"는 것을 분명하게 알고 있었다. 고문의 해(亥)가 "원래 돼지[豕]를 형상한 데서 한 획을 줄인 것"이라는 이양빙의 해설은 매우 정확하다.

문자의 발전 변화 과정은 진일보한 규범화 과정인 동시에 진일보한 부호화 과정이다. 새로운 부호 형체를 더욱 많이 더하는 것이 아니라 원래 있던 부호의 기초 위에 필획을 증가시키거나 감소시키는 것이 그 주요한 방식이다. 예를 들면 다음과 같다.

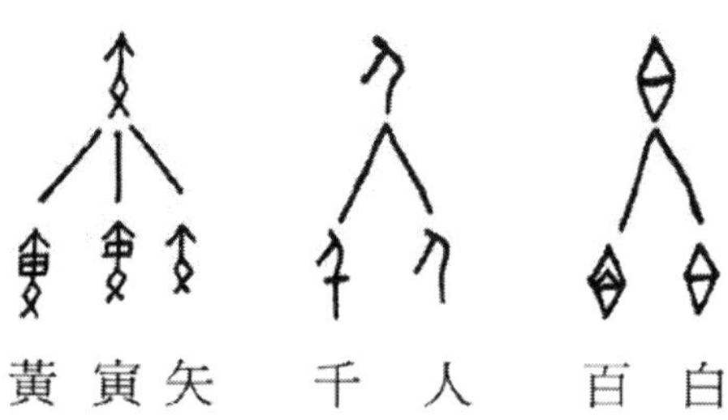


이양빙은 허신의 해설에 대해 대담하게 의문을 표시한 동시에 자신의 다른 견해를 분명하게 밝힌 최초의 학자였다. 설사 오늘날의 표준으로 본다 하더라도 그의 몇몇 견해는 여전히 정확한 것이었다.

혹자는 이양빙을 왕안석(王安石)과 함께 거론하기도 하는데, 이는 합당하지 않다. 왕안석의 『자설』(字說)은 억측에 의한 것으로 전혀 근거가 없는 해설이다.

## 3. 송(宋)-정초(鄭樵)*

이양빙을 이은 중요한 학자로 정초(鄭樵)(漁仲)가 있다. 그는 주로 '육서' 이론에 대해 허신과는 다른 견해를 표방했으며, 『설문해자』의 모든 부수에 대해 다시 정리하고 분류하고자 생각했다.

특히 「부(不)」를 "꽃이 펴진 모습(華敷)"이라거나 「제(帝)」를 "꽃의 꼭지(華蒂)"로 해석하여 초목(艸木)의 부류에 넣고, 또 「비(丕)」를 「부(不)」에서 파생한 것이라는 등 어떤 글자들에 대한 해석은 일정한 일리가 있는 창의적 해석이었다.

정초의 『육서략』(六書略)에서는 '육서' 이론의 중요성을 인식했으며, 이에 대해 전면적이고 깊이 있게 분석하고 논의했다. 이러한 면에서 그는 허신의 뒤를 이은 선구자였다. 그는 "독체를 문(文)이라 하고, 합체를 자(字)"라 한다는 허신의 관점을 진일보하게 발전시켰으며, 문자의 형체가 자(子)와 모(母) 둘이 상생하는 구조적 특징을 상세하게 논증했으며, 대단히 명확하고 진지하게 문자를 일종의 부호로 보고 연구했다. 그는 『설문해자』의 권위에 구속되지 않았으며, 가능한 한 『설문해자』의 기초 위에서 발휘하고 진전하고자 노력했다.

정초는 이렇게 생각했다.

> "육서라는 것은 상형을 근본으로 한다. 형체를 본뜨지 못할 때는 일에 귀속시키게 된다. 일도 가리키지 못할 때는 의미에다 귀속시킨다. 의미에도 모으지 못할 때에는 소리에 귀속시킨다. 소리로 화합시키지 못하는 경우는 없다. 이 다섯 가지로도 모자라면 그다음에 가차가 생겨난다.(六書也者, 象形爲本. 形不可象, 則屬諸事; 事不可指, 則屬諸意; 意不可會, 則屬諸聲; 聲則無不諧矣. 五不足而後假借生焉.)"[25]

또 이렇게 말했다.

25) 鄭樵, 『六書略』 「六書序」, 1936年 世界書局 排印本 『通志略』 112쪽.

"글자와 그림은 함께 나왔다. 그림은 형체를 취한 것이고, 글자는 이미지를 취한 것이다. 그림은 많은 것을 취했고, 글자는 적은 것을 취했다.……그러나 글자는 궁해지면 변할 수 있다. 그래서 그림은 많은 것을 취해 왔지만 항상 적은 듯 보이고, 글자는 적은 것을 취해 왔지만 항상 많은 듯 보인다. (書與畫同出. 畫取形, 書取象; 畫取多, 書取少.……然書窮能變, 故畫雖取多而得算常少; 書雖取少而得算常多.)"[26]

이것은 중국문자의 기원, 문자와 그림과의 관계와 구별을 대단히 깊이 있게 인식한 것이다. "글자는 궁해지면 변할 수 있다(書窮能變)"는 말은 문자가 부호이지 그림이 아니라는 기본적 특성을 대단히 명확하게 지적했다. 정초의 '기일성문(起一成文)'설은 이러한 견해를 진일보하게 발전시킨 것으로, 문자를 일종의 순수한 부호로 간주했다.

그는 一丨·／·＼ㄱ·┌L·亅·∧·∨·<·>·冂·凵·匚·コ·口·○·丶 등 10여 가지의 부호를 기본 부호로 삼고[27], 이러한 기본 부호로 무궁한 문자의 형체를 조합했다. 하지만, 이러한 형체 구조 분석은 예서(隸書)와 해서(楷書)에 근거해 세운 이론으로, 전서(篆書)나 주문(籀文)에는 맞지 않다.

정초의 오류는 그가 '육서'를 일률적으로 문자 형체 구조의 규율로 본 동시에 문자의 가차 의미[假借義]와 파생 의미[引申義]를 근본적으로 구별하지 못했으며, 이 때문에 "해성(諧聲)과 전주(轉注)는 같은 것으로, 저쪽 역할을 하면 해성이고 이쪽 역할을 하면 전주"라는 잘못된 결론을 도출하여 형성과 전주의 경계선을 혼동한 데 있다.

정초는 자신의 능력을 지나치게 높게 보았다. 물론 정초가 분명히 박학하고

---

26) 위의 주와 같음.
27) 위의 주, 165쪽.

다재다능하여 천문·지리·경사(經史)·전장 제도 등에 통하지 않은 것이 없으며, 게다가 평생 힘들게 노력하고 학문에 매진하여 저술도 대단히 풍부하며, 문자학 방면에서도 상당한 성취를 이루었다는 것을 인정할 수밖에 없다. 하지만, 그도 당시 조건의 제한을 받지 않을 수 없었다. 당시는 금석학이 흥성한 지 얼마 되지 않았던 때라 청동기 명문의 연구가 막 시작되었던 때였다. 그는 비록 몇몇 간단한 자료는 인용하였지만, 자신이 상상했던 것처럼 문자가 "만들어지게 된 심오한 의미"를 파헤친다는 것은 전혀 불가능한 일이었다. 그래서 그는 이렇게 말한 적이 있다. "신이 옛날에 『상류』라는 책을 썼는데, 대단히 깊이 연구하여, 글자를 만든 깊은 의미를 다 파헤쳤습니다. 하지만, 소학이 전해지지 않은 지가 오래되어, 보는 사람마다 의심스럽다고 여기고 있으니 이를 어찌하면 좋겠습니까? (臣舊有『象類』之書, 極深研幾, 盡制作之妙義. 奈何小學不傳已久, 見者無不疑駭.)"

정초의 『상류』(象類)는 전해지지 않지만, 자신의 말에 근거해 보면 "대략 이미 모든 글자를 육서에 귀속시켰다"라고 했다. 다시 말해 『통지』(通志)「육서략」(六書略)에다 갖다 넣었다는 말이다. 그중 문자에 관한 많은 구체적 해설이 오늘날 보기에는 확실히 다소 "의심스러움(疑駭)"을 알 수 있다.

오영방(吳穎芳)은 「육서략에 대한 토론」[六書略討論]을 지었다. 그는 "정초의 해설 중 훌륭한 것은 일괄적으로 다 없앨 필요는 없다. 단지 강아지풀처럼 거친 것이 많고 곡식처럼 훌륭한 것이 적을 뿐이다.(鄭說之善者, 必不敢一概抹煞. 奈稂莠多, 嘉禾少耳.)"라고 평가했다. 이러한 평가는 정초가 허신에 대해 이의를 제기했다고 해서 일률적으로 크게 공격했던 역대 평가에 비한다면 그래도 공평하다 하겠다.

## 4. 원(元)·명(明)*

원나라 때의 대동(戴侗)(仲達)은 『육서고』(六書故)를 지었고, 양환(楊桓)(武子)은 『육서통』(六書統)과 『육서소원』(六書溯源)을 지었고, 주백기(周伯琦)(伯溫)는 『설문자원』(說文字原)과 『육서정와』(六書正譌)를 지어, 『설문해자』의 원래 부수의 분류를 바꾸었을 뿐 아니라 고문자 형체에 근거해 『설문해자』를 비판하고 바로잡았다. 그들은 이양빙(李陽冰)과 정초(鄭樵) 등과 마찬가지로 소위 정통 『설문해자』 학자 등에 의해 크게 공격을 받았었다. 정복보(丁福保)가 편찬한 『설문해자고림』(說文解字詁林)에서는 앞에 든 이러한 학자들의 성과를 이단과 사설(邪說)이라 간주하여 싣지도 않았다.

정복보는 『설문해자고림』(說文解字詁林)의 「자서」(自敘)에서 주백기(周伯琦)가 "대동의 학설을 많이 인용하여 허신의 학설을 많이 헐뜯었는데(多采戴侗說以訾議許氏)", "'무(戊)'를 '무기[戈矛]'라고 할 때의 '과(戈)'로, '경(庚)'을 '종을 거는 틀[鍾虡]'이라고 할 때의 '거(虡)'로 해석하는 등, 황당하여 믿을 수 없으며, 마치 코미디를 보는 것 같았다.(以戊爲戈矛之戈, 庚爲鍾虡之虡, 誕謾叵信, 視同戲劇.)"라고 평가했다. 정복보가 이 「자서」를 썼을 때가 1928년이었는데, 그때라면 상주 때의 고문자가 이미 대량으로 출토되어, 상당히 광범위하고 깊이 있는 연구가 이루어졌고 참고할만한 탁월한 연구 성과도 많았을 때였다. 그런데도 정복보가 여전히 선입관념을 굳게 지키고 있었다는 것은 일종의 편견이라 볼 수밖에 없다. 정복보는 심지어 주백기(周伯琦)의 책을 진지하게 읽지도 않은 채 "황당하여 믿을 수 없다(誕謾叵信)"라고 깎아내렸는데, 이는 실사구시적인 태도는 아니다.

주백기(周伯琦)의 『설문자원』(說文字原)을 보면 「무(戊)」를 "'무기[戈矛]'라고 할 때의 창[矛](戈矛之矛)"이라고 했지, 정복보의 말처럼 "'무'를 '무기[戈矛]'라고 할 때의 '과'(以戊爲戈矛之戈)"라고 한 것이 아니다. 그 원문을 보면 "戊는 옛날의 '모(矛)'자로, 고문에서는 𢦦로 적는다……무기를 말하는데, 전차에다 세워두고 사용한다. 길이는 두 길이며, 상형이다. 독음이 같은 '무기(戊己)'라고 할 때의 글자로 가차되었다.(戊, 古矛字, 古文作𢦦……鉤兵也, 建於兵車, 長二丈, 象形. 同聲借爲戊己字.)"라고 되어 있다. 그는 「무(戊)」를 "(총 획수인 5획은) 육갑에서 다섯 룡(황룡·백룡·흑룡·청룡·적룡, 오행을 상징함—역주)이 서로 엉킨 모습을 그렸으며(象六甲五龍相拘絞也)", "사람의 옆구리를 그렸다(象人脅)"라고 풀이한 『설문해자』의 잘못된 해설을 바로잡았는데, 이는 인정할만한 부분이다.

또 주백기가 말한 「경(庚)」은 "종 같은 것을 그렸다. 달리 종을 거는 틀을 말한다고도 한다.(鍾類象形, 一曰鍾虡也.)"라고 한 것도, 물론 그 해설이 충분히 정확하지는 않지만 "황당할(誕謾)" 정도라고는 할 수 없으며, 「경(庚)」을 "사람의 배꼽을 그렸다(象人臍)"라고 풀이한 허신의 해설보다 더 사실에 근접하다 하겠다.

주백기는 옛날의 학설에 과감하게 회의를 표시하고, 소전 이전의 고문자 형체에 근거해 문자의 본원을 찾아 나섰는데, 이는 이전의 학설을 그대로 옮겨와 변호하거나 심지어 사실을 왜곡해가면서까지 맹목적으로 추종하던 것들과 비교해 보면 천양지차라 하겠다.

주백기는 『설문해자』에서 "작은 풀(艸蔡)"이라고 풀이한 「개(丯)」에 대해서도 이를 "옛날의 계(契)자로, 새기다는 뜻이다(刻也)"라고 했으며, 「아(我)」를 "창의 이름이며, 상형이다. 독음이 같은 우리라고 할 때의 '아'로 가차되었다.(戈名, 象形. 同聲借爲吾我字.)"라고 했으며, 「야(也)」에 대해서도 "옛날의 이(匜)자"라고 했으며, 「오(午)」에 대해서도 "옛날의 오(杵)자이다"고 하는 등, 『설문해자』의 잘못된 해설을 바로잡았는데, 탁월한 식견을 보여주었다.

## 5. 청(淸)*

당란(唐蘭)은 대동(戴侗)에 대해 "문자에 대한 견해에서 허신 이후로 문자학사에서 유일하게 거론할 만한 학설이다"28)라고 했는데, 이는 매우 높이 평가한 것이며, 정초(鄭樵)와 양환(楊桓) 등에 대해서도 당란은 정확하게 평가했다. 주백기의 많은 견해도 사실은 대동(戴侗)에게서 온 것이다.

혹자는 청나라 때의 고염무(顧炎武)가 "능히 의심을 품으면서 학술 연구의 선구적 길을 열어 놓았다"29)라고 평가했는데, 이는 적절하지 못하다. 『설문해자』 연구로 말하자면, 그 길을 먼저 연 사람으로는 고염무 이전에 이미 이양빙(李陽冰)·정초(鄭樵)·대동(戴侗)·주백기(周伯琦) 등이 있었다. 그뿐만 아니라 고염무 자신이 『일지록』(日知錄)에서 말했던 대로 "『설문해자』 원본의 글자해설 체제를 볼 수 없다"라고 했듯, 그는 "일(一)에서 시작하여 해(亥)에서 끝나는(始一終亥)" 판본의 『설문해자』를 전혀 보지 못했던 것이다.

고염무는 경학·사학·음운학·훈고학 등에서 탁월한 성과를 이룬 바 있다. 그는 『설문해자』를 연구하면서 어떤 글자들의 구체적 해설에 대해 의문을 표시했는데, 대단히 예리한 관찰로, 단지 "그 정신을 높이 살만한" 것만은 아니었다.

예컨대 『일지록』(日知錄)에서 "진(秦)·송(宋)·설(薛) 등은 모두 나라 이름이다. 「진(秦)」이 화(禾)로 구성되었는데, 그곳이 벼를 심기에 마땅해서 그렇다는 해설도 물정에 어두운 해석이다."라고 했다. 또 "「위(威)」는 시어미[姑]를 말하며, 「야(也)」는 여성의 음부[女陰]를 말하며, 「의(殹)」는 치는 소리[擊聲]를 말하며, 「곤

28) 唐蘭, 『中國文字學』, 上海開明書店 1949年 印行本

29) 胡樸安, 『中國文字學史』, 商務印書館 1937년版 259쪽.

(困)」은 낡은 초가[故廬]를 말하며, 「보(普)」는 태양에 색깔이 없음[日無色]을 말한다고 했는데 이것이 어떻게 가능하단 말인가?" 또 이렇게 말했다. "「유(有)」에 대한 뜻풀이에서 '있어서는 아니 될 것이 있다는 뜻이다(不宜有也). 『춘추』에서 태양에 일식이 있었다(日有食之)라고 기록했다.'라고 했다. 또 「곽(郭)」에 대해 '제나라 경내에 있는 이미 멸망한 곽 나라의 땅을 말한다. 선량함을 좋아해서 나아가지도 못하고, 싫어함을 미워해서 물러서지도 못했던 까닭에 나라가 망했다.(齊之郭氏虛, 善善不能進, 惡惡不能退, 是以亡國.)'라고 했는데, 이 어찌 그 본래 뜻을 잃어버린, 남의 말을 그대로 베낀 말(剿說)이 아니겠는가?"[30] 고염무는 또 이렇게 지적했다. "오늘날의 학자들은 큰 것을 취하고 작은 것을 버리고, 옳은 것을 취하고 틀린 것을 거스를 수 있어야만 『설문해자』를 잘하는 자라 할 수 있지 않겠는가?"[31] 책을 읽는 데서부터 해득하는 데까지 고염무는 학술적인 측면에서 우리에게 좋은 모범을 만들어 주었고 정확한 길을 안내해 주었다.

전대흔(錢大昕)은 『십가재양신록』(十駕齋養新錄)의 "『설문해자』에서 위의 표제자와 연이어 읽어야 하는 구절[『說文』連上篆爲句]"이라는 조항에서 이렇게 말했다. "허신은 글자에 근거해 뜻을 풀었는데, 간혹 본문을 중첩해서 읽어야 할 경우, 위의 표제자와 연이어 읽어야 하는 경우가 있는데(許君因文解義, 或當疊正文者, 即承上篆文連讀.)", "참상(參商)은 별을 말한다(星也)"가 바로 "위의 표제자와 연이어 읽어야 하는" 예증의 하나이다. 그러면서 전대흔은 "고정림(염무)은 그렇게 박학했음에도 허신이 「삼(參)」을 상성(商星)이라 풀이한 것을 두고 천상에 어두웠다고 비판했는데, 허신이 어찌 그러했겠는가?(以亭林之博物, 乃譏許氏

30) 清 顧炎武(著)·清 黃汝成(集釋), 『日知錄集釋』 卷21 「說文」, 道光 14年 嘉定黃氏 西溪草廬 重刊定本
31) 위의 주와 같음.

訓參爲商星, 以爲昧於天象, 豈其然乎?)"라고 비판했다. 고염무의 『일지록』에서는 허신의 해설에서 의심 가는 많은 부분에 대해 질의했는데, 단지 '참상(參商)'이라는 이 부분에 대한 의심만은 틀렸음이 전대흔(錢大昕)에 의해 밝혀졌던 것이다.

『설문해자』에 관한 전대흔의 견해는 언제나 정교함이 돋보였는데, "위의 표제자와 연이어 읽어야 하는 구절(承篆文爲句)"도 전대흔의 독창적인 견해의 하나이다. 그래서 『십가재양신록』에 열거된 갖가지 조항들과 『설문답문』(說文答問)은 학자들의 보편적 사랑을 받아왔다. 전대흔과 함께 그의 아우 전대소(錢大昭)도 유명한 고증학자였다. 전대소의 『설문통석』(說文統釋)은 간행되지 못했고, 단지 「자서」(自敘) 한 편만 전해진다.

## 6. 『설문해자』 사대가*

청나라 때의 『설문해자』 연구자들은 설사 유명한 사람만 든다 하더라도 그 수를 헤아리기 어려울 정도로 많다. 그중 특히 뛰어났던 학자들을 '사대가'라고 부르는데, 단옥재(段玉裁)·계복(桂馥)·왕균(王筠)·주준성(朱駿聲)이 그들이다. 의심의 여지도 없이, 이 사대가는 모두 훌륭한 성과를 이루어냈으며, 각자 나름의 특징을 가진다. 단옥재·계복·왕균·주준성 등을 제외한 학자 중 전체적인 학술적 수준이나 『설문해자』의 특정 부분에 대한 연구 성과에서 결코 사대가에 뒤지지는 않는 사람도 많다.

정복보(丁福保)는 『설문해자고림』(說文解字詁林) 「자서」(自敘)에서 청나라 때의 주요 『설문해자』 연구자들에 대해 개관했는데, 그는 이렇게 말했다.

“단옥재의 『설문해자주』, 계복의 『설문의증』, 왕균의 『설문구두』와 『설문석례』, 주준성의 『설문통훈정성』 등이 가장 뛰어난 저작들이다. 이 사대가의 저작은 규모도 크고 생각도 정교하며, 서로 이어가며 서로 화려하게 비추어 주었으니, 천고의 역사를 충분히 압도할 만하다. 그다음으로는 뉴수옥의 『설문교록』, 요문전과 엄가균의 『설문교의』, 고광기의 『설문변의』, 엄장복의 『설문교의의』, 혜동·왕념손·석세창·허련의 『독설문기』, 심도의 『설문고본고』, 주사단의 『설문교정본』, 막유지의 『당설문목부전이』, 허연상의 『설문서씨미상설』, 왕헌의 『계전고이』, 왕균의 『계전교록』, 묘기 등의 『계전교감기』, 척학표의 『설문보고』, 전오소의 『설문이서전이』 등이 있다. 이들은 차이점을 상세히 살폈고, 숨겨져 있던 내용을 발굴해냄으로써, 모두 잃어버렸던 부분을 주워 모으고 빠진 부분을 메워, 후학들에게 좋은 자료를 제공했다. 또 『단주』를 전문적으로 보정한 것도 있다. 예컨대 뉴수옥의 『단씨설문주정』, 왕소란의 『설문단주정보』, 계복과 전계삼의 『단주초안』, 공자진과 서송의 『설문단주차기』, 서승경의 『설문단주광류』, 서호의 『설문단주전』 등이 그것인데, 모두 각자의 독창적인 부분이 있어, 단옥재의 진정한 논쟁 친구가 되었다. 이외에도 전점의 『설문각전』, 반혁준의 『설문통정』, 모제성의 『설문술의』, 고상린의 『설문자통』, 왕옥수의 『설문념자』, 왕후의 『설문오익』, 강원의 『설문석례』, 진시정의 『설문증의』, 진경의 『설문거례』, 이부손의 『설문변자정속』, 호병건의 『설문관견』, 허역의 『독설문잡식』, 유월의 『아점록』, 장행부의 『설문발의』, 우창의 『설문직묵』, 정지동의 『설문상의』, 소도관의 『설문중문관견』, 반임의 『설문수언소증』, 송보의 『해성보일』, 필원의 『설문구음』, 호옥진의 『설문구음보주』 등이 있는데, 수십 명에 이르는 이들은 마음속 모든 것을 다 드러내어 깊이 있게 파헤쳤으며, 각자의 장점을 갖고 있어 어느 하나라도 버릴 수가 없다. ‘육서’의 학문이 이에 이르러 점차 다 갖추어지게 되었다.”(“若段玉裁之『說文注』; 桂馥之『說文義證』; 王筠之『說文句讀』及『釋例』; 朱駿聲之『說文通訓定聲』; 其最傑著也. 四家之書, 體大思精, 迭相映蔚, 足以雄視千古矣. 其次若鈕樹玉之『說文校錄』; 姚文田嚴可均之『說文校議』; 顧廣圻之『說文辨疑』; 嚴章福之『說文校議議』; 惠棟王念孫席世昌許槤之『讀說文記』; 沈濤之『說文古本考』; 朱士端之『說文校定本』; 莫有芝之『唐說文木部箋異』; 許溎祥之『說文徐氏未詳說』; 汪憲之『繫傳考異』; 王筠之 『繫傳校錄』; 苗夔等之『繫

傳校勘記』; 戚學標之『說文補考』; 田吳炤之『說文二徐箋異』等, 稽核異同, 啟發隱滯, 咸足以拾遺補闕, 嘉惠來學. 又有訂補『段注』而專著一書者. 如鈕樹玉之『段氏說文注訂』; 王紹蘭之『說文段注訂補』; 桂馥錢桂森之『段注鈔案』; 龔自珍徐松之『說文段注劄記』; 徐承慶之『說文段注匡謬』; 徐灝之『說文段注箋』等, 皆各有獨到之處, 洵段氏之諍友也. 此外, 又有錢坫之『說文斠詮』; 潘奕雋之『說文通正』; 毛際盛之『說文述誼』; 高翔麟之『說文字通』; 王玉樹之『說文拈字』; 王煦之『說文五翼』; 江沅之『說文釋例』; 陳詩庭之『說文證疑』; 陳瑑之『說文舉例』; 李富孫之 『說文辨字正俗』; 胡秉虔之『說文管見』: 許棫之『讀說文雜識』; 俞樾之『兒苫錄』; 張行孚之『說文發疑』; 于鬯之『說文職墨』; 鄭知同之『說文商議』; 蕭道管之『說文重文管見』; 潘任之『說文粹言疏證』; 宋保之『諧聲補逸』; 畢沅之『說文舊音』; 胡玉縉之『說文舊音補注』等, 不下數十家, 靡不殫心竭慮, 索隱鉤深, 各有所長, 未可偏廢. 六書之學, 浸以備矣.")[32]

여기서 "점차 다 갖추어지게 되었다(浸以備矣)"라고 한 말은 다소 과장된 표현이다. 근현대 학자 중 정복보가 언급하지 않은 사람이 더 많다. 그렇다고 모든 학자를 여기서 일일이 소개할 수는 없는 법, 『설문해자』 사대가에 대해서만 간략히 소개한다.

### (1) 단옥재(段玉裁)

『설문해자』 사대가의 첫 번째는 단옥재(段玉裁)이다. 그는 대진(戴震)의 제자로, 문자·성운·훈고학에 정통했다. 그의 『설문해자주』(說文解字注)는 문자의 형체·독음·의미의 상호관계를 전면적으로 논술했을 뿐더러 자신만의 독특한 견해를 많이 밝힘

32) 1928년 上海 醫學書局本 『說文解字詁林』에 근거함.

으로써 대가의 반열에 들어설 수 있었다.

노문초(盧文弨)에 의하면 단옥재는 "주진(周秦) 양한(兩漢) 때의 책치고 읽지 않은 것이 없었으며, 소학에 관한 제가들의 책치고 널리 보지 않은 것이 없었는데, 그중 옳고 그런 것을 가려 뽑았다. 그리하여 수십 년간의 정성을 쏟아 『설문해자』를 전문적으로 해설하게 되었다."라고 했다.

단옥재의 『설문해자주』는 그의 생애 전체를 쏟아 완성한 역작이다. 책이 만들어진 이후, 혹자는 그에 대해 전(箋)을 붙이거나 바로잡기도 했고, 혹자는 수정하고 보충하기도 했는데(訂補), 이는 『설문해자주』의 영향이 대단했음을 보여준다.

그중에서도 비교적 중요한 것으로는 뉴수옥(鈕樹玉)의 『단씨설문주정』(段氏說文注訂), 왕소란(王紹蘭)의 『설문단주정보』(說文段注訂補), 서승경(徐承慶)의 『설문해자주광류』(說文解字注匡謬), 서호(徐灝)의 『설문해자주전』(說文解字注箋) 등이 있다. 이들은 모두 『설문해자주』를 바로잡은 저작들이다.

뉴수옥(鈕樹玉)은 이렇게 말했다.

> "단(段) 대령(大令) 무당(懋堂) 선생의 『설문해자』 주석이 출간되었는데, 내가 얻어 읽어본 결과, 인용이 극히 광범위하고, 연구 수준도 높아, 이 시대를 대표하는 학문이라 추앙할만하다 생각되었다. 그러나 허신의 책과 들어맞지 않는 것이 여섯 가지가 있다. 허신은 글자를 해석하면서 대부분 경전에 근거하는 것을 최우선으로 삼았다. 하지만, 단옥재는 스스로 조례를 만들어 '반드시 본래 글자를 사용해야 한다'라고 했는데, 이것이 첫 번째 문제이다. 옛날에는 운서가 없었는데도 지금은 16부를 창제하여 이로써 9천여 자를 묶었으니, 이것이 두 번째 문제이다. 육서에서 '전주'는 원래 같은 부수에 든 것을 말했으며, 그래서 '부류를 세워 하나를 부수로 삼는다(建類一首)'라고 했던 것인데, 지금은 여러 글자 중 독음이 엇비슷하고 의미만 주고받을 수 있으면 된다고 했다. 이것이 세 번째 문제이다. 인용한 문장은 본문과 일치

해야 하지만 단옥재는 따로 다른 글자로 바꾸어버리고 이에 근거해 경전을 인용해 뜻을 모은 것으로 여겼으니, 이것이 네 번째 문제이다. '자'라는 것은 파생되어 점차 늘어난 것을 말한다. 하지만 『설문해자주』에는 독음과 의미가 같은 것을 비롯해 여러 문헌에서 없어진 것도 있는데, 이를 못난 사람들이 더한 것이라 했으니, 이것이 다섯 번째 문제이다. 육덕명의 『경전석문』, 공영달의 『오경정의』에서 인용한 『설문해자』에는 오류가 많다. 『운회』도 『설문계전』에 근거하긴 했으나 자체적으로 더하고 고친 것도 있다. 그런데 이 모든 것을 맹신했으니 이것이 여섯 번째 문제이다. 이 여섯 가지는 급기야 더욱 확대되어 허신의 원래 모습으로 돌아갈 수 없게 만들고 말았으니, 이 또한 지적하지 않을 수 없다.(段大令懋堂先生注『說文』刊成, 余得而讀之, 徵引極廣, 鉤索亦深, 故時下推尊以爲絕學. 然與許書不合者, 其端有六. 許書解字, 大都本諸經籍之最先者. 今則自立條例, 以爲必用本字, 一也. 古無韻書, 今創十七部以繩九千餘文, 二也. 六書轉注, 本在同部, 故云建類一首. 今以爲諸字音恉略同, 義可互受, 三也. 凡引證之文, 當同本文. 今或別易一字, 以爲引經會意, 四也. 字者孳乳浸多, 今有音義相同, 及諸書失引者, 輒疑爲淺人增, 五也. 陸氏『釋文』·孔氏『正義』所引『說文』多誤. 『韻會』雖本『繫傳』, 而自有增改, 今則一一篤信, 六也. 有此六端, 遂多更張. 回非許書本來面目, 亦不能爲之諱也.)"[33]

단옥재는 해설하고 인용하는 과정에서 권수와 편명을 밝히지 않았고, 때로는 원문을 삭제하거나 줄이고 고쳤기 때문에 독자들이 매우 불편했다. 풍계분(馮桂芬)은 『설문해자단주고정』(說文解字段注考正)을 지어 이를 일일이 고정(考訂)을 했으며, 출처를 명기해 두었는데, 이러한 작업을 통해 독자들은 매우 편리하게 이용할 수 있게 되었다.

서호(徐灝)의 『설문해자주전』(說文解字注箋)은 형식상으로는 『설문해자주』의 부산물처럼 보이나 사실은 독창적인 견해를 가진 저작이다. 그는 문자를 관

33) 清 同治 3年 刻 鈕樹玉 『段氏說文注訂』에 근거함.

찰하고 분석하면서 매우 세밀하고 깊이 있게 파고들어 정교한 논단이 적지 않았다.

전대흔(錢大昕)은 『십가재양신록』(十駕齋養新錄)에서 단옥재를 두고 "마음씀씀이는 매우 근실했으나 지나치게 자신을 믿은 경우도 있었다(其用心甚勤, 然亦有自信太過者)"라고 했는데, 이는 단옥재에 대한 학계의 비교적 일치된 평가이다.

### (2) 계복(桂馥)

계복(桂馥)(未谷)의 『설문해자의증』(說文解字義證)은 훈고(訓詁)와 의리(義理)에 치중한 저작이다. 왕균(王筠)은 『설문석례』(說文釋例)「자서」(自序)에서 이렇게 지적한 바 있다.

> "계복은 인용 증거가 매우 풍부하고 일관된 맥락을 이루고 있다. 이전의 학설이 부족할 때에는 이후의 학설로 보충해 두었으며, 이전의 학설이 잘못되었을 때에는 이후의 학설로 바로잡았다. 인용한 부분에는 반드시 차례가 있었으며, 허신의 의미를 전달해야만 그만두었다. 따라서 전문적으로 고대 문헌만 기술했지 자신의 의견을 넣지는 않았다.(桂氏徵引雖富, 脈絡貫通. 前說未盡, 則以後說補苴之; 前說有譌, 則以後說辨正之. 凡所稱引, 皆有次弟, 取足達許說而止. 故專臚古籍, 不下己意.)"

객관적 자료를 나열하고 취사선택하는 과정에 깊은 뜻이 담겨 있기 때문에 "자신의 의견(己意)"이 전혀 담겨 있지 않다고는 할 수 없다. 담담하게 자신의 의견을 남에게 강요하지 않았으며, 독자들이 직접 분석하고 판단하게 하였다는 점이 『설문해자의증』의 특징이다.

계복(桂馥)은 이렇게 생각했다.

"『설문해자』는 허신의 창작이 아니다. 『창힐편』·『훈찬편』과 반고의 『십삼장』 등 세 가지를 총체적으로 합쳐 만든 것이다. 『창힐편』 55장, 『훈찬편』 89장, 반고 『십삼장』 등을 합치면 모두 1백 57장인데, 한 장을 60자로 계산해도 9천 4백 20자가 된다. 『설문서』에서 9천 3백 53자[文]라고 했다. 그렇다면 『설문해자』는 이 세 책을 집대성한 것이며, 양한 때의 훈고 자료를 이 책에다 다 모은 것이니, 어찌 중요하지 않겠는가!(『說文』非許氏刱作, 蓋總集『蒼頡』·『訓纂』·班氏『十三章』三書而成. 『蒼頡篇』五十五章, 『訓纂篇』八十九章, 班固『十三章』, 凡一百五十七章, 以每章六十字計之, 凡九千四百二十字. 『說文敍』云: 九千三百五十三文. 然則『說文』集三書之大成, 兩漢訓詁萃於一書, 顧不重哉.)"

『설문해자』는 여러 가지 책을 종합하여 만든 것이라는 이 점은 전혀 문제가 없다. 이러한 점을 인식했다면 허신을 신격화할 필요는 없게 된다.

### (3) 주준성(朱駿聲)

주준성(朱駿聲)(豐芑)은 전대흔(錢大昕)에게 사사했는데, 전대흔의 찬사를 받았다. 그가 지은 『설문통훈정성』(說文通訓定聲)은 현재 많은 사람이 광범위하게 이용하고 통가(通假) 관계를 검색하는 공구서가 되었다.

『설문통훈정성』은 『설문해자』의 부수 체계를 사용하지 않고, 「풍(豐)」·「승(升)」·「임(臨)」·「겸(謙)」·「이(頤)」·「부(孚)」·「소(小)」·「수(需)」·「예(豫)」·「수(隨)」·「해(解)」·「리(履)」·「태(泰)」·「건(乾)」·「둔(屯)」·「곤(坤)」·「정(鼎)」·「장(壯)」 등 18개의 운모(韻母)를 부수(部)로 삼았다. 그의 고대 운부(韻部) 분류 체계는 대체로 단옥재(段玉裁)와 왕념손(王念孫)의 학설을 따랐다.

운부(韻部)를 괘(卦)로써 이름을 삼으면서 전통적인 운목(韻目)을 사용하지 않았는데, 이러한 새로운 시도는 그다지 필요치 않은 일이었다. 그러나 성운(聲韻)으로 글자를 통괄한 것은 전주(轉注)와 가차(假借)를 주로 하는 이 책의 내용과 서로 일치한다. 주준성은 「자서」(自敘)에서 이렇게 말했다.

"천지 만물은 형체가 먼저 있고 그다음에 소리가 있게 되었으며, 형체와 소리가 있고 그다음에 의미와 일이 있게 되었는데, 이 네 가지가 문자의 본질[體]이다. 뜻이 통하는 곳에서 전주가 일어나게 되었으며, 소리가 붙는 곳에서 가차가 생겨나게 되었다. 이 두 가지는 글자의 운용[用]이다.(天地間有形而後有聲, 有形聲而後有意與事, 四者, 文字之體也. 意之所通, 而轉注起焉; 聲之所比, 而假借生焉. 二者, 文字之用也.)"

이러한 학설은 대진(戴震)에게서 나왔는데, 이는 정확한 인식이라 하겠다. 하지만, 그는 또 "글자를 만드는 전주는 지사를 떠날 수 없고(造字之轉注, 不離乎指事)", "글자를 만드는 가차는 해성을 벗어나지 않는다(造字之假借, 不外乎諧聲.)"라고 함으로써 본질[體]과 운용[用] 둘 간의 관계를 혼동하고 말았는데 이는 잘못된 것이다.

주준성은 성운(聲韻)을 실마리로 삼아 글자의 형체가 돌아가면서 파생하는 과정을 논증했다. 예컨대 『설문해자』에서 이렇게 말했다.

소(小) 小 : "물체 중 미세한 것을 말한다.(物之微也.)"

「소(小)」를 소리부로 삼는 글자들은 모두 '작다(微小)'는 뜻을 가진다. 또 『설문해자』에서 이렇게 말했다.

초(肖) 肖 : "형체가 비슷함을 말한다. 육(肉)이 의미부이고, 소(小)가 소리부이다. 그 부모를 닮지 않았다는 뜻에서 '불초(不肖)'라고 한다.(骨肉相

似也. 從肉, 小聲. 不似其先, 故曰'不肖'也.)"

어린 사람[小人]이 어른[大人]을 닮으면 '초(肖)'라 하고, 어린 사람[小人]이 어른[大人]을 닮지 않으면 '불초(不肖)'라 한다. 『방언』(方言)에서 "초(肖)는 작다는 뜻이다(小也)"라고 했다. 여기서 더 나아가 「초(肖)」를 소리부로 삼는 글자는 모두 '작다(微小)'는 뜻을 가진다. 예컨대 「소(萷)」는 풀[艸] 중에서 가늘고 작은(肖) 것을 말하며, 「초(梢)」는 나무[木] 중에서 가늘고 작은[肖] 것을 말하며, 「초(綃)」는 명주[糸] 중에서 가는[肖] 것을 말하며, 「초(哨)」는 입구[口]가 작아[肖] 담을 수 없는 것을 말한다. 「삭(削)」을 "자르다(析)"로 풀이했는데, 물체를 나누어 가르면 작아진다[小]. 또 「소(宵)」를 『예기』「악기」(樂記)에서 "「소아」의 세 가지를 익힌다(宵雅肄三)"[34]라고 했는데, 정현(鄭玄)의 주석에서 "소(宵)는 작다는 뜻이다(小也)"고 했다. 「소(消)」는 "다하다(盡)"는 뜻이며, 「효(殽)」는 "없애다(滅)"는 뜻인데, 모두 '점차 작아지다(漸小)'는 뜻이다.

『설문해자』에서 「소(少)」를 "많지 않다(不多)"로 뜻풀이했는데, 「소(少)」는 「소(小)」로부터 의미가 만들어졌다. 그리고 고문자에서 「소(小)」와 「소(少)」는 원래 같은 글자였다.

「묘(玅)」는 지금의 「묘(妙)」이다. 극히 작은 것을 「묘(妙)」라 하고, 「묘(眇)」는 "눈이 하나 모자라는 것을 말하며(一目少)", 새[鳥] 중에서 작은[小] 것을 「묘(鷚)」라 하고, 관(管) 중에서 작은[小] 것을 「묘(篎)」라 한다.

이러한 것들은 모두 글자의 파생 과정을 이해하는 데 도움을 준다.

---

34) (역주) 『詩經』의 「小雅」를 말한다. 『禮記』「學記」에서 "「소아」의 세 가지를 익히는 것이 관리가 되는 출발점이다.(「宵雅」肄三, 官其始也.)"라고 했는데, 鄭玄의 주석에서 "宵는 작음[小]을 말한다. 肄는 익히다[習]는 뜻이다. 「小雅」의 세 가지는 「鹿鳴」, 「四牡」, 「皇皇者華」를 말한다."라고 했다.

주준성의 『설문통훈정성』(說文通訓定聲)은 전주와 가차에 관한 자료가 대단히 풍부하게 실려 있는데, 이는 글자의 통가(通假)에 관해 현재까지 이용할 수 있는 상당히 좋은 도구서가 되고 있다. 하지만, 거기서 말했던 '전주 의미[轉注義]'는 사실 '파생 의미[引申義]'이다.

### (4) 왕균(王筠)

왕균(王筠)(貫山)은 『설문구두』(說文句讀)와 『설문석례』(說文釋例)와 『설문계전교록』(說文繫傳校錄)과 『문자몽구』(文字蒙求) 등을 지었다. 그는 계복(桂馥)과 단옥재(段玉裁)를 대단히 존경하여, 그들에 대해 대단히 높이 평가했다. 그는 『설문석례』(說文釋例) 「자서」(自敘)에서 이렇게 말했다.

> "대서의 학식은 소서와 비교하면 떨어지며, 소서의 학식은 또 이 두 학자에 비해 떨어진다. 『설문해자』를 연구하려면 이 두 책을 징검다리로 삼으면 될 것이다.(大徐之識, 遜於小徐, 小徐之識, 又遜於二家. 治『說文』者, 以二書爲津梁, 其亦可矣.)"

여기서 말한 "두 학자(二家)"는 계복과 단옥재를 말한다. 그는 단옥재의 연구가 "체계가 크고 사고가 깊었음(體大思精)"을 인정했지만 동시에 단옥재가 "때로는 독단적이고 지리멸렬함을 면하지 못한 것이 그 병폐이다.(惟是武斷支離, 時或不免, 則其蔽也.)"라고 지적하기도 했다. 왕균은 『설문해자』의 권위에 미혹되지 않았던 것이다.

『설문석례』는 『설문해자』의 체계 및 문자의 해설과 '육서'의 이론 등 모든 면에서 상당히 깊이 있게 분석했다.

그의 『설문계전교록』은 각종 판본의 차이점을 광범위하게 수집하고, 자신의 판단에 따라 정리한 것으로, 단순하게 자료를 나열한 것은 아니다.

왕균(王筠)은 『설문구두』「자서」(自敘)에서 이렇게 말했다.

> "나는 평생 고독하게 한 가지 뜻에만 몰두해왔으며, 다른 사람의 자리를 빼앗는 것도 다른 사람의 것을 베끼는 것도 좋아하지 않았는데, 이것이 『설문석례』를 쓰게 된 동기이다.……나는 또 『설문해자』를 전사해 보았는데, 많은 부분에서 원래의 모습이 아니었다. 여러 책에서 인용한 것들은 보충할 부분이 있었다. 드디어 무당(단옥재)과 엄철교(엄가균)와 계미곡(계복) 세 사람이 편집한 것을 한데 모으고, 집적 수집한 것을 보태, 혹은 보태고, 혹은 빼고, 혹은 고쳐서, 초학자들이 외우고 배우기 좋게 하였으며, 이 때문에 『구두』라 이름 했다. 상세하게 해설을 붙이지 않은 것은 처음 뜻과 같기 때문이다.(余平生孤行一意, 不喜奪人之席, 剿人之說 此『說文釋例』之所爲作也. ……余又『說文』傳寫, 多非其人. 群書所引, 有可補苴. 遂取茂堂及嚴鐵橋桂未谷三君子所輯, 加之手集者, 或增或刪或改, 以便初學誦習, 故名之曰『句讀』. 不加疏解, 猶初志也.)"

이후 그는 다시 진설당(陳雪堂) 등의 의견을 받아들여, 뉴수옥(鈕樹玉)(匪石)·왕후(王煦)(汾原)·왕옥수(王玉樹)(松亭) 등의 연구 성과를 진일보하게 채택했고, "그리하여 원래 뜻에 변화가 생겼고 여러 가지를 간략하게 모으게 되었다(於是本志變化, 博觀約取)".

왕균의 『설문구두』는 확실히 "넓게 보되 간략하게 정리했으며(博觀約取)", 더 나아가 이전 학자들의 기초 위에서 독창적인 견해를 많이 제시했으며, 단지 여러 학설을 나열하지만은 않았다. 그래서 『설문구두』도 일종의 "초학자들에게 외우고 배우기 좋게 한(便初學誦習)" 보급용 서적에 머문 것은 아니었다.

왕균의 『설문해자』 연구의 또 다른 특징은 당시의 금석 명각학(銘刻學)의 연구 성과를 이용했으며, 고문자를 사용해 해당 글자의 본래 모습을 찾았다는 데 있다. 사대가 중에서 왕균만이 이러한 일을 해냈다.

장목(張穆)은 『설문구두』「서」(序)에서 왕균의 학문을 두고 "독특한 정신이 있어, 종종 허신보다 뛰어난 예도 있었다. 고문과 주문에 근거해 소전의 오류를 바로잡았고, 남겨진 경전에 근거해 새로운 학설을 폈다.(精神所獨到, 往往軼出許君之前. 本古籀以訂小篆, 據遺經以破新說.)"라고 했다. 하지만, 여기서 말한 "종종 허신보다 뛰어난 예도 있었다(往往軼出許君之前)"라는 평가는 아직 많은 사람의 인정을 받지는 못하고 있다.

왕균은 다른 사람보다 살았던 시대가 늦기에 여러 학설의 장점을 두루 모을 수 있었고, 또 허신이 볼 수 없었던 고문자 자료에 근거해 『설문해자』의 잘못된 해설을 바로 잡았던 것이다. 이러한 점에서 보자면, 그가 "허신보다 뛰어난 예도 있었다(軼出許君之前)"라고 한 것은 사실이며 결코 과장은 아니다. 예컨대 『설문해자』에서 이렇게 말했다.

> 절(折) 𣂚 : "끊다는 뜻이다. 도끼[斤]로 풀을 끊다는 의미를 그렸다. 이는 담장의 학설이다. 절(𣂚)은 절(折)의 주문인데, 풀이 얼음[仌] 속에 든 모습을 그렸다. 얼음[仌]은 차기 때문에 풀이 '끊어진다'. 절(𣂚)은 절(折)의 전서체로, 수(手)로 구성되었다.(斷也, 從斤斷艸. 譚長說. 𣂚 籀文折. 從艸在仌中, 仌寒故折. 𣂚 篆文折從手.)"

그러나 왕균의 『설문석례』에서는 이렇게 말했다.

> "(허신이) 절(折)의 이체자[重文]가 절(𣂚)이라고 하면서, 빙(仌)으로 구성되었다고 해설했는데, 이는 잘못됐다고 생각한다. 만약 근(斤)과 빙(仌)으로 구성되어 의미를 형성한다면, 풀[艸]이 끊긴 것일까? 아니면 칼[斤]이 풀을 끊은 것일까? 그것도 아니면 얼음이 풀을 끊은 것일까? 의미를 귀속시킬 수 없을 때 이를 난잡하다[雜亂]고 한다. 게다가 그 부위로써 말하자면, 얼음

[仌]이 풀[艸] 속에 들어 있는데도, 풀[艸]이 얼음[仌] 속에 들어 있다고 했으니, 이 또한 자형으로써 글자의 뜻을 내보이는 방법이 아니다. 내 생각은 이렇다. 이는 회의 겸 지사자로 해석해야만 할 것이다. 두 점[二]은 빙(仌)자가 아니다. 단지 두 점[二]을 풀[屮]의 경계선에 배치함으로써 그것이 이미 끊어졌음을 나타내고자 한 것일 뿐이다.(折之重文𣂚, 解說以爲從仌似非. 若從斤仌二字爲義, 則艸之折也, 斤斷之邪? 仌摧之邪? 義無統屬, 是謂雜亂. 且論其部位, 是仌在艸中, 而云艸在仌中, 亦非以字形見字義之法. 案: 當爲以會意兼指事字. 二非仌字, 但以之界屮之間, 以見其爲已斷.)"

"또 다른 이체자인 절(折)의 경우, 어떻게 손[手]에 도끼[斤]를 쥐고서 그것을 끊는단 말인가? 의미가 너무나도 실제와 맞지 않다. 아마도 절(𣂚)자를 잘못하여 필획을 연결해 절(扸)로 썼고, 왼쪽 부분이 수(手)자와 비슷해졌는데, 이를 모른 채 이체자로 제시한 듯하다. 오늘날에 이르러서는 모두 절(折)을 쓰고, 더는 절(斷)을 쓰지 않게 되었다. 그래서 『설문해자』에는 절(斷)로 구성된 글자가 없다.(又一重文折, 豈以手持斤而折之邪? 意頗迂遠. 似是𣂚字誤連爲扸, 左旁近似手字, 不知者增爲重文, 以至今人皆作折, 不復用斷矣. 故『說文』無一從斷之字.)"35)

「절(折)」에 대한 왕균의 해설은 대단히 정교하다. 그가 갑골문의 「절(𣂚)」자를 보지는 못했지만, 「절(折)」의 형체에 대한 이해는 갑골문과 완전히 들어맞는다.

주문(籀文)의 절(𣂚)과 갑골문의 절(𣂚)은 형체 구조면에서 완전히 일치한

35) 北京中國書店에서 1983年 世界書局本에 근거하여 影印한 王筠의 『說文釋例』 692쪽.

다. 절(𣂺)은 바로 "도끼[斤]로 풀[艸]을 끊은 모습을 그렸으며", 두 가로획[二]은 빙(仌)이 아니라 지사 부호이다. 왕균이 말했던 것처럼 "단지 두 획을 풀[屮]의 경계선에 배치함으로써 그것이 이미 끊어졌음을 나타내고자 했던 것일 뿐이다.(但以之界屮之間, 以見其爲已斷.)" 이는 갑골문의 「월(𢧢)」의 구조와 비슷한데, 두 가로 획[二]을 사람의 땋은 머리를 그린 요(幺)와 신체를 그린 𠂆 사이에 배치함으로써 몸과 머리가 다른 곳이라는 점을 나타냈다.

> 지(止) 𣥂 : "아래쪽의 기초 터를 말한다. 초목이 자라나면 자국이 남는다. 그래서 지(止)로 발이라는 의미를 그려냈다.(下基也. 象艸木出有址, 故以止爲足.)"

그러나 『설문석례』에서 이렇게 말했다. "허신의 해설은 크게 잘못되었다. 지(止)는 지(趾)의 고문이다. 그는 「우(又)」 부수에서 말했던 것처럼 손가락[手]이 많아도 세 개 이상을 그리지 않는다고 한 것과 같은 의미이다.(許君大誤矣. 止者, 趾之古文也, 與又部下所云手之列多略不過三同意.)"

> 목(木) 𣎳 : "덮다는 뜻이다. 땅을 덮고 자라나는 것을 말한다. 오행에서 동방을 대표한다. 철(屮)로 구성되었고, 아래쪽은 나무의 뿌리를 그렸다.(冒也. 冒地而生. 東方之行. 從屮, 下象其根.)"

이에 대해 『설문석례』에서는 이렇게 말했다. "목(木)은 전체 상형자이다. 그런데 위쪽 부분을 분리하여 철(屮)로 구성되었다 한다면, 아랫부분도 절반으로 잘라 건(巾)으로 구성되었다고 할 수 있지 않겠는가?(木字全體象形. 苟分上半爲屮, 亦將分下半爲巾乎?)"

기(蘄) : "풀을 말한다. 초(艸)가 의미부이고, 흘(紇)이 소리부이다.(艸也. 從艸, 紇聲.)"

이에 대해 『설문석례』에서 이렇게 말했다. "『고고도』(考古圖)에는 「주강돈」(周姜敦) 두 점이 실려 있는데, 하나에서는 로, 다른 하나에서는 로 적었으며, 「지보종」(遲父鍾)에서는 로, 「백전반」(伯箋盤)에서는 로 적었다. 하지만, 이 글자는 단(單)과 기(旂)로 구성되어야 옳다. 기(旂)는 소리부도 겸하며, 또 기(旂)의 고문이기도 하다. 기(旂)를 수레에 세우기 때문에, 단(單)으로 구성되었다. 여러 명문에서는 기(祈)로 가차되었다."

경(瓊) : "붉은 옥을 말한다……'선(琁)'으로도 쓰는데 선(旋)의 생략된 부분으로 구성되었다.(赤玉也……琁, 瓊或從旋省.)"

이에 대해 『설문석례』에서 이렇게 말했다. "……이러한 생략법은 크게 틀렸다. 『설문해자』에 생략된 부분으로 구성되었다고 풀이한 곳이 많다. 그러나 생략된 이후 반드시 다시 글자를 이루었지 분해되어 갈라진 경우는 없다. 「선(旋)」은 언(㫃)으로 구성되었고 또 소(疋)로 구성되었다. 그런데도 방(方)을 제거하고 정(定)을 남겨버린다면, 어찌 다시 글자를 이룰 수 있겠는가?(……此省法大謬. 『說文』從省者多有, 然必省之後, 仍復成字, 未有草率割裂者. 旋字從㫃從疋. 去方留定, 豈復成字?)"

곡(哭) : "슬피 우는 소리를 말한다. 훤(吅)이 의미부이고, 옥(獄)의 생략된 모습이 소리부이다.(哀聲也. 從吅, 獄省聲.)"

이에 대해 『설문석례』에서 이렇게 말했다. "견(犬)으로 구성되었는데, 어떻게 옥(獄)의 생략된 모습이라는 것을 알 수 있단 말인가? 이와 같은 예는 모두 자형이 전해지지 않아 생긴 일인데, 허신은 이를 억지로 강변했던 것이다.(從犬何以知爲獄省? 凡類此者, 皆字形失傳, 而許君強爲之解.)"

야(也) : "여성의 음부를 말한다. 상형이다.(女陰也. 象形.)"

이에 대해 『설문석례』에서 이렇게 말했다.

> "내 생각은 이렇다. 여성의 음부[女陰]라는 해설은 다른 곳에서는 볼 수 없기에 잠시 논의를 보류해 둔다. 어떤 부수에 속한다고 하는 것은 반드시 그 의미를 따랐다는 말이다. 불(乀)은 류(流)를 말한다. 류(流)는 기물의 아가리[器嘴]를 말하여, 여성의 음부와는 무관하다. 그런데 이 글자가 어떻게 그것으로 구성되었단 말인가? 게다가 상형이라고 했을진대, 분명히 전체를 본뜬[通體] 상형일 것인데, 하필이면 불(乀)을 가져와 의미를 풀었으니, 만 홀로 상형이란 말인가? 다른 부수에서는 이러한 괴이한 해석이 없다. 소서본에서는 불(乀)을 소리부로 보았는데, 단지 소리만 있고 의미가 없이 어떤 부수에 속해 있는 경우는 없다. 반복해서 찾아보아도 한 곳도 옳은 곳이 없다. 이것이 허신의 원문이라고 한다면 나는 믿을 수가 없다. 『박고도』(博古圖)에 실린 「주의모이」(周義母匜)에서 로 적었다……주백온(周伯溫)은 야(也)를 이(匜)의 옛날 글자라고 했는데, 신빙성도 있고 증거도 있다 하겠다. (案: 女陰之說, 他所未見, 姑置無論. 凡在某部, 必從其義. 乀者, 流也; 流者, 器之嘴也, 於女陰無涉, 而字乃從之乎? 且謂之象形, 即必通體象形, 何必抽其乀爲義, 而獨象形? 它部無此詭異之形也. 小徐以乀爲聲, 未有徒聲無義而在其部中者也. 反覆求之, 無一是處. 謂是許君原文, 吾不信也. 『博古圖』周義母匜作……周伯溫以也爲古匜字, 信而有徵矣.)"

왕균의 이러한 의견은 옳다. 이런 예는 그의 『석례』에 대단히 많이 보이는데, 모두 『설문해자』의 오류를 바로잡았던 예이다. 어떤 구체적인 문제에 대한 인식에서, 그가 "종종 허신보다 뛰어났다(往往軼出許君之前)"라고 하는 것은 결코 지나친 평가가 아니다.

물론 왕균에게도 견강부회한 부분이 없을 수는 없었다. 앞서 말했던 것처럼 「기(旂)」자의 해석에서 "기(旂)를 수레에 세우기 때문에, 단(單)으로 구성되었다.(旂建於車, 故從單.)"라고 했는데, 「단(單)」은 수레(車)와는 전혀 관련이 없는 글자인데도, 왕균은 오해했다. 또 『설문해자』에서는 「뢰(牢)」에 대해 이렇게 해석했다.

> 뢰(牢) : "난간으로 둘러친 곳을 말한다. 소와 말을 키우는 우리를 말한다. 우(牛)로 구성되었고, 동(冬)의 생략된 모습으로 구성되었다. 사방을 둘러싼 모습을 그렸다.(閑. 養牛馬圈也. 從牛, 冬省. 取其四周帀也.)"

『설문구두』에서는 "동(冬)의 생략된 모습이라 한 것은 겨울이 되면 소가 우리 속으로 들어가기 때문이다.(從冬省者, 冬時牛乃入牢也.)"라고 했다. 고문자에서 「뇌(牢)」를 나 로 적었는데, 소가 우리 속에 갇힌 모습이다. 소전을 구성하는 는 나 의 변형된 모습이지, 결코 「동(冬)」이 아니다. 『설문해자』에서 말한 "동(冬)의 생략된 모습으로 구성되었다"라는 것은 잘못이다. 하지만, 왕균도 이를 따라서 견강부회했다. 또 『설문해자』에서 「주(走)」에 대해 이렇게 풀이했다.

> 주(走) : "달려가다는 뜻이다. 요(夭)와 지(止)로 구성되었다.(趨也. 從夭止.)"

이에 대해 『설문구두』에서 이렇게 말했다. "내 생각은 이렇다. 「주(走)」 부수는 「곡(哭)」 부수의 뒤에 이어져 있다. 그렇다면, 글자가 견(犬)으로 구성되어야 할 것인데, 개(犬)는 잘 달리는 짐승이기 때문이다. 「주자백반」(周子白盤)에 원([illegible])자가 있는데, 거기의 주(走)자는 견(犬)으로 구성되었다.(案: 走部繼哭部, 則字當從犬, 犬善走也. 周子白盤有[illegible]字, 其走從犬.)" 『설문해자』에서는 「주(走)」를 "요(夭)와 지(止)로 구성되었다"라고 했는데, 이미 잘못된 해석이다. 그런데도 왕균은 "개가 잘 달리기 때문에(犬善走)" 「주(走)」가 견(犬)으로 구성되어야 한다고 했는데, 이는 더 잘못된 해설이다. 금문의 편방에서 [illegible]자를 구성하는 [illegible]가 바로 「주(走)」의 원시형체로, 사람이 내달리는 모습을 그렸다. 이는 갑골문에서 「주(走)」를 [illegible]로 적었다는 사실로 증명할 수 있다. 그런데 이것이 개[犬]와 어떤 관련이 있단 말인가? 그런데도 "주(走)부수는 곡(哭)부수의 뒤에 이어져 있다. 그렇다면, 글자가 견(犬)으로 구성되어야 할 것이다."라고 한 것은 허신의 해설보다 더 심한 견강부회가 아닐 수 없다.

### (5) 『설문해자』 사대가의 종합적 평가*

『설문해자』 사대가 중 단옥재는 고대 음운 방면에서 성과가 많았으며, 계복은 의리(義理)에 밝았다. 주준성은 통가(通假)에 뛰어났고, 왕균은 글자의 형체 방면에서 의혹을 없애는 등 각자의 특징을 갖고 있었다.

청나라 때 문자학·성운학·훈고학이 공전의 발전을 할 수 있었던 것은 그 기초가 바로 『설문해자』에 기반을 두어 깊이 있고 계통적으로 연구한 데 있었다. 유월(俞樾)은 『아점록』(兒苫錄) 「자서」(自敘)에서 이렇게 말했다.

> "진한 이래로, 전서와 예서로 계속해 변하면서 옛 성인들의 문자 창제의 깊고 정교한 부분은 백 분의 일 정도나 남게 되었으니, 실로 한나라 허숙중의 『설문해자』에 의존할 수밖에 없게 되었다. 오늘날 태어난 사람으로서, 글자에 근거해 도를 살피려면, 이 외에는 다른 방법이 없다.(自秦漢以來, 篆隷遞變, 而古聖人刱造文字之精微, 其存十一於千百者, 實賴有漢許叔重氏『說文解字』一書. 士生今日, 而欲因文見道, 外是無繇矣.)"

이러한 의견은 기본적으로 청대의 대다수 『설문해자』 연구자들의 공통된 견해를 대표한다.

공광거(孔廣居)는 『설문의의』(說文疑疑)를 지었는데, 근거로 삼았던 자료가 매우 한정적이어서 간혹 수확이 있긴 했지만, 대다수가 억측이었다. 하지만, 그는 「자서」(自敘)에서 이렇게 말했다.

> "……하물며 지혜로운 자는 백 번 생각하지만 그래도 한 번 실수를 부끄럽게 생각하는 법이다. 정교하고 함축된 9천여 글자를 어찌 쉽게 파헤칠 수 있겠는가? 대부분 완전하지만 조그만 하자도 있듯, 잘못된 것이 뒤섞인 것은 면할 수가 없다. 『설문해자』에는 의심할만한 것이 셋 있다. 하지만, 이 세 가지는 벼에 부평초가 붙어 있고, 옥에 미세한 하자가 있는 것과 같은 격이다. 나는 그 믿을만한 것을 굳게 믿은 나머지 의심해야 할 곳도 의심하지 못하고 말았다. 그러나 세상 사람들이 요지부동으로 의심할 것이 없다고 여기는 것도 불가사의할 따름이다.(……況夫智者百慮, 一失負慙. 九千精蘊, 夫豈易探? 大醇小疵, 未免相參. 『說文』之可疑者三. 是三者, 猶禾之有纖艸, 玉之有微瑕也. 愚頑信其所可信, 故不得疑其所可疑. 而世之貿貿然以爲無可疑者, 蓋亦弗思而已矣.)"

이것은 단순히 자신의 학문 방법을 기술한 것이었지만, 그가 『설문해자』라는 책에 대해 가졌던 견해를 대표하기도 하는데, 정확한 의견이라 하겠다.

의심과 믿음, 취함과 버림은 사실 학술상의 옳고 그름에 관한 문제이다. 사제

간인 대동원(戴東原)과 단옥재(段玉裁), 부자간인 왕념손(王念孫)과 왕인지(王引之), 형제인 전대흔(錢大昕)과 전대소(錢大昭)는 문자학·성운학·훈고학에 박식하고 대단한 깊이를 가졌다. 하지만, 그들은 『설문해자』의 고문과 주문 외의 초기 문자자료에 대해서 의심하거나 무시하는 태도를 견지했다. 만약 그렇지 않았더라면 그들의 총기와 재주로 이러한 방면에서 더 큰 성취를 이루었을 것이다.

## 7. 민국(民國)-장태염(章太炎)*

장태염(章太炎)도 한 시대를 대표하는 소학 연구자였지만, 『설문해자』 이외의 고문자 자료에 대해서는 심지어 적대시하는 태도까지 보였다.

그는 『문시』(文始)의 「서례」(敘例)에서 "창힐 창제 당시의 초기 글자들이 모두 허신의 책에 실려 있다(倉頡初文, 固悉在許氏書.)"라고 하면서, "땅속에서 발견된 것들은 진짜와 가짜가 서로 섞여 있기 때문에(地藏所發, 真僞雜糅.)" 믿을 수 없다고 했다. 그는 청동기 명각을 이용하는 것은 "청동기를 갈아내고 닦아서 예로부터 내려오는 상식을 갈아치우고자 하는 것(刮摩銅器, 以更舊常.)"이고, "기이한 글자로 눈을 현혹시키는 것(熒眩奇字)"이라고 했다. 또 이는 "의심스러운 일에 질의하여 마멸된 형체에서 증거를 찾는데, 작디작은 터럭 하나를 얻을지는 몰라도 여섯 개의 깃촉을 잃고, 다 깨어진 기와조각 하나는 얻을지는 몰라도 옥구슬과 경쇠를 잃는 격으로, 뭐라 말할 게 없다.(質之疑事, 徵以瀓形. 得釐毛, 失六翮, 取敗瓦, 遺球磬, 甚無謂也.)"라고 비판했다.

장태염은 바로 "창힐 창제 당시의 초기 글자들이 모두 허신의 책에 실려 있다"라고 굳게 믿었기 때문에, 『설문해자』 이외의 모든 고문자자료는 전혀 이용할 가치가 없으며, "비록 다 갖추어지지는 않았다 하더라도 옛 뜻풀이에는 손상을 주지 않는다.(雖犧摭不具, 則無傷於故訓.)"라고 보았던 것이다. 장태염이 이러한 태도를 견지하고 있었을진대 문자에 대해 "질서정연하게 정리하려(浚抒流別)" 했지만, 이는 연목구어처럼 이룰 수가 없었던 것이다. 왕명성(王鳴盛)은 『설문해자정의』(說文解字正義)「서」(序)에서 이렇게 말했다.

> "『설문해자』는 천하에서 제일가는 책이다. 천하의 모든 책을 다 읽어도 『설문해자』를 읽지 않았다면 이는 읽지 않은 것과 같다. 단지 『설문해자』에만 통달한다면, 나머지 책을 읽지 않았다 하더라도 대학자가 아니라고 하지는 못할 것이다.(『說文』爲天下第一種書. 讀遍天下書, 不讀『說文』, 猶不讀也. 但能通『說文』, 餘書皆未讀, 不可謂非通儒也.)"

진개기(陳介祺)도 『설문고주보』(說文古籀補)「서」(敘)에서 "오늘날 허신의 책이 없다면 글자를 아는 사람도 없었을 것이다(今世無許書, 無識字者矣.)"라고 했다.

이러한 언급들은 『설문해자』를 지나치게 추앙한 결과이며 실제 사실을 벗어난 것이라고 하지 않을 수 없다. 옛날의 유습이 오늘날까지 전해져, 오늘날에도 어떤 사람들은 『설문해자』의 해설이 절대적으로 정확하다 믿으며, 이를 경전으로 간주하고, 이를 모든 논의의 출발점으로 삼고 있는데, 이는 모두 학문에 종사하는 정확한 방법은 아니며, 학술의 발전에도 조금도 도움이 되지 않는다.

이와는 다른 또 다른 극단은 정복보(丁福保)가 『설문해자고림보유』(說文解字詁林補遺)「자서」(自敘)에서 언급한 석일삼(石一參)의 『육서천설』(六書淺說)처럼 허신과 그의 『설문해자』에 대해 철저히 부정하면서 이를 "황당하다(荒謬)"거나 "비루하다(淺陋)"라고 하거나, 심지어 "죽어야 할 허신(該死的許愼)"이라는 결론에 도달한 것 등이 그렇다 하겠다.

이러한 것은 학술적인 논의가 아니라 인신공격이다. 이는 1970년대 초기에 허신을 '유가(儒家)'라거나 '반동파(反動派)'라고 공격하던 것과 다르지 않아, 모두 너무나 우매한 짓거리로 이에 대해서는 언급조차 할 가치도 없다.

# 제10장

# 『설문해자』의 평가

대동(戴侗)은 이렇게 말했다.

"글자에 밝지 않고서 문장에 통하려 하고, 문장에 통하지 않고서 뜻을 얻으려 하는 것은, 음률에 귀먹고서 음악을 논하고, 길이에 눈이 먼 채로 기물을 논의하는 것과 같다.(夫不明於文而欲通於辭, 不通於辭而欲得於意, 是聾於律而議樂, 盲於度而議器也.)"[36]

36) 戴侗, 『六書故』「序」, 『欽定四庫全書·集部·天文類』 卷32에 보임.

대진(戴震)도 일찍이 이렇게 강조했다.

> "경전의 신성함은 바로 도(道)에 있다. 도를 밝히는 것은 단어이다. 단어를 구성하는 것은 글자이다. 글자로부터 단어에 통하고, 단어로부터 도에 통하게 된다.(經之聖者道也, 所以明道者詞也, 所以成詞者字也. 由字以通其詞, 由詞以通其道.)"[37]

문자는 모든 학술의 기초이며, 학문은 문자에 대한 파악에서부터 시작된다. 그래서 옛사람들은 문자에 대한 연구를 '소학(小學)'이라 불렀던 것이다.

시대가 변화함에 따라 문자의 형체와 독음과 의미에도 차이가 생겼다. 수백 수천 년 뒤에 태어나 수백 수천 년 전의 문헌을 읽으려면, 그에 상응하는, 고금(古今)의 문자에 통할 수 있는 공구서 없이는 불가능하다. 허신(許愼)의 『설문해자』(說文解字)는 바로 이러한 것에 부응하는 책이다. 손성연(孫星衍)은 "그 공이 우임금보다 못하지 않다(其功不在禹下)"라고 하면서 『설문해자』를 대단히 긍정했다.

『설문해자』는 이사(李斯)의 『창힐편』(蒼頡篇), 조고(趙高)의 『원력편』(爰歷篇), 호무경(胡毋敬)의 『박학편』(博學篇), 양웅(揚雄)의 『훈찬편』(訓纂篇) 등의 기초 위에서, 또 널리 동중서(董仲舒)·사마상여(司馬相如)·경방(京房)·구양교(歐陽喬)·상흠(桑欽)·유향(劉向)·유흠(劉歆)·원례(爰禮)·양웅(揚雄)·송홍(宋弘)·두림(杜林)·가규(賈逵)·반고(班固)·부의(傅毅)·위굉(衛宏)·서순(徐巡)·장림(張林)·왕육(王育)·담장(譚長)·관부(官溥)·윤동(尹彤)·황호(黃顥)·장도(莊都)·장철(張徹)·주성

37) 『四部叢刊』本 『戴東原集·與是仲明論學書』에 보임.

(周盛)·영엄(甯嚴)·녹안(逯安) 등 '대학자(通人)' 27명의 학설을 널리 채택했다. 여기에는 공자(孔子)·초(楚) 장왕(莊王)·한비(韓非)·좌씨(左氏)·회남(淮南) 등의 인용은 포함되지 않았다.

『설문해자』는 이렇게 많은 고대문자 자료를 비롯해 그와 관련된 문자 연구에 관련된 이른 시기의 연구 성과를 보존함으로써 오늘날 고대문자를 비롯해 문자의 발전과 변화 과정을 깊이 있게 연구하고 논의하는데 토대를 마련해 주었다. 『설문해자』의 중요성은 다음의 몇 가지로 나누어 설명할 수 있다.

## 1. 자형의 측면

『설문해자』에는 고문(古文)·주문(籀文)·소전(小篆)·혹체(或體) 등 각종 서로 다른 문자 형체가 보존되어 있다. 허신은 이러한 서로 다른 문자의 형체를 통해 한자의 본원을 찾고자 했다.

한자는 '예변(隸變)' 과정[소전에서 예서로 이행한 과정-역주]을 거친 후, 형체에 이미 커다란 변화가 일어났으며, 형체 구조상의 원래 모습을 알아보기 어렵게 되었다. 오늘날 한자 형체의 맥락을 그나마 일부라도 알 수 있게 된 공은 대체로 『설문해자』이라는 이 책에 돌려야만 할 것이다.

이는 다음과 같은 몇 가지 사례로써 증명할 수 있다.

「추(秋)」라는 이 글자가 왜 이러한 형체로 쓰게 되었을까? 이 글자가 왜 '춘추(春秋)'라고 할 때의 '추(秋)'라는 이러한 개념을 갖게 되었을까? 사실 예변(隸變) 이후의 형체에 근거해서는 이러한 문제에 대한 답을 얻을 수 없다. 설사 소전(小篆) 형체인 추(龝)에 근거해도 그 형체와 개념 간의 상호관계에 대한 정확한 답을 얻을 수 없다. 다행히도 『설문해자』에 「추(秋)」의 주문(籀文)인 추(龝)가 보존되어 있기 때문에, 소전체인 추(秌)가 주문으로부터 간단하게 줄인 결과라는 사실을 알 수 있다.

주문에 근거해 다시 갑골문에서의 [illegible]도 오늘날의 「추(秋)」의 원시형체라는 사실을 알 수 있다. 이는 원래 메뚜기를 그려 "가을을 알리는 벌레(蟲以鳴秋)"라는 개념을 그렸고, 이로부터 '가을'이라는 이러한 개념을 그려냈음을 알 수 있다.

「추(秋)」의 형체 변화의 발전 과정은 다음과 같다.

[illegible]→[illegible]→龝→秌→秌(秋)

주문인 추(龝)에서는 자형이 잘못 변해 귀(龜)로 구성되었는데, 이미 이 구조의 원시 의미를 상실했다. 갑골문에서는 귀(龜)를 [illegible]로 적어, [illegible]와는 전혀 다른 모습이다. 하지만, 이러한 잘못 변화된 모습을 보존하고 있다 하더라도 이는 매우 가치 있는 자료이며, 이는 중요한 실마리를 제공해, 갑골문에서의 [illegible]가 바로 오늘날의 「추(秋)」임을 확정할 수 있게 만들어 준다.

물론 「추(秋)」라는 형체와 [illegible] 사이에는 이미 철저한 변화가 일어나 전혀 다른 모습이 되었지만, 추(龝)라는 이 형체가 중간 다리가 되어 「추(秋)」의 형체 변화 발전 과정을 정확하게 인식하게 해 준다.

「포(雹)」도 소전체에서는 이미 "우(雨)가 의미부이고 포(包)가 소리부인" 형성자로 변했다. 하지만 『설문해자』에는 고문 형체인 [illegible]가 보존되어 있는데, "우박이 내리는(雨冰)" 모습을 그렸다. 이로부터 한 걸음 더 나아가 갑골문에서의 [illegible]가 바로 「포(雹)」의 최초 형체임을 알 수 있다. 이는 갑골 각사의 용례에서부터도 의미상의 증거를 찾을 수 있다. 혹자는 [glyph]를 「수(需)」나 「우(雨)」로 해독하기도 하는데, 이는 모두 잘못된 해독이다.

또 「육(育)」은 『설문해자』에서 "아이를 잘 되도록 키운다는 뜻이다. 돌(𠫓)이 의미부이고 육(肉)이 소리부이다.(養子使作善也, 從𠫓, 肉聲.)"라고 했는데, '교육(教育)'이 본래 의미이며 형성구조임을 알 수 있다. 하지만 『설문해자』에는 혹체(或體)인 육(毓)이 보존되어 있고, 이로부터 이 글자가 갑골문에서 '선후(先後)'라고 할 때의 「후(後)」이며, 육([glyph])도 바로 「육(育)」의 최초 형체임을 알 수 있게 된다. 이 글자는 원래 여성이 아이를 낳는 모습을 그려, '생육(生育)'이 원래 뜻이지 '교육(教育)'이 원래 뜻이 아님을 알 수 있다.

## 2. 의미의 측면

글자는 반드시 그것의 본래 의미[本義]를 먼저 알아야만 그것의 파생 의미[引申義]와 가차의미[假借義]를 알 수 있다. 그리고 글자의 본래 의미는 형체와 불가분의 관계에 있다. 본래의 형체를 알지 못하면 그것의 본래 의미도 알 수 없다. 『설문해자』는 바로 본래의 형체를 통해 본래의 의미를 파헤쳤으며, 동시에 대량의 가차 의미도 보존하고 있다. 『설문해자』에서 이렇게 말했다.

> 예(砅) [glyph] : "돌을 딛고 물을 건너다는 뜻이다. 수(水)로 구성되었고, 또 석(石)으로 구성되었다. 『시경』에서 '물이 깊으면 돌다리를 놓는다.'라고 했다. [glyph] 는 예(砅)의 혹체인데 려(厲)로 구성되었다.(履石渡水也. 從水, 從石. 『詩』曰: '深則砅.' [glyph] 砅或從厲.)"

「예(砅)」는 회의자이고, 「예(濿)」는 형성자이다. 『설문해자』에서 인용한 『시경』은 당연히 『한시』(韓詩)이다. 『경전석문』(經典釋文)에서 인용한 『한시』에서는 「예(濿)」로 적었지 「예(砅)」로 적지는 않았다. 「예(砅)」는 문헌에 보이지 않으며, "돌을 딛고 물을 건너다(履石渡水)"의 본래 의미가 폐기된 지 이미 오래 되었다.

우성오(于省吾) 선생의 『갑골문자석림』(甲骨文字釋林)에서는 [갑골문]를 「예(𥗉)」로 해석했는데, 바로 『설문해자』에서의 「예(砅)」자이다. 그는 "중간이 물[水]이고, 양쪽이 돌[石]로 구성되었는데, 돌을 딛고 물을 건너는 모습이 더욱 분명하게 반영되었다.(中間從水, 兩側從石, 則履石渡水之形尤爲鮮明.)"라고 했다(150~152쪽). 갑골 복사에서는 「예(砅)」가 지명으로 사용되었기 때문에 『설문해자』이 없었더라면 「예(砅)」의 본래 의미를 밝히기 어려웠을 것이다.

자(自) [소전]: "코를 말한다. 코를 형상했다.(鼻也. 象鼻形.)"

문헌에서는 「자(自)」를 「비(鼻)」로 사용한 예가 없다. 본의가 사라진 지 오래 되었다는 말이다. 복사에서 "코가 아픈데, 탈이 생길까요?(㞢(有)疾自, 隹㞢𡆥)"라는 기록이 보이는데, 코에 병이 생겼는데 해가 될 것인지에 대해 점을 쳐 물은 것이다. 이는 「자(自)」의 본의로 사용된 예이다. 허신의 해설은 형체나 의미상으로 그가 옳았음이 충분히 증명되었다. 이후 「자(自)」를 개사(介詞)·대명사[代詞]·부사(副詞) 등으로 사용하여 "……로부터[從]", "……로[由]", "자신[自己]", "스스로" 등의 뜻으로 쓰였는데, 이는 모두 가차 의미이다.

이(而) [소전]: "턱수염을 말한다. 털이 난 모습을 형상했다. 『주례』에서 '비늘과 위로 솟구친 수염과 아래로 처진 수염을 만든다'라고 했다.(頰毛也.

象毛之形. 『周禮』: '作其鱗之而.')"

고대 문헌에서 「이(而)」의 용법은 가장 다양하다. 허신(許愼)이 말한 『주례』「고공기」(考工記)에서 본래 의미로 사용된 외에도, '이(爾)'나 '여(汝)'와 같이 대명사로, 또 '차(且)'나 '내(乃)'와 같이 부사로, 혹은 '여(與)'·'즉(則)'·'여(如)'와 같이 연결사로, 혹은 '이(耳)'와 같이 어말 조사로 쓰였다. 소전체는 이미 턱수염[頰毛]의 모습과는 차이가 크고, 그 본의도 아는 사람이 거의 없었다.

갑골문의 [甲骨文]는 지명이거나 방국(方國)의 이름으로, '턱수염(頰毛)'이라는 뜻으로 해석할 수는 없다. 오로지 『설문해자』에서 말하는 「이(而)」의 본의에 근거해 이의 본래 형체를 알 수 있으며, 이로부터 [甲骨文]가 「이(而)」자임을 확정할 수 있다.

## 3. 독음의 측면

금본 『설문해자』 반절(反切)의 경우, 대서(大徐)는 손면(孫愐)의 『당운』(唐韻)에 근거했고, 소서(小徐)는 주고(朱翺)의 반절에 기초했다. 허신 당시에는 반절이라는 것이 없었다. 하지만 『설문해자』에는 "독약(讀若)"에 관한 많은 자료가 보존되어 있으며, 게다가 대량의 형성자에 대해 성독(聲讀)의 내원을 설명해 두었는데, 이들이 우리에게 진한(秦漢) 때의 풍부한 고대음 자료를 제공해 주고 있다.

단옥재(段玉裁)가 『육서음운표』(六書音韻表)를 지어 고대 운(韻)을 17부(部)로 나누었는데, 『시경』과 『이소』(離騷)를 비롯해 선진 때의 다른 문헌의 운독(韻讀) 자료 외에도 주로 『설문해자』의 해성(諧聲) 편방(偏旁) 자료를 그 근거로 삼았다. '같은 편방을 사용한 해성자는 반드시 같은 운부에 속하며(同諧聲者必同部)', '옛날의 가차자는 반드시 같은 운부에 속하며(古假借必同部)', '옛날의 전주자는 반드시 같은 운부에 속한다(古轉注同部)'라는 것이 단옥재의 이론이었다.

『육서음운표』에는 「고17부해성표」(古十七部諧聲表)가 부록으로 붙어 있다. 그는 이렇게 말했다.

> "육서 중에 해성이 있는데, 해성은 문자가 날로 늘어난 결과에 의한 것이다. 선진 때의 운문을 살피면, 같은 소리부를 사용한 해성자는 반드시 같은 운부에 들어 있는데, 아무리 복잡해도 혼란스럽지 않다. 그래서 그 편방을 보면 어떤 글자가 소리부로 기능을 하는지를 알 수 있고, 그 독음이 어떤 운부에 들어 있는지를 알게 되니, 쉽고 간단하게 천하의 이치를 얻게 된다. 허숙중이 『설문해자』를 지을 당시에는 반절법이 없어, 단지 어떤 글자가 소리부라고만 했는데, 이로써 운서로 삼아도 된다.(六書之有諧聲, 文字之所以日滋也. 攷先秦有韻之文, 某聲必在某部, 至嘖而不可亂. 故視其偏旁以何字爲聲, 而知其音在某部, 易簡而天下之理得也. 許叔重作『說文解字』時未有反語, 但云某聲某聲, 即以爲韻書可也.)"[38]

「고17부해성표」에서는 성모(聲母) 1천 5백 43자를 나열하고 있다. 그의 제자였던 강원(江沅)(子蘭)은 여기서 더 나아가 『설문음운표』(說文音韻表)를 지었는데, 단옥재의 기초위에서 일부를 바로 잡은 저작이다. 그 「서문」[弁言]에서 이렇게 말했다.

> "허신의 형성과 독약은 대부분 원래의 독음을 보존하고 있다.(許氏形聲讀若, 多得其本音.)"

38) 段玉裁, 『說文解字注』, 上海古籍出版社 1981年版, 818쪽.

"그것이 근거한 바는 『역』·『시경』·『서』 등과 서로 표리를 이루어, 고대음을 살필 수 있다.(蓋其所從來者, 與『易』·『詩』·『書』相表裏, 是可以審古音也.)"

그는 단옥재가 운부를 제멋대로 이동시킨 독단적인 태도에 매우 불만이었다. 그는 이렇게 말했다.

"허신의 책에서는 통용될만한 규칙적인 예가 없었고, 단옥재는 재조정하기를 좋아했다. 오늘날과 옛날이 대를 이어 변하면서 이해하기가 어려워졌다. 사람도 몇 조대가 떨어지면 되물어 볼 수도 없는 법이다. 뜻에 해석하기 어려운 곳이 있으면, 반드시 의문 사항으로 남겨 두어야 한다. 스스로 정교하다고 여기고, 옛날의 대학자들을 경시하여, 이것을 고쳐 내 것으로 만들고, 저것을 고쳐 증거로 삼으며, 자신의 것으로 자신을 돕는 과정에서, 옛날의 뜻은 점차 사라져갔다. 나와 같으면 칭찬하고, 나와 맞지 않으면 꺼리고 만다. 운을 나누는 데도 학설이 없었으며, 고대음을 바꾸어 통하게 하고자 했다. 대진이 이미 허수아비 노릇을 했고, 단옥재는 더욱 철저하게 이를 따랐다. 이러한 오류와 잘못들이 점차 쌓여 실수하게 되었다.(許無達例, 段喜更張. 今古代遷, 難爲理董. 人隔數朝, 無從回質. 義有難釋, 必當闕疑. 自視精淹, 藐視古哲, 改此就我; 易彼作證; 以己助己, 古義遂亡. 同我則標, 不合斯諱. 分韻無說, 易古以通. 戴已作俑, 段遂效尤. 凡此紕訛, 略箋其失.)"

단옥재의 오류에 대한 강원(江沅)의 지적은 매우 일리가 있다. 강원은 또 『석음례』(釋音例)를 지었는데, 『설문음운표』(說文音韻表)와 일부 차이를 보인다. 강원은 성모(聲母) 1천 2백 92개를 제시했는데, 단옥재보다 2백 51개가 적다.

이외에도 장혜언(張惠言)의 『설문해성보』(說文諧聲譜), 진립(陳立)의 『설문해성자생술』(說文諧聲孳生述), 강유고(江有誥)의 『해성표』(諧聲表), 요문전(姚文田)의 『설문성보』(說文聲譜), 엄가균(嚴可均)의 『설문성류』(說文聲類), 묘기(苗夔)의 『설문성독표』(說文聲讀表) 등도 모두 『설문해자』에 근거해 고대음을 논의한 중요한 저작들이다. 『설문해자』 없이 오늘날처럼 이렇게 고대음에 대해 깊이 이해할 수 있다는 것은 상상할 수 없는 일이다.

## 4. 문자의 규범화와 통일

글자의 발전과정은 끊임없이 풍부해지고 끊임없이 변화 발전해 가는 과정이며, 동시에 끊임없이 통일되어 가는 과정이다.

문자는 약정속성(約定俗成)의 속성을 갖고 있기에, 언어를 기록하고 사상을 교류하는 목적을 달성하려면 반드시 서로 간에 변별할 수 있어야 하며, 대중이 통용할 수 있어야만 한다. 어떤 문자라도 그것이 혼란스러우면 문자의 사용 효과에 영향을 주게 된다.

상나라 때의 갑골문(甲骨文)과 서주 때의 청동기 명문은 동서남북의 지리적 구분 없이 통일되어 있었다. 하지만, 주나라 말기에 들어서는 형체변화가 심해졌는데, 그것은 장기간에 걸친 정치상의 할거 상태가 만들어낸 결과였다. 상앙(商鞅)의 변법(變法)은 한 차례 문자의 통일을 이끌어 냈으나 행정수단에 지나지 않았으며, 게다가 일정한 지역 내로 한정되었었다. 진시황(秦始皇)이 문자를 통일한다고 떠들어댔지만, 그의 '서동문(書同文)'은 사실, 관방(官方)의 문서에 지나지 않았다. 당시 민간에서 통용되던 문자도 관방(官方)에서 법적으로 정한 전서(篆書)가 아니었다. 게다가 진(秦) 2세(世)가 죽자, 문자 통일을 전면적으로 진행하고자 했지만 이미 그럴 수 없는 상황이 되고 말았다.

한(漢)나라 때의 문자는 상당히 혼란스러웠는데, 이러한 상황은 한나라 때의 간독(簡牘)에 충분하게 반영되어 있다. 봉황산(鳳凰山)의 한나라 무덤에서 나온 견책(遣策)은 똑같이 문제(文帝)와 경제(景帝) 때의 것이고 같은 지역에 속하는 것인데도 「람(藍)」을 「염(鹽)」으로 쓰기도 하고, 「단(單)」을 「치(卮)」로 쓰기도 하고, 「소(梳)」를 「소(𣑽)」나 「소(踈)」나 「저(杼)」로 쓰기도 하고, 「서(鋤)」를 「사(柤)」나 「우(釪)」로 쓰기도 하고, 「척(隻)」과 「쌍(雙)」을 혼용하기도 하고, 「우(于)」와 「우(杅)」를 「우(盂)」와 같이 쓰기도 했다. 점이나 필획의 차이는 더 자주 보인다. 한나라 때의 비각(碑刻)에도 다른 형체가 대단히 많이 출현한다.

이러한 상황은 진시황의 문자 통일이 민간에서 통용되던 문자에서는 실제로 어떤 효과도 내지 못했음을 말해주며, 동시에 한나라 때의 문자사용이 혼란하여 규범화가 필요했음을 설명해 준다.

한나라 평제(平帝) 때 원례(爰禮) 등 1백여 명을 초빙해 미앙궁(未央宮)에서 문자를 논의하게 했는데, 이는 역사적인 문자를 정리하고 연구한 대규모의 학술 회의였다. 양웅(揚雄)은 이 회의의 성과 중 유용한 것들을 모아 『훈찬편』(訓纂篇)을 만들었다. 이는 사유(史遊)의 『급취편』(急就篇) 등과 마찬가지로 문자를 규범화로 가게 하는 일정한 작용을 했을 것임이 분명하다.

동한 때 이르러, 희평(熹平) 4년(175년) 채옹(蔡邕) 등이 육경(六經)의 문자를 바로 잡아야 한다고 주청을 올렸고, 태학(太學)에다 석경을 세웠는데, 그것이 그 유명한 『희평석경』(熹平石經)이다. 이는 물론 경전 문헌을 교정(校定)하기 위해 만들어진 것이지만, 동시에 문자의 오류를 바로잡기도 했다.

위에서 말한 이러한 작업들은 모두 중국 문자의 통일에 일정한 촉진 작용을 했음이 분명하다. 하지만, 문자를 전면적이고 계통적으로 정리하고, 문자의 통일과 규범화에 장기적 안목에서 광범위하게 영향을 미쳤던 것은 아무래도 허신(許慎)의 『설문해자』(說文解字)라고 해야 할 것이다.

허신의 『설문해자』는 문자의 형체 구조에 대해 전면적으로 분석했고, 각각의 글자가 왜 그렇게 만들어졌는지, 당시 어떤 개념을 표상하는지를 설명했을 뿐 아니라 왜 그런 개념을 표상할 수 있는지, 어떻게 언어와 결합하게 되는지 등을 설명했다. 『설문해자』에서는 문자의 본래 형체·본래 독음·본래 의미 등을 특별히 강조했는데, 이는 당시 성행하던 제멋대로 식의 동음 통가(同音通假) 현상을 일정 정도 제약하는 기능을 발휘했다.

사실, 『설문해자』이 광범위하게 유전된 이후, 전국(戰國) 시대 이후부터 진한(秦漢)에 이르기까지 줄곧 존재해왔던 문자 형체 상의 혼란을 비롯해 제멋대로 통용하던 현상이 점차 극복되고 바로 잡힐 수 있었다.

『설문해자』에서 연구 대상으로 삼았던 것은 비록 소전(小篆)이었지만, 예서(隸書)와 해서(楷書)의 변화에 대해서도 선구적 기능을 발휘했다. 한예(漢隸)의 형체 변화는 복잡하며, 진해(真楷)의 형체 변화는 『설문해자』의 계도와 제약 기능을 분명하게 받았었다. 이후 『설문해자』의 과학성과 권위 때문에 모두가 복종하게 되었으며, 이 때문에 역대로 언제나 『설문해자』를 문자 규범화와 통일의 도구로 이용해 왔다.

『위서』「강식전」(江式傳)에는 강식(江式)의 「상『고금문자』표」(上『古今文字』表」)가 실려 있는데, 이렇게 말했다.

> "위나라 초에 박사였던 청하(清河) 장읍(張揖)이 『비창』·『광아』·『고금자고』를 지었습니다. 『비창』과 『광아』를 궁구해 보건대, 빠진 것을 모으고 사류를 늘려, 그래도 글자를 늘이는 데 도움이 됩니다. 하지만 『자고』는 허신의 책을 모방하였으며, 고금의 '체'와 '용'에서 얻은 것도 있고 잃은 것도 있었습니다. 진류와 한단순도 장읍과 동시대를 살았는데, 옛것에 박학했고 예술을 개척했으며, 특히 『창힐』과 『이아』에 뛰어났습니다. 허신의 글자에 대한 뜻풀이와 '팔체'와 '육서'에 대해서도 깊이 있게 연구하여, 장읍보다 더 이름을 날렸으며, 서예로 황태자를 가르쳤습니다. 또 '삼자석경'을 한나라 희평석경 서쪽에다 세웠는데, 글씨가 아름답고 선명하였으며, 세 가지 서체가 다시 선포되었습니다. 『설문해자』과 비교해 본 즉, 전서와 예서는 대동소이하나, 고자에서 약간 차이를 보였습니다.(魏初博士清河張揖著『埤倉』·『廣雅』·『古今字詁』. 究諸『埤』·『廣』, 綴拾遺漏, 增長事類, 抑亦於文爲益者. 然其『字詁』, 方之許慎篇, 古今體用, 或得或失. 陳留邯鄲淳, 亦與揖同時, 博古開藝, 特善『倉』·『雅』, 許氏字

指, 八體六書, 精究閑理, 有名於揖, 以書教皇子. 又建三字石經於漢碑之西, 其文蔚炳, 三體復宣. 校之『說文』, 篆隸大同, 而古字少異.)"

"여침이 '표'를 지어 『자림』 6권을 올렸는데, 내용과 취지를 살펴보았더니 허신의 『설문해자』과 같았습니다.(呂忱表上『字林』六卷, 尋其況趣, 附托許愼『說文』.)"

"위나라가 백왕의 위업을 계승하고, 오운의 정서를 이었을 때, 세상이 바뀌고 풍속이 변하였습니다. 문자도 바뀌고 변하여, 전서의 형체가 잘못되고 뒤섞였으며, 예서체는 원래의 모습을 잃었습니다. 세속의 학자들은 비루한 것을 익히고, 허교만 더해갔습니다. 말하고 따지기만 좋아하는 사람들은 또 억지 해설까지 더하였으며, 시류에 현혹되어, 고치기가 어려워졌습니다. ……이러한 것들이 매우 많았는데, 모두 공자의 가택에서 나온 옛날 책들과 사주의 대전과 허신의 『설문해자』과 삼체 『석경』 등과 맞지 않았습니다.(魏承百王之季, 紹五運之緒, 世易風移, 文字改變, 篆形謬錯, 隸體失真; 俗學鄙習, 復加虛巧; 談辯之士, 又以意說, 炫惑於時, 難以釐改. ……如斯甚衆, 皆不合孔氏古書史籀大篆許氏『說文』·『石經』三字也.)"

강식(江式)은 스스로 가학(家學)을 이어받아 "허신의 『설문해자』를 위주로", 관련 자료들을 광범위하게 수집하여 "온갖 사람들의 관점을 살피고, 문자의 영역을 통일하기를 바라고자(冀省百氏之觀, 而同文字之域.)" 했다. 그가 찬집(撰集)한 『고금문자』(古今文字)는 "대체로 허신의 『설문해자』에 근거했으며, 전서를 위에 예서를 아래에 두었으나……끝내 성공하지는 못했다.(大體依許氏『說文』爲本, 上篆下隸, ……竟未能成.)"

또 『북사』(北史) 「이현전」(李鉉傳)에서는 이렇게 말했다.

"성인의 시대로부터 멀리 떨어져, 문자도 이지러지고 잘못된 것이 많아졌다. 강의하는 틈을 타서 『설문해자』·『창힐』·『이아』 등을 살피고, 육경의 주석에 보이는 잘못된 글자들을 깎고 바로잡아 『자변』이라 이름 붙였다.(以去聖人久遠, 文字多有乖謬, 於講受之暇, 遂覽『說文』·『倉』·『雅』, 删正六藝經注中謬字, 名曰『字辯』.)"

육조(六朝) 시기에 들어서, 『설문해자』는 이미 이런 정도의 권위를 가졌으며, "문자 통일의 영역(同文字之域)"은 주로 『설문해자』에 기댈 수밖에 없었다. 『안씨가훈』(顔氏家訓)에서는 이렇게 말했다.

"어떤 손님이 주인을 비난하면서 이렇게 말했다. 오늘날의 경전을 당신은 모두 틀렸다 하고, 『설문해자』에서 한 말은 모두 옳다고 하니, 그렇다면 허신이 공자보다 낫다는 말씀인가요? 주인은 손을 만지작거리며 크게 웃으면서 이렇게 대답했다. 오늘날의 경전이 모두 공자가 직접 쓴 것인가요? 손님이 말했다. 그렇다면, 오늘날의 『설문해자』가 모두 허신이 직접 쓴 것인가요? 주인은 다시 이렇게 대답했다. 허신은 육서로 점검하였고, 부수로 나누어 관통시켰으니, 틀린 곳이 있을 수 없고, 틀린다 해도 알 수 있게 되어 있습니다. 하지만, 공자는 그 대의만 남겼지 글자에 대해 논하지는 않았지 않습니까?(客有難主人曰: 今之經典, 子皆謂非, 『說文』所言, 子皆云是, 然則許愼勝孔子乎? 主人撫掌大笑, 應之曰: 今之經典, 皆孔子手跡耶? 客曰: 今之『說文』皆許愼手跡乎? 答曰: 許愼檢以六文, 貫以部分, 使不得誤, 誤則覺之. 孔子存其義而不論其文也.)"

"대체로 그 책(『설문해자』를 말함)을 인정하는 이유는 규칙을 가지고서 정리했고 그 근원을 끝까지 파헤쳤기 때문이다. 정현이 경전에 주석하면서, 종종 그 책을 인용해 증거로 삼았다. 만약 허신의 해설을 믿지 않는다면 점 하나 획 하나에 어떤 의미가 있는지 전혀 알 길이 없을 것이다.(大抵服其爲書(指『說文』)隱括有條例, 剖析窮根源. 鄭玄注書, 往往引其爲證. 若不信其說則冥冥不知一點一劃有何意焉.)"

안지추(顔之推)는 이처럼 『설문해자』의 과학성을 충분하게 인정했으며, 그는 왜 "그의 학설을 믿을 수 있는지", 그 이유를 분명하게 지적했다. 문자의 시비를 따지려면 『설문해자』 없이는 불가능하며, 그것의 학술적 지위는 공자(孔子)와 함께 거론할 수 있을 정도라고 했다.

당(唐)나라 때에는 법적으로 『설문해자』를 학자들이 배워야 할 필수과목으로 지정했다. 그래서 과거로 선비를 뽑을 때 『설문해자』는 시험과목의 주요 내용의 하나였다. 『통전』(通典)에서는 이렇게 말했다.

"『설문해자』와 『자림』의 몇 십 조목씩 시험했다.(試『說文』·『字林』幾十帖.)"

또 『당육전』(唐六典)에서도 이렇게 말했다.

"이부의 고공원외랑은 천하의 과거를 담당하는 직책이다. 전국 각지에서 매년 과거시험을 치는 자들은 대략 여섯 부류로 나누어진다……다섯 번째가 경서인데, 경서는 『설문해자』과 『자림』을 시험했다.(吏部考工員外郎, 掌天下貢擧之職. 凡諸州每歲貢人, 其類有六……五日書, 其明書則 『說文』『字林』.)"

"국자(國子) 박사는 문무관 중 삼품 이상과 국공의 자손, 종이품 이상의 증손 중 학생이 된 자를 가리켰는데, 경전을 다섯 가지로 나누어 과업을 설정했다. 경전을 익히다가 틈이 나면 예서를 익히도록 했고, 또 『국어』·『설문해자』·『자림』·『삼창』·『이아』 등도 익히도록 했다. 매월 초·중·하순의 첫날이 되면 그간 익혔던 내용을 시험했다.(國子博士掌教文武官三品以上及國公子孫, 從二品以上曾孫之爲生者, 五分其經以爲之業. 其習經有暇者, 命習隷書, 並『國語』·『說文』·『字林』·『三蒼』·『爾雅』. 每旬前一日, 則試其所習業.)"

"(서학 박사는) 문무관 팔품 이하와 서인들의 자제 중 학생이 된 자의 교육을 담당했는데, 『석경』·『설문해자』·『자림』 등을 과업으로 삼았다.(掌教文武

官八品以下及庶人之子爲生者, 以『石經』·『說文』·『字林』爲顓業.)"

이렇게 볼 때, 당(唐)나라 때는 문자의 규범화 문제에 대단히 주목했음을 알 수 있다. 장참(張參)의 『오경문자』(五經文字), 당현탁(唐玄度)의 『구경자양』(九經字樣)은 전서·예서·해서의 변천 과정을 밝혔으며, 배우는 사람들에게 따르고 지켜야 할 근거를 제시했는데, 그것의 대표적인 것이 『설문해자』이었다. 송(宋)나라 이후로 청(淸)나라에 이르기까지 『설문해자』는 점차 경전으로 변해갔으며, 갈수록 숭고한 지위를 누리게 되었다. 문자를 논의하는 자라면 더더욱 『설문해자』를 표준으로 여겼으며, 그것을 감히 뛰어넘지 못했다.

당나라부터 지금에 이르기까지 문자 형체는 비교적 안정적이었는데, 이의 공을 『설문해자』가 제공했던 규범과 통일 기능에 돌리지 않을 수 없다.

문자는 언어의 발전을 따라 끊임없이 풍부해지고 완비되어 가는 법이다. 허충(許沖)이 조정에 바쳤을 때 『설문해자』에는 9천 3백 53자[文]에 이체자[重文]가 1천 1백 63자가 실렸으며, 오늘날의 대서본(大徐本)의 본문[正文]은 9천 4백 31자에, 이체자[重文]가 1천 2백 79자이다.

진(晉)나라 여침(呂忱)의 『자림』(字林)의 경우, 봉연(封演)의 『문견기』(聞見記)의 기록에 의하면, 1만 2천 8백 24자를 수록해 『설문해자』보다 3천 4백 71자가 많았다.

양(梁)나라 고야왕(顧野王)의 『옥편』(玉篇)의 경우, 『문견기』(聞見記)에서는 수록자가 1만 6천 9백 17자라고 해, 『자림』보다 또 3천 87자가 많다. 『옥편』은 당나라 손강(孫強)과 송나라 진팽년(陳彭年) 등에 의해 두 차례에 걸쳐 증보(增補)를 거쳤다. 오늘날의 택존당본(澤存堂本)에 근거하면 2만 2천 7백 26자가 수록되어 있다. 하지만, 실제로 더 출현한 글자들은 대부분 각종 이체자(異體字)를 비롯해 잘 쓰이지 않은 벽자들이다.

당나라 때의 무측천(武則天)은 몇몇 새로운 글자를 창제했다. 『당서』「예문지」(藝文志)에 의하면 무후(武后)는 『자해』(字海) 1백 권을 지었다고 하나 지금 전해지지 않는다. 정초(鄭樵)의 『통지』(通志)에는 그녀가 만든 새로운 18자가 실려 있다.

북위(北魏) 시광(始光) 2년(425년), 태무제(太武帝)는 처음으로 새로운 글자 1천여 자를 만들어 온 천하에 반포하여, 모범으로 삼도록 했다. 하지만, 이러한 문자는 모두 민중의 기반을 잃어 어떤 생명력도 없었음을 역사는 증명해 주고 있다.

이에 비해 『설문해자』는 대단히 높은 권위를 갖고 있었기에 학자들은 『설문해자』를 전거로 삼지 않을 수 없었다. 문자를 쓸 때에는 언제나 『설문해자』를 준거로 삼았다. 그러나 바로 이러한 이유 때문에 또 다른 극단으로 가 뜻하지도 못한 결과를 낳게 된다.

청나라 때에는 고거학(考據學)이 고도로 발달함에 따라 『설문해자』가 유가경전과 동등한 지위에 올랐다. 심지어 허신 자신도 우상화되어, 허신을 공자와 같이 선조로 모시는 등, 미신의 정도에까지 이르렀다. 많은 사람이 『설문해자』에서 말한 모든 내용이 절대적으로 정확하며 의심의 여지가 없다고 믿었다. 그래서 『설문해자』를 추론의 근거로 삼았다. 누구라도 『설문해자』의 해설에 대해 회의하거나 다른 견해를 제시라도 할 것 같으면 옆길을 가는 이단으로 몰려 크게 공격을 받았다. 이러한 모습은 학술이 진일보하게 발전하는데 방해가 되었다.

이는 『설문해자』 자체의 잘못은 아니었다. 이러한 방면에 존재하는 미신을 깨트리려면, 『설문해자』가 더욱더 정확하게 이용될 수 있게 하려면, 『설문해자』에 존재하는 문제를 제기할 필요가 있다.

## 5. 『설문해자』의 한계*

허신은 자신이 처했던 시대적 한계 탓에, 그는 단지 주(周)나라 후기 이후부터 진한(秦漢) 때에 이르는 문자자료만 볼 수밖에 없었는데, 이러한 문자는 원시 상태로부터 이미 상당히 떨어진 이후의 문자자료였다. 그래서 그가 지은 『설문해자』는 단지 이러한 자료에 근거해 문자의 본래 형체·본래 독음·본래 의미를 파헤쳐야 했는데, 이는 대단히 어려운 일이었으며, 어떤 상황에서는 심지어 불가능한 일이기도 했다.

중국문자는 전국(戰國) 진한(秦漢) 시기에 이르러 그 형체에 이미 커다란 변화가 일어나기 시작했는데, 그중 많은 변화는 소위 '와변(訛變)'에 속하는 것들이었다. 이렇게 잘못 변한[訛變] 형체에 근거한다면 잘못된 결론에 도달할 수밖에 없다. 그래서 이 때문에 허신에게 지나치게 책임을 따질 수는 없다. 하지만, 이러한 오해에 대해서도 지적하지 않을 수 없다. 하물며 『설문해자』라는 책이 "학자들의 견해를 널리 인용했다(博采通人)"라고 한 것으로, 일부 견해는 단지 참고하기 위해 수록한 것들이었다.

19세기 말 이래로 고문자자료가 대량으로 발견되고, 많은 학자의 끊임없는 노력 덕택에 『설문해자』에도 적잖은 해설들이 잘못되었음을 발견하게 되었다. 그중 매우 분명한 몇 가지 예를 다음에 제시한다.

> 원(元) : "시작이라는 뜻이다. 일(一)로 구성되었고, 또 올(兀)로 구성되었다.(始也. 從一, 從兀.)"

「원(元)」의 초기 형체는  으로 적었는데, 점차  으로 변했으며, 원래 사람 머리의 모습을 형상했다. 『맹자』에서 "용기 있는 선비는 자기 머리를 잃어버릴

것을 잊지 않는다(勇士不忘喪其元.)"라고 했는데, 「원(元)」의 본래 의미가 사용된 예이다. 「원(元)」을 "시작(始)"으로 풀이한 것은 파생의미(引申義)이다. 소전은 원래의 형체가 아니므로 "일(一)로 구성되었고, 또 올(兀)로 구성되었다."라고 할 수 없으며, "시작(始)"도 「원(元)」의 원래 의미로 볼 수는 없다.

> 제(帝) : "자세히 살피다는 뜻이다. 천하를 다스리는 왕을 일컫는 말이다. 상(上)이 의미부이고 자(朿)가 소리부이다.(諦也. 王天下之號也. 從上, 朿聲.)"

「제(帝)」의 초기 형체는 나 로 적어, 상(上)과 자(朿)와는 아무런 관계가 없다. 정초(鄭樵)가 말했던 "꽃꼭지[華蒂]"라는 해설이 옳다고 해야 할 것이다. 게다가 「제(帝)」가 "천하를 다스리는 왕을 일컫는 말"이 된 것은 상(商)나라 말 때부터로, 상왕(商王)은 살아 있을 당시에는 '왕(王)'이라 불렸고, 죽은 후에는 '제(帝)'라 불렸다. 그 이전부터 이미 「제(帝)」라는 글자가 있었는데, '상제(上帝)'의 의미로 쓰였다. 이는 '제왕(帝王)'이 「제(帝)」의 본래 의미가 아님이 분명하며, 가차 의미라고 할 수밖에 없다.

> 시(示) : "하늘이 도상을 내려 길흉을 드러나게 하다는 뜻이다. 사람에게 드러내 보이게 하는 바이다. 상(上)으로 구성되었으며, 세 개의 세로획은 해와 달과 별을 뜻한다.(天垂象, 見吉凶. 所以示人也. 從上; 三垂, 日·月·星也.)"

「시(示)」의 초기 형체는 丅이며, 이후 亍로 적었다. 그래서 상(上)으로 구성된 것도 아니요, "세 개의 세로획(三垂)"으로 된 것도 아니다. 丅는 신주(神主)를 그린 것으로 보이는데, 「종(宗)」은 바로 사당에 모셔진 신주를 그린 회의자이다.

왕(王) 王 : "임금을 두고 '왕(王)'이라고 부르는 것은 천하 사람들이 그에게 돌아가기 때문이다. 동중서는 '옛날 문자를 만들 때 획을 셋 긋고 그 가운데를 관통시킨 것이 왕(王)자이다. 획 셋은 하늘과 땅과 사람을 말한다. 이 셋을 하나로 관통시키는 존재가 바로 왕이다.'라고 했다. 공자께서도 '한 획으로 세 획을 관통시킨 것이 왕(王)자이다.'라고 했다.(天下所歸往也. 董仲舒曰: '古之造文者, 三畫而連其中謂之王. 三者, 天地人也. 而參通之者, 王也.' 孔子曰: '一貫三爲王.')"

허신은 「왕(王)」에 대한 해설에서 가장 지리멸렬했다고 해야 할 것이다. 「왕(王)」의 초기 형태는 ·· 등으로 적어, 본래는 도끼를 그렸다. 이를 가로로 바꾼 을 보면 매우 명확하다. 임운(林澐)은 「'왕'에 대한 해설」이라는 논문에서 이에 대해 매우 상세하게 논증했다. 『설문해자』에서 인용한 동중서(董仲舒)와 공자(孔子)의 해설도 모두 믿을 수 없는 풀이이다.

중(中) : "안으로 들어가다는 뜻이다. 위(口)로 구성되었다. 세로획[丨]은 상하를 관통시키다는 뜻이다. 은 고문체이고 은 주문체이다. (內也. 從口. 丨, 上下通. 古文中. 籒文中.)"

「중(中)」의 초기 형체는 인데, 중간 부분은 으로 적기도 하는데, 깃발이 나부끼는 모습을 그렸다. 주문(籒文)인 은 형체가 잘못되었다. 깃발이 바람에 나부끼는데, 한쪽은 왼쪽으로 다른 한쪽은 오른쪽으로 되었기 때문이다. 한쪽은 왼쪽으로 다른 한쪽은 오른쪽이 될 수는 없다. 또 위(口)로 구성되지도 않았으며, 「중(中)」을 "안으로 들어가다(內)"로 풀이한 것도 본래 의미는 아니다.

주(走) : "달려가다는 뜻이다. 요(夭)와 지(止)로 구성되었다. 요(夭)와 지(止)로 구성된 것은 굽혀졌기 때문이다.(趨也. 從夭止. 夭止者, 屈也.)"

「주(走)」에 대해서는 앞에서 이미 언급한 바 있다. 초기 형체는 로 적었다. 간혹 이를 요(夭)로 해독하기도 하는데, 이는 『설문해자』를 잘못 믿은 데서 생겨난 결과이다. 금문(金文)에서는 로 적어 지(止)를 더하거나, 혹은 로 적어 척(彳)을 더하기도 했다. 고문자에서 편방으로 지(止)나 척(彳)을 더해 행동의 의미를 강조하기도 했는데, 이러한 예는 너무나 많다. 「송궤」(頌簋)에는 ·· 의 세 가지 형체가 동시에 출현하는데, 이들이 모두 「조(造)」임은 이러한 현상을 분명하게 설명해 준다. 「주(走)」는 팔을 크게 흔들며 가는 사람을 그렸지, "요(夭)와 지(止)로 구성된" 것은 아니다.

지(止) : "아래쪽의 기초를 말한다. 초목이 자라날 때 뿌리라는 기초가 있는 것을 형상했다. 그래서 지(止)로 발(足)을 표현했던 것이다.(下基也. 象艸木出有址, 故以止爲足.)"

앞에서 인용했듯 『설문석례』(說文釋例)에서는 이미 "지(止)는 지(趾)의 고문(古文)이다"라고 했다. 갑골문에서는 로 적었고, 금문에서는 「보(步)」를 지(止)로 구성된 ·· 등으로 적었는데, 왕균(王筠)의 해설이 정확했음을 증명해 준다.

설(舌) : "입속에 있으며, 말을 하고 맛을 구별하는 기관이다. 간(干)으로 구성되었고, 또 구(口)로 구성되었는데, 간(干)은 소리부도 겸한다.(在口, 所以言也, 別味也. 从干从口, 干亦聲.)"

소전체의 「설(舌)」은 갑골문의  등에서 변해온 것으로, 여전히 초기 단계의 형태를 보존하고 있다. 「설(舌)」은 전체 상형이다. 그래서 "간(干)으로 구성되었고, 또 구(口)로 구성된" 것으로 분리할 수는 없다. 단옥재(段玉裁)는 "간(干)으로 구성되었다"라는 것에 대해 "간(干)은 범하다[犯]는 말이다. 말[言]이란 입[口]을 범해서[犯] 나오고, 음식물[食]은 입[口]을 범해서[犯] 들어가게 된다."라고 풀이했는데, 견강부회의 극치로 치달았다.

> 간(干) : "범하다는 뜻이다. 입(入)의 뒤집힌 모습으로 구성되었고, 또 일(一)로 구성되었다.(犯也. 从反入, 从一.)"

「간(干)」을 금문에서는 등으로 적어, '무기[干戈]'라고 할 때의 '간(干)'이 원래 의미이다. 전체 상형이며, "입(入)의 뒤집힌 모습으로 구성되었고, 또 일(一)로 구성되었다."라는 식으로 분리해서 풀이할 수는 없다.

> 역(屰) : "순조롭지 못하다는 뜻이다. 간(干)으로 구성되었고, 아래쪽이 철(屮)인데, 거꾸로 되었음을 말한다.(不順也. 从干, 下屮, 屰之也.)"

「역(屰)」에 대한 해설은 판본에 따라 상당히 다르다. 하지만, 어떻든 간에 허신은 「역(屰)」의 형체 구조에 대해 정확하게 파악하지 못하고 있었다. 초기 금문에서는 , 갑골문에서는 으로 적어, 거꾸로 된 사람의 모습을 그렸다. 이로부터 도리어 '거꾸로[屰]'라는 의미를 볼 수 있으며, 「간(干)」과는 무관하다.

> 첨(㐁) : "혀로 핥는 모습을 말한다. 각(谷)의 생략된 모습으로 구성되었

고, 상형이다. 첨(㐁)은 첨(㐁)의 고문체이다. '삼년도복(三年導服)'[39] 이라고 할 때의 '도(導)'와 같이 읽는다. 일설에는 대나무의 푸른 껍질을 말한다고 하는데, 이때에는 첨(沾)과 같이 읽는다. 또 달리 서(誓)와 같이 읽기도 한다. 필(弼)이 이 글자로 구성되었다.(舌貌. 从谷省, 象形. 㐁古文㐁, 讀若三年導服之導. 一曰: 竹上皮, 讀若沾. 一曰: 讀若誓. 弼字从此.)"

『설문해자』에서 여러 가지 해설을 함께 나열해 둔 경우, 이는 허신 자신이 해당 글자에 대해 정확하게 인식하지 못해, 결정하지 못하고 어떤 여지를 남겨 둔 경우이다.

「첨(㐁)」을 두고서 "혀로 핥는 모습을 말한다"라고 한 것은 전혀 근거가 없는 이야기이다. 「첨(㐁)」의 형체와 관련해서 허신은 이토록 혼란스럽게 해설했던 것이다.

『설문해자』「석(夕)」부수에서 이렇게 말했다.

숙(夙) 𡖊: "아침 일찍 경건하게 일을 하다는 뜻이다. 극(丮)으로 구성되었는데, 일을 하다는 뜻을 그렸다. 한밤중인데도 쉬지 않고 아침 일찍부터 일을 하다는 의미이다. 㑉은 고문체인데. 인(人)과 첨(㐁)으로 구성되었다. 𠈇도 고문체인데, 인(人)과 첨(㐁)으로 구성되었다. 숙(宿)도 이 글자로 구성되었다.(早敬也. 從丮, 持事; 雖夕不休, 早敬者也. 㑉古文夙. 從人㐁. 𠈇亦古文夙. 從人㐁. 宿字從此.)"

첨(㐁)이나 첨(㐁) 등은 「설(舌)」과 전혀 상관이 없는 글자이며, 이는 「석

39) (역주) 죽은 지 27개월 후 상복을 벗는 것을 말한다.

(席)」이 잘못 변한 글자이다. 『설문해자』에서는 「석(席)」의 고문을 으로 적었는데, 이와 대략 비슷해 아직도 그 흔적을 찾을 수 있다.

「석(席)」은 갑골문에서 이나 으로 적었는데, 왕양(王襄)의 『보실은계유찬』(簠室殷契類纂)에서 "무늬 넣어 짠 네모꼴의 베를 그렸다(象織紋方幅之形)"라고 했는데, 옳은 해석이다.

과 은 「숙(宿)」의 고문으로, 「숙(㐁)」의 고문이 될 수는 없다. 갑골문과 금문에서 「숙(㐁)」을 이나 으로 적었다. 하지만, 갑골문에서 「숙(宿)」은 이나 으로 적어, 사람이 자리 위에서 기숙하는 모습을 그렸다. 또 으로 적기도 하고, 금문에서는 으로 적기도 하는데, 면(宀)을 더해 사람이 집 안에 있음을 강조하기도 했다. 허신의 해석처럼 「첨(㐁)」을 "혀로 핥는 모습(舌貌)"이라고 해석하게 되면 그와 관련된 다른 글자들의 형체 구조는 해석할 방법이 없게 된다.

또 「석(席)」의 자형 변화 과정은 다음과 같다.

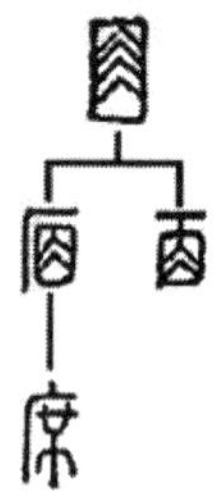

또 「숙(宿)」의 변화 과정은 다음과 같다.

왕균(王筠)의 『설문구두』(說文句讀)에서는 「첨(丙)」을 "자리(席)"라고 뜻풀이한 『광아』(廣雅)에 근거해, "첨(丙)도 자리를 말한다."라고 했는데, 탁월한 견해가 아닐 수 없다.

천(千) : "1천을 말한다. 십(十)으로 구성되었고, 또 인(人)으로 구성되었다.(十百也. 從十, 從人.)"

고문자에서 '일 천(一千)'은 으로, '이 천(二千)'은 으로, '삼 천(三千)'은 으로 적는데……이들은 모두 합문(合文)으로 되었다. 그렇게 볼 때 「천(千)」을 "십(十)으로 구성되었고, 또 인(人)으로 구성되었다."라고 풀이할 수는 없다. 옛사람들이 숫자를 기록할 때, 사람의 머리 하나로 '일 백(一百)'을 대표했는데, 「백(百)」을 고문에서는 으로 적었다. 이는 「백(白)」에서 분화한 글자이며, 「백(白)」은 사람의 머리를 그린 글자이다. 그래서 "한 사람[一人]"으로써 '천(千)'을 대표했고, 「천(千)」은 "일(一)로 구성되었고 또 인(人)으로 구성되었다."라고 보아야 한다. 서개(徐鍇)의 『설문해자계전』(說文解字繫傳)에서는 "십(十)이 의미부이고, 인(人)이 소리부이다."라고 했다. 물론 "십(十)이 의미부이다"라고 풀이한 것은 잘못됐지만, "인(人)이 소리부이다."라고 풀이한 것은 오히려 사실에 근접하고 있다.

언(言) : "직설적으로 하는 말을 언(言)이라 하고, 논란을 벌이며 하는 말을 어(語)라고 한다. 구(口)가 의미부이고, 신(辛)이 소리부이다.(直言曰言, 論難曰語. 從口, 辛聲.)"

『설문해자』에서 「언(言)」을 형성자로 풀이한 것은 잘못된 해석이다. 오조(吳照)의 『설문편방고』(說文偏旁考)에서는 "구(口)와 신(辛)으로 구성된 회의자이다. 신(辛)은 연(愆)과 같은데, 지나가다는 뜻이다(過也)"라고 풀이했지만, 이 역시 정확한 풀이는 아니다.

「언(言)」은 「설(舌)」로 구성되었는데, 「설(舌)」은 갑골문에서 이나 등으로, 소전에서는 로 적었다. 「언(言)」은 「설(舌)」에서 나왔으며, 「설(舌)」에다 가로획(一)을 더했는데, 이는 지사 부호로 말[言]이 혀[舌]로부터 나온다는 사실을 나타낸다. 과 등으로 적은 고문자 자형은 소전체의 형체 구조와 기본적으로 일치하며, 그래서 소전체의 「언(言)」도 지사자임이 분명하다.

> 승(丞) : "돕다는 뜻이다. 공(廾)으로 구성되었고, 절(卩)로 구성되었고, 산(山)으로 구성되었다. 산은 높아서, 끌어 올리다는 뜻을 갖게 되었다.(翊也. 從廾, 從卩, 從山. 山高, 奉承之意.)"

「승(丞)」자의 초기형태는 인데, 두 손으로 함정에서 사람을 건지는 모습을 그렸다. 소전체에서는 다소 변화가 있긴 했지만, 여전히 처음 형체와의 연계성을 유지하고 있다. "공(廾)으로 구성되었고, 절(卩)로 구성되었고, 산(山)으로 구성되었다."라고 풀이한 허신의 해석은 소전 형체에 근거한 억지 풀이이다.

> 이(異) : "나누다는 뜻이다. 공(廾)으로 구성되었고, 또 비(畀)로 구성되었다. 비(畀)는 주다는 뜻이다.(分也. 從廾, 從畀. 畀, 予也.)"

고문자에서 「이(異)」를 나 로 적었는데, 두 손을 머리에 얹은 모습이며, 본래 의미는 당연히 "보호하다(護翼)"가 되어야 한다. 「우정」(盂鼎)에 "그리하여 하늘께서 우리 선왕을 보호하셨습니다(古天異臨子)"라는 말이 보이는데, 바로 본래 의미로 쓰인 경우이다. 이 글자는 『설문해자』의 풀이처럼 비(畀)로 구성되지 않았다. 「비(畀)」는 금문에서 로 적었고, 소전에서는 로 적어, 어느 것도 이를 닮지 않았다.

> 부(孚) : "알이 부화하다는 뜻이다. 조(爪)로 구성되었고, 또 자(子)로 구성되었다. 일설에는 믿음을 말한다고도 한다.(卵孚也. 從爪, 從子. 一曰: 信也.)"

서개(徐鍇)의 『설문해자계전』(說文解字繫傳)에서는 한 걸음 더 나아가 "조(爪)로 구성되었고, 또 자(子)로 구성되었다."라는 것의 뜻을 두고 "새가 알을 품을 때는 언제나 발톱으로 알을 반복해서 뒤적거린다.(鳥抱, 恒以爪反覆其卵.)"라고 풀이했다.

하지만 「부(孚)」는 사실 「부(俘)」의 본래 글자이다. 「부(孚)」는 갑골문에서 나 등으로, 금문에서는 로 적어, 소전체와 별다른 차이가 없다. 그래서 "조(爪)로 구성되었고, 또 자(子)로 구성되었다."라는 것은 "포로를 사로잡다(虜獲)"는 뜻임이 분명하다. 소전체에 들면서 「부(孚)」와 「부(俘)」 두 글자로 분화되었고, 이후 다시 「부(孵)」가 나왔다. 하지만, 옛날에는 이들 간에 구분이 없었다.

> 위(爲) : "원숭이를 말한다. 원숭이는 손톱을 잘 쓰는 짐승이며, 손톱[爪]은 원숭이의 상징이다. 아랫부분은 원숭이의 모습을 그렸다. 왕육(王育)은 '조(爪)가 원숭이를 그렸다'라고 했다.(母猴也. 其爲禽好爪. 爪, 母猴象也. 下腹爲母猴形. 王育曰: '爪象形也.')"

고문자에서는 「위(爲)」를 나 로 적었는데, 손[手]으로 코끼리[象]를 잡은 모습이다. 옛사람들은 코끼리를 길들여 일을 시켰는데, 이 때문에 "일을 하다(作爲)"라는 뜻이 나왔다. 소전체에서 그 형체가 잘못 변화되었는데도 허신은 이를 곡해했다.

투(鬥) : "병사 둘이서 서로 마주한 모습인데, 무기를 뒤에 놓아두고, 싸우는 모습을 그렸다.(兩士相對, 兵杖在後, 象鬥之形.)"

「투(鬥)」를 갑골문에서는 나 로 적어 두 사람이 서로 싸우는 모습을 그렸다. 소전체도 바로 여기서 변해 왔으며, 『설문해자』의 해석처럼 "무기를 뒤에 놓아둔(兵杖在後)" 모습은 찾아볼 수 없다.

우(右) : "손과 입이 서로 도운다는 뜻이다. 우(又)로 구성되었고, 또 구(口)로 구성되었다.(手口相助也. 從又, 從口.)"

고문자에서 는 오른손을, 은 왼손을 그렸다. 와 는 각각 「좌(𠂇)」와 「우(右)」의 본래 글자이다. 이후 각각의 기능에 따라 다시 분화했다.

「우(右)」를 구성하는 네모[口]는 일종의 구별부호에 지나지 않는다. 이러한 예는 매우 많다. 예컨대, 「주(周)」는 본래 로만 적었는데, 이후 네모[口]를 더해 가 되었고, 「협(劦)」은 다시 네모[口]를 더해 이 되었으며, 「상(商)」은 원래 으로 적었는데, 다시 네모[口]를 더해 이 되었고, 계(戶又)는 본래 로 적었는데 이후 네모[口]를 더해 가 되었다.

이런 식으로 더해진 네모[口]를 입과 관련지어 억지로 해석할 수는 없다. 그렇지 않으면 「시(矢)」에 네모[口]가 더해져서 인(寅)이 되었는데, 이런 「인(寅)」은 "시(矢)로 구성되었고, 또 구(口)로 구성된" 구조가 되는데, 여기서 네모[口]를 어떻게 입으로 해석할 수 있겠는가?

수(叜) : "노인을 말한다. 우(又)로 구성되었고, 또 재(灾)로 구성되었다. 의문스러워 비워 둔다. 는 주문인데 촌(寸)으로 구성되었다. 는 혹체인데 인(人)으로 구성되었다.(老也. 從又, 從灾. 闕. 籒文從寸. 叜或從人.)"

허신의 해설은 완전히 잘못된 것이다. 갑골문에서는 나 로 적어, 사람이 횃불을 들고 실내에서 무엇인가를 찾는 모습이다. 소전에도 초기 형태가 기본적으로 보존되어 있는데, 손[又]으로 횃불[火]를 든 모습이지, 재(灾)로 구성된 구조는 아니다. 이는 바로 「수(挖)」(搜)의 본래 글자이다. 『설문해자』에서 "수(挖)는 많다는 뜻이다. 달리 구하다는 뜻이라고도 한다.(挖, 衆意也. 一曰: 求也.)"라고 했는데, "구하다(求)"라고 풀이한 것은 옳다.

현응(玄應)의 『일체경음의』(一切經音義)에서 "노인은 손목 시작 부분의 맥이 약한데, 이 때문에 우(又)로 구성되었고 또 재(灾)로 구성되었다.(老人寸口脈衰, 故從又從灾.)"라고 풀이했다. 허신도 이미 의문스러워 비워둔다(闕)고 했을진대, 현응(玄應)이 그렇게 민감하게 억지로 해석할 필요는 없었다.

역(役) : "변경을 지키다는 뜻이다. 역(殳)으로 구성되었고, 또 척(彳)으로 구성되었다. 은 고문체인데 인(人)으로 구성되었다.(戍邊也. 從殳,

從彳. 𢓊古文役. 從人.)"

갑골문에서는 𢓊으로 적어, 창[殳]으로 사람[人]을 치는 모습을 그렸으며, "사역하다(役使)"가 본래 뜻이다. 소전에 들면서 척(彳)으로 구성되었는데, 이는 인(人)이 잘못 변해서 그렇게 된 것이다.

비(葡) 葡: "갖추다는 뜻이다. 용(用)과 구(苟)의 생략된 모습으로 구성되었다.(具也. 從用, 苟省.)"

"완전하게 갖추다(完具)"는 의미를 그려낼 방법이 없었을 것이다. 소전체는 이미 잘못 변한[訛變] 것이기에 그것에 근거해 해설할 수는 없다. 갑골문에서는 𠚕나 𠚕로 적었는데, 화살[矢]이 통 속에 담긴 모습이며, 「복(箙)」의 본래 글자이다. 금문에서 이미 조금 변해 葡로 적게 되었는데, 이것이 소전체의 기초가 되었다. 그 구체적 변화 과정은 "𠚕→葡→葡"로 추정된다.

성(省) 省: "살피다는 뜻이다. 미(眉)의 생략된 모습으로 구성되었고, 또 철(屮)로 구성되었다.(視也. 從眉省, 從屮.)"

고문자에서는 「성(省)」을 省이나 省으로 적어 「생(眚)」으로 썼는데, "미(眉)의 생략된 모습으로 구성"된 것은 아니다.

노(魯) 魯: "굼뜸을 표시하는 말이다. 백(白)이 의미부이고, 차(鮺)의 생략된 모습이 소리부이다.(鈍詞也. 從白, 鮺省聲.)"

고문자에서 「노(魯)」는 모두 로 구성되었으며, 간혹 점을 더해 로 적기도 했지만, 백(白)(自)으로 구성되지는 않았다. 단옥재는 어(魚)가 소리부라고 했는데, 옳은 해석이다.

> 척(隻) : "새 한 마리를 말한다. 손[又]으로 새[隹]를 잡은 모습을 그렸다. 한 마리를 잡고 있으면 척(隻)이요, 두 마리를 잡고 있으면 쌍(雙)이다.(鳥一枚也. 從又持隹. 持一隹曰隻, 二隹曰雙.)"

"손[又]으로 새[隹]를 잡은 모습을 그렸다"는 것은 바로 "잡다(獲取)"는 뜻이다. 갑골 복사에서도 모두 사로 잡다는 뜻으로 쓰였는데, 그것이 본래 의미이다. 허신이 말한 "새 한 마리(鳥一枚)"는 이후에 생겨난 가차 의미이다.

> 전(叀) : "전심전력하고 조심하다는 뜻이다. 요(幺)의 생략된 모습으로 구성되었다. 철(屮)은 초목이 자라날 때 생기는 잎을 말하며, 철(屮)은 소리부도 겸한다.(專小謹也. 從幺省. 屮, 財見也; 屮亦聲.)"

허신의 「전(叀)」에 관한 해설을 보면 무슨 말인지 알아볼 수가 없다. 고문자에서는 으로 적거나 으로 적어 소전과 형체가 비슷한데, '실패'를 그렸다. 소전체의 「전(專)」·「전(嫥)」·「전(轉)」 등은 모두 「전(叀)」에서 파생한 글자이며, 이후 이로부터 다시 「전(磚)」·「전(塼)」·「전(甎)」 등이 나왔다.

> 내(乃) : "말을 내뱉기가 어려움을 말한다. 기운이 나오기 어려운 모습을 그렸다.(曳詞之難也. 象氣之出難.)"

허신의 해설은 『공양전』(公羊傳)에 근거를 두고 있다. 『공양전』 선공(宣公)

8년 조에서 이렇게 말했다. "이(而)는 무슨 뜻인가? 어렵다는 뜻이다. 내(乃)는 무슨 뜻인가? 어렵다는 뜻이다. 어찌해서 어떨 때에는 이(而)라 하고, 어떤 때에는 내(乃)라 하는가? 내(乃)는 이(而)보다 더 어려움을 뜻한다.(而者何? 難也; 乃者何? 難也. 曷爲或言而, 或言乃? 乃難乎而也.)" 하지만 "말을 내뱉기가 어렵다"는 것이 「내(乃)」의 본래 의미가 될 수 없으며, "기운이 나오기 어려운 모습"도 역시 형상할 수 없는 부분이다. 모든 허사(虛詞)는 가차(假借)의 용례에 속한다.

「내(乃)」는 「잉(扔)」의 본래 글자가 되어야 할 것이다. 「내(乃)」를 갑골문에서는 로, 금문에서는 로 적어 소전체와 일치한다. 갑골문에서는 간혹 우(又)를 더해 로 적기도 했는데, 물건을 던지는 모습을 더 분명하게 드러냈다. 하지만 갑골 복사에서 와 의 용법에 다소 차이가 있는 것으로 보아 당시에 이미 이 두 글자는 분화가 이루어졌던 것으로 보인다.

> 주(壴) : "악기를 세워 진설하면서, 위쪽(의 술)이 보이도록 한 것을 말한다. 철(屮)로 구성되었고, 또 두(豆)로 구성되었다.(陳樂立而上見也. 從屮, 從豆.)"

대동(戴侗)의 『육서고』(六書故)에서는 「주(壴)」를 북의 모습[鼓形]이라 했는데, 정확한 해석이다. 고문자에서는 나 로 적었는데, 소전의 형체와 같다. 전체가 상형이며, 이를 아랫부분만 나누어 "철(屮)로 구성되었고, 또 두(豆)로 구성되었다."라고 할 수는 없다.

> 급(皀) : "곡식의 깊은 향기를 말한다. (白은) 맛있는 곡식 알갱이가 껍질 속에 든 모습을 그렸고, 비(匕)는 그것을 뜨는 기구이다. 일설에는 급(皀)이 곡식 알갱이를 말한다고도 한다.(穀之馨香也. 象嘉穀在裹中

之形, 匕所以扱之. 或說皀, 一粒也.)"

허신의 해설은 완전히 틀렸다. 고문자에서 「급(皀)」은 이나 으로 적어, 식기에 음식물이 담긴 모습을 그렸다. 이는 「궤(簋)」의 원래 글자인데, 그 형체 변화는 다음과 같다.

→ → → 簋

분명하게 볼 수 있듯, 그 형체는 시간에 따라 점차 복잡해졌으며, 상형으로부터 회의로, 다시 회의로부터 형성으로 변했다. 서주 초기 때의 「천망궤」(天亡簋)에서는 으로 적어 갑골문과 같았지만, 소전체인 에 이르러서 약간의 변화가 생겼다. 허신은 이를 「궤(簋)」와 구분해 두 글자로 잘못 인식했고, "곡식의 깊은 향기를 말한다(穀之馨香也)"라고 해석했는데, 그 어떤 근거도 없는 풀이이다.

즉(卽) : "식사를 하다는 뜻이다. 급(皀)이 의미부이고, 절(卩)이 소리부이다.(卽食也. 從皀, 卩聲.)"

「즉(卽)」의 뜻을 "식사하다(卽食)"라고 풀이한 허신의 해석은 정확하다. 하지만 "절(卩)이 소리부이다"라고 한 것은 잘못된 해석이다. 「즉(卽)」은 고문자에서 나 로 적었으며, 소전도 마찬가지이다. 이 글자는 갑골문과 금문으로부터 소전에 이르기까지 형체에 별다른 변화가 일어나지 않았는데, 사람이 식기 앞에서 식사하는 모습이며 "절(卩)이 소리부이다."라고 할 수는 없다.

계복(桂馥)의 『설문의증』(說文義證)에서는 "식사를 하다는 뜻이라고 했는데,

즉(卽)은 당연히 절(卪)이 되어야 한다. 절(卪)은 절(節)과 통하는데, 잘못해서 즉(卽)이라 했던 것이다. 『역』의 「이」(頤)괘의 「상」(象)에서 '군자는 언어에 신중하고 음식에 절도가 있어야 한다'라고 했다.(卽食也者, 卽當爲卪, 卪通作節, 誤爲卽. 『易·頤·象』君子以愼言語節飮食.)"라고 했는데, 견강부회가 아닐 수 없다.

기(旣) : "음식이 적다는 뜻이다. 급(皀)이 의미부이고, 기(旡)가 소리부이다. 『논어』에서 '(음식은 육식이) 소식을 이기지 못하도록 하라'고 했다.(小食也. 從皀, 旡聲. 『論語』曰: '不使勝食旣.')"

「기(旣)」를 고문자에서는 모두 나 로 적어, 식사를 마친 사람이 머리를 돌린 모습이며, "기(旡)가 소리부이다."라는 것은 찾아볼 수 없다. "음식이 적다(小食)"는 것은 바로 가차 의미이다. 금본 『논어』에서는 '기(氣)'로 적었지 '기(旣)'로 적지는 않았다.

작(爵) : "의식을 행할 때 쓰는 기물이다. 작(爵)의 모양을 그렸는데, 속에 창주(鬯酒)가 든 모습이고, 손으로 그것을 쥔 모습이다. 술 마실 때 쓰는 기물이다. 기물이 참새[爵]를 닮은 것은 (술 따를 때 나는 소리가) 짹짹하며 우는소리를 닮았기 때문이다.(禮器也. 象爵之形, 中有鬯酒, 又持之也. 所以飮. 器象爵者, 取其鳴節節足足也.)"

「작(爵)」을 갑골문에서는 으로 적었고, 초기 금문에서는 으로 적어, 모두 기물인 작(爵)을 그린 상형자이다. 그 후 형체가 약간 변해 이 되었고, 소전에 이르러서는 잘못 변해 「창(鬯)」이 들어가게 되었다. 『설문해자』에서는 "참새의 모습을 그렸다(象雀之形)"라고 했는데, 근거 없는 말이다.

후(侯) : "봄에 거행되는 향음주례 때 사용하는 과녁을 말한다. 인(人)으로 구성되었고, 또 엄(厂)으로 구성되었는데, 펼쳐진 베 자락을 그렸으며, 화살(矢)이 그 밑에 있는 모습이다. ……는 고문체이다.(春饗所䠶侯也. 從人; 從厂, 象張布; 矢在其下. ……古文侯.)"

「후(侯)」를 갑골문과 금문에서는 나 로 적어 『설문해자』의 고문체와 같은데, "인(人)으로 구성되지"도 않았으며, "엄(厂)으로 구성되지"도 않았다. 왕균(王筠)의 『설문구두』에서는 "엄(厂)으로 구성되었다"는 부분을 삭제했는데, 옳았다.

천(舛) : "마주보고 눕다는 뜻이다. 치(夊)와 과(𡕥)가 서로 배치된 모습으로 구성되었다.(對卧也. 從夊𡕥相背.)"

「천(舛)」은 두 발이 서로 등을 진 모습을 그렸는데(象兩足相背), 이를 "마주보고 눕다(對卧)"라고 풀이한 것은 지나친 곡해이다. 『집운』(集韻)에서 "남쪽 이민족들은 누울 때 발이 안쪽으로 향하도록 하는데, 이를 천(僢)이라 한다.(蠻夷卧以足相向曰僢)"라고 했다. 『예기』「왕제」(王制)의 "부지(交趾)"에 대한 정현(鄭玄)의 『주』에서 "목욕을 할 때에는 함께 내로 가고, 누울 때에는 발을 안쪽으로 향하게 한다.(浴則同川, 卧則僢足.)"라고 했다. 주천(朱珔)의 『설문가차의증』(說文假借義證)에서는 「천(僢)」이 바로 「천(舛)」의 혹체(或體)일 것이라고 했는데, 좀 더 연구해 볼 일이다.

무(舞) : "음악의 한 형식이다. 두 발을 서로 어그러지게 하여 추는 춤이다. 천(舛)이 의미부이고, 무(無)가 소리부이다.(樂也. 用足相背. 從舛,

無聲.)"

무(橆) : "무성하다는 뜻이다. 임(林)과 모(奭)로 구성되었다. 혹자는 규모(規模)라고 할 때의 모(模)자라고도 한다. 대(大)와 십(卌)으로 구성되었는데, 숫자가 많이 쌓였음을 말한다. 임(林)은 나무가 많음을 말한다. 십(卌)은 서(庶: 많다)와 같은 뜻이다. 『상서』에서 '온갖 풀들이 무성하여라'라고 했다.(豐也. 從林奭. 或說規模字. 從大卌, 數之積也; 林者, 木之多也. 卌與庶同意. 『商書』曰: '庶草繁無'.)"

무(𣞤) : "없다는 뜻이다. 망(亡)이 의미부이고, 무(無)가 소리부이다.(亡也. 從亡, 無聲.)"

위에서 인용한 글자들 외에도 『설문해자』에는 「초(艸)」부수에 「무(蕪)」가 있고, 「엄(广)」부수에 「무(廡)」가 수록되어 있다. 「무(橆)」(無)는 갑골문에서 로 적었는데, 춤을 추는 모습을 그렸다. "악무(樂舞)"가 본래 의미이다. 「무(無)」와 「무(舞)」는 옛날에 같은 글자였으며, 「무(𣞤)」·「무(廡)」·「무(蕪)」 등은 그 후에 다시 분화한 글자들이다.

왕균(王筠)의 『설문구두』(說文句讀)에서는 『설문해자』의 "무(無)에 관한 해설은 하나같이 전혀 이해할 수 없는 것이다"라고 했다. 잘못 변한 형체에 근거했기 때문에 "하나같이 전혀 이해할 수 없는 것이다"라는 평을 면하기 어려웠던 것이다. 단옥재와 계복 등이 허신의 해설을 변호해 미봉하려 했지만, 헛수고일 뿐이었다.

동(東) : "움직이다는 뜻이다. 목(木)으로 구성되었다. 관부는 해[日]가 나무[木]에 걸린 모습이라고 했다.(動也. 從木. 官溥說: 從日在木中.)"

역대로 문자를 해설하는 자라면 대부분 이를 가장 전형적인 회의자라고 생각하였으며, 조금도 의심하지 않았다. 하지만, 허신이 풀이한 해설을 자세히 살펴

보면, 관부(官溥)의 해설을 제공하고자 했을 뿐 그 자신은 "해[日]가 나무[木]에 걸린 모습"이라는 이러한 해설을 그다지 믿지 않았던 것 같다.

고문자 연구자라면 일반적으로 모두 「동( )」이 「탁(橐)」의 본래 글자라는 사실을 알고 있다. 「동(東)」은 갑골문에서 이나 이나 등으로 적었고, 금문에 이르면서 점차 으로 통일되었다. 하지만 초기 단계에서는 여전히 으로 적은 때도 있다. 이는 밑바닥이 뚫린 포대로, 속에 물건을 채우고 양끝을 묶은 모습을 그렸지, "목(木)으로 구성된" 것도 아니고 "일(日)로 구성된" 것은 더더욱 아니다. 사실은 포대를 그린 것이다.

> 지(之) : "자라나다는 뜻이다. 떡잎 단계를 지난 풀의 모습을 그렸는데, 가지와 줄기가 점차 커서, 자라난 것이 있음을 그렸다. 가로획은 땅을 말한다.(出也. 象艸過屮, 枝莖益大, 有所之. 一者, 地也.)"

「지(之)」는 고문자에서 로 적었는데, 지(止)와 일(一)로 구성되었으며, 발이 가는 것(足有所之)를 그렸다. "가다(往)"가 원래 뜻이며, 초목(艸木)과는 전혀 관계없는 글자이다. 허신은 「지(止)」를 잘못 해석한 바람에 「지(之)」도 잘못 해석하게 되었던 것이다.40)

> 출(出) : "나아가다는 뜻이다. 초목이 점차 자라나 위로 자라나는 모습을

40) (역주) 『설문해자』에서 止에 대해 "아래쪽의 기초를 말한다. 초목이 자라날 때 아래쪽에 발이 있는 것을 본떴다. 그래서 止를 가지고서 발을 표시하게 되었다.(下基也. 象艸木出有址, 故以止爲足.)"라고 했는데, 止는 발을 그렸기에, 허신의 해석은 잘못된 것이 아닐 수 없다.

그렸다.(進也. 象艸木益滋上出達也.)"

「출(出)」은 고문자에서 이나 로 적어, 발[足]이 구덩이[凵]에서 나오는 모습을 그렸다.

남(南) : "초목이 남방에 이르면, 가지가 무성해진다. 발(𣎳)이 의미부이고, 임(𢆉)이 소리부이다[41].(艸木至南方, 有枝任也. 從𣎳, 𢆉聲.)"

허신의 이 해석도 전혀 이해할 수 없는 해석이다. 필자 생각에, 「남(南)」은 고문자로 이나 으로 적었는데, 소전도 이와 같다. 이는 악기의 모습을 그린 것이다. 『예기』「문왕세자」(文王世子)에 "북[鼓]과 남[南]을 다 갖추었다[胥]"라는 말이 있는데, 정현(鄭玄)은 남쪽 이민족(南夷)의 음악(樂)이라고 풀이했다. 갑골문에 「각()」이 있는데, 이는 「남(南)」이 채로 칠 수 있는 악기임을 보여주고 있다.

읍(邑) : "나라를 말한다. 국(囗)으로 구성되었다. 선왕 때의 제도에 의하면, 존비에 따라 크고 작음이 있었다. 그래서 절(卪)로 구성되었다. (國也. 從囗; 先王之制, 尊卑有大小, 從卪.)"

「읍(邑)」을 고문자에서 으로 적었는데, 소전도 이와 같다. 사람이 사는 곳을 '읍(邑)'이라 했으며, "절제하다(節制)"라는 의미는 찾아볼 수 없다.

41) (역주) 徐鍇의 『설문계전』에서 𢆉의 독음은 荏이라고 했다.

측(昃) : "해가 서쪽에 있을 때 (그림자가) 기울어짐을 말한다. 일(日)이 의미부이고 측(仄)이 소리부이다.(日在西方時側也. 從日, 仄聲.)"

서현(徐鉉)은 "오늘날 세속에서는 달리 측(昗)이라 쓰기도 하는데, 옳지 않다."라고 했다. 서개(徐鍇)의 『설문해자계전』(說文解字繫傳)의 측(矢)부수에 「측(昗)」이 들어 있는데, "해가 서쪽에 있음을 말한다(日西也)"라고 풀이했다.

「측(昃)」은 갑골문에서 이나 등으로 적었는데, 사람의 그림자가 길게 드리운 모습(人影之仄)을 그렸으며, 회의자이다. 이를 현대 글자로 옮기면 「측(昗)」이 되며, 이를 이후에 생겨난 "속자"로 볼 수는 없다. 소전에서처럼 "일(日)이 의미부이고 측(仄)이 소리부"인 구조는 사실 뒤늦게 출현한 구조이다.

석(昔) : "말린 고기를 말한다. (윗부분은) 고기 찌꺼기를 햇빛에 말리는 모습을 그렸다. 이는 조(俎)자를 구성하는 왼쪽 부분과 같은 의미이다.("乾肉也. 從殘肉, 日以晞之. 與俎同意.)"

허신의 「석(昔)」에 대한 해석은 매우 옳지 않다. 갑골문과 금문에서는 모두 이나 으로 적었다. 고대전설에 의하면 당시는 큰 홍수가 근심거리였다. 고문자에서 재()는 "재앙(災禍)"을 나타내는 글자인데, 「석(昔)」은 재()와 일(日)로 구성되어 "옛날"에는 홍수가 큰 걱정거리였음을 나타냈으며, 회의자이다. '옛날(往昔)'이 「석(昔)」의 본래 의미이다. 서주 때의 「사리궤」(師嫠簋)에서 이미 으로 적었는데, 소전과 같은 모습이다. 은 바로 의 변형된 모습이며, "고기 찌꺼기(殘肉)"와는 아무런 관련이 없다.

정(晶) : "빛의 정수를 말한다. 세 개의 일(日)로 구성되었다.(精光也. 從三

日)”

「정(晶)」은 「성(曐)」의 본래 글자이다. 줄지어 늘어선 별의 모습을 그렸으며, 이후 소리부인 「생(生)」을 더하게 되었으며, 이 때문에 「정(晶)」과 「성(曐)」 두 글자로 분화되었다. 갑골문에서는 등으로 적었는데, 모두 “일(日)로 구성되었다”고는 볼 수 없다.

승(椉) : “올라타 누르다는 뜻이다. 입(入)과 걸(桀)로 구성되었다. 걸(桀)은 강하다는 뜻이다. 군법에 관한 책에서는 승(椉)으로 썼다. 승( )은 고문체인데, 궤(几)로 구성되었다.(覆也. 從入桀; 桀, 黠也. 軍法曰椉. 古文椉. 從几.)”

허신은 「승(椉)」(乘)의 형체에 대해 잘못 이해하였으며, 이 때문에 해석상의 오류를 낳게 되었다. 「승(椉)」은 갑골문에서 으로, 금문에서는 이나 으로 적어 사람이 나무 위에 올라탄 모습을 그렸다. 이 글자는 대(大)와 로 구성되었는데, 는 바로 『설문해자』에서 말한 「헌(㯻)」의 고문(古文)으로, “윗부분이 없는 나무로 구성되어(從木無頭)”, “벌목하고 남은 모습(伐木餘)”을 그렸다. 이에 관한 상세한 해설은 진보지(陳保之) 선생의 『은계소전』(殷契小箋)을 참조하면 된다. 소전에서 약간의 형체 변화가 있었지만 초기의 흔적은 보존되어 있다. 단옥재는 「승(椉)」의 고문체가 궤안(几案)을 말하는 궤(几)로 구성되었다고 보았고, 계복(桂馥)은 경(冂)으로 구성되었다고 보았는데, 모두 억지 해석일 뿐이다.

유(有) 𠬛 : "있어서는 아니 될 것이 있다는 뜻이다. 『춘추전』에서 '일식과 월식이 있었다'고 했다. 월(月)이 의미부이고, 우(又)가 소리부이다.(不宜有也. 『春秋傳』曰: '日月有食之.' 從月, 又聲.)"

단옥재의 『설문해자주』에서 "일식이 일어나서는 아니 되는데 일어난 것을 말한다. 누가 일식을 일어나게 하는가? 달이 그렇게 만든다. 그래서 월(月)로 구성되었다.(日不當見食也, 而有食之者. 孰食之? 月食之也. 月食之, 故字從月.)"라고 주석을 달았다. 허신이 이미 「유(有)」에 대해 해석을 잘못했는데, 단옥재는 다시 이를 견강부회하여 설명하고 있다. 사실 「우(又)」와 「유(有)」는 본래 같은 글자이며, 서주 청동기 명문에서부터 「유(有)」가 분화되기 시작해, 유( )로 적었으며, 손[又]으로 고기[肉]를 집어든 모습이다. 애초부터 "월(月)로 구성된" 것이 아니었다. 옛날에는 「월(月)」과 「육(肉)」이 형체가 비슷해 혼용하기 쉬웠는데, 이것이 바로 허신이 잘못 해석하게 된 원인이다. 소전과 금문에서의 「유(有)」는 형체 상으로 전혀 구분이 되지 않는다.

다(多) 多 : "중복되다는 뜻이다. 석(夕)이 중복된 모습이다. 석(夕)은 끝없이 뽑아내다는 뜻이다. 그래서 많다는 뜻이 생겼다. 석(夕)이 중첩된 것을 다(多)라 하고, 일(日)이 중첩된 것을 첩(疊)이라 한다.(重也. 從重夕. 夕者, 相繹也, 故爲多. 重夕爲多, 重日爲疊.)"

고문자에서도 「다(多)」로 적었는데, 소전도 이와 같으며, "육(肉)으로 구성되었지" "석(夕)으로 구성된 것"은 아니다. 「석(夕)」과 「육(肉)」은 고문자에서 형체가 비슷해 혼동하기 쉬웠다.

함(圅) 圅 : "혀를 말한다. 상형이다. 혀의 몸체는 깊숙이 묻혀 있기 때문에,

함(马)으로 구성되었으며, 함(马)은 소리부도 겸한다.(舌也. 象形. 舌體马马, 從马, 马亦聲.)"

「함(凾)」은 갑골문과 금문에서 모두 [glyph]으로 적었으며, 화살 통[函矢]을 그렸는데, 이후 "포용하다(函容)"는 뜻으로 파생되었다. 허신은 이를 '혀[舌]'라 풀이했는데, 어디에 근거한 것인지 모르겠다.

극(克) [glyph]: "어깨에 짊어지다는 뜻이다. 처마 아래에다 조각한 나무를 놓아 둔 모습을 그렸다.(肩也. 象屋下刻木之形)"

「극(克)」에 대한 허신의 해석은 아무리 보아도 이해하기 어렵다. 여러 방면으로 추측해 보아도 그 자체적으로 원만한 해석이 되지 않는다.

갑골문에서는 [glyph]이나 [glyph]으로 적어, 어깨에 무거운 짐을 짊어진 모습을 그렸다. 어깨에 무거운 짐을 짊어진 상태에서 일어나려면 손으로 무릎을 짚어야 하는데, [glyph]은 바로 그런 모습을 닮았다. 금문은 갑골문과 같지만, 형체는 약간 변해 [glyph]으로 적고 있어, 손으로 무릎을 짚은 모습을 점차 상실했다. 소전은 초기 형태와 더욱 멀어졌다.42) 허신이 "어깨에 짊어지다는 뜻이다(肩也)"라고 풀이한 것은 본래 의미에 근접했다. 하지만, 그 형체에 대한 해설에서는 어느 하나 옳은

---

42) (역주) 克은 甲骨文에서 [glyphs], 金文에서 [glyphs], 簡牘文에서 [glyph], 說文古文에서 [glyph]이나 [glyph]으로 써, 머리에는 투구를 쓰고 손에는 창을 쥔 사람의 모습을 그렸다. 완전하게 무장한 병사는 전쟁에서 이길 수 있다는 뜻에서 '이기다'는 의미가 생겼다. 이후 의미를 더욱 강화하기 위해 刀를 더한 剋을 만든 것으로 이해된다.

것이 없다.

록(彔) : "또렷하게 나무에 새겨 넣다는 뜻이다. 상형이다.(刻木彔彔也. 象形.)"

「록(彔)」에 대한 허신의 해설이 무슨 뜻인지 알 수 없다. 사실은 초기 형태에서 이나 으로 적어, 도르래로 우물의 물을 긷는 모습을 그렸다. 「록(麓)」은 갑골문에서 달리 록([illegible])으로 적기도 하고, 때로는 「록(彔)」으로 적기도 했다. 금문에서는 「록(彔)」을 '복록(福祿)'이라는 뜻으로 사용했다. 그래서 「록(彔)」의 본래 의미는 '도르래[轆轤]'가 되어야 옳다.

진(秦) : "백익(伯益)의 후예들이 봉해진 나라를 말한다. 곡식이 자라기에 적합한 곳이다. 화(禾)로 구성되었고, 용(舂)의 생략된 모습으로 구성되었다. 달리 진(秦)은 곡식의 이름이라고도 한다. 진( )은 주문체인데, 임(林)으로 구성되었다.(伯益之後所封國. 地宜禾. 從禾, 舂省. 一曰: 秦, 禾名. 籒文秦, 從林.)"

진(秦)나라 땅이 곡식[禾] 재배에 알맞다고 해서 「진(秦)」에 화(禾)가 들어갔다고 해석한 것은 지나치게 견강부회한 느낌이 든다. 「진(秦)」을 갑골문에서는 이나 으로 적었고, 금문에서는 이나 으로 적었는데, 모두 『설문해자』의 주문(籒文)과 같다. 소전체는 이를 약간 줄였을 뿐, 기본 형체 구조는 변하지 않았다. 「진(秦)」은 원래 절굿공이로 벼를 찧는 모습을 그렸다. 그래서 『설문해자』에서 "용(舂)의 생략된 모습으로 구성되었다"라고 한 풀이는 옳다.

함(臽) ⿱ : "작은 함정을 말한다. 사람[人]이 구덩이[臼]에 놓인 모습이다.(小阱也. 從人在臼上.)"

이러한 해설은 정확하지 못하다. 갑골문에서는 ⿱으로, 금문에서는 ⿱으로 적었는데, 소전체도 기본적으로 이와 일치한다. 사람이 함정 속에 빠진 모습을 그렸다. 이를 "작은 함정[小阱]"이라고 풀이할 수는 없다. 그리고 "구(臼)로 구성"되지도 않았다. 그래서 "사람[人]이 구덩이[臼]에 놓인 모습이다"라고 풀이할 수도 없으며, "사람[人]이 구덩이[臼]에 놓인 모습이다"라는 것도 쓸데없는 해석이다. 『설문해자』에서 「함(陷)」을 "높은 데서 미끄러져 내려오다는 뜻이다. 달리 비탈을 내려가다는 뜻이라고도 한다.(高下也, 一曰陊也.)"라고 했다. 「함(陷)」은 바로 「함(臽)」에서 파생한 글자이며, "비탈을 내려가다(陊)"로 풀이를 해야만 옳다.

망(网) ⿵ : "포희씨가 매듭을 지어서 고기를 잡던 것을 말한다. 경(冂)으로 구성되었고, 아랫부분은 그물의 교차하는 무늬를 그렸다.(庖犧所結繩以漁. 從冂, 下象网交文.)"

「망(网)」은 독체 상형자로 더는 분리할 수 없는 글자이며, 윗부분이 경(冂)으로 구성된 것도 아니다. 「망(网)」을 갑골문에서는 ⿵으로 적었고, 금문에서는 「망(网)」의 편방을 ⿵으로 적은 것이 이를 증명해 준다.

백(白) ⿱ : "서쪽의 색깔을 상징한다. 어두운 곳에서 일하게 되면, 물체의 색이 희게 변하기 쉽다. 입(入)이 이(二)에 합쳐진 모습인데, 이(二)는 음수를 말한다.(西方色也. 陰用事, 物色白. 從入合二; 二, 陰數.)"

「백(白)」에 대한 허신의 해설은 본래의 형체도 잃었고 본래의 의미도 잃었다. 고문자에서 「백(白)」은 으로 적어 사람의 머리를 그렸으며, "사람의 머리"가 본래 의미이다. 상나라 때의 "인두골(人頭骨) 각사(刻辭)"에 이라고 새겨진 것이 있다. 또 「모(皃)」를 로 적었는데, 이는 이 사람의 머리를 그렸음을 증명해 준다. 『설문해자』에서 는 "인(人)과 백(白)으로 구성되었으며", 이의 혹체(或體)를 로, 주문(籀文)을 로 적었는데, 이 역시 「백(白)」과 수(百)가 통용되었음을 증명해 준다.

「수(首)」는 갑골문에서 나 등으로 적어 과는 차이를 보인다. 물론 서로 통용되었다는 것이 서로 같았다는 말은 아니다.

「백(白)」은 '우두머리[伯長]'라고 할 때의 '백(伯)'으로 파생되었는데, 옛날에는 「백(白)」과 「백(伯)」이 같은 글자였다. '흑백(黑白)'이라고 할 때의 '백(白)'은 순전히 독음에 의한 가차 의미로, 본래 의미는 아니다.

> 보(保) : "기르다는 뜻이다. 인(人)으로 구성되었고, 부(孚)의 생략된 모습으로 구성되었다. 부(孚)는 부(孚)의 고문체이다. 보( )는 보(保)의 고문체이다. 보( )도 보(保)의 고문체인데, 생략되지 않았다.(養也. 從人, 從孚省. 孚, 古文孚. 古文保. 古文保. 不省.)"

「보(保)」의 초기 형태는 갑골문에서 나 로 적었는데, 이를 구성하는 「인(人)」과 「자(子)」가 나란히 배열되어 있다. 이러한 점은 매우 중요한데, 이것이 「자(仔)」와 구별하는 중요한 특징이기 때문이다. 즉 「자(仔)」를 구성하는 「인(人)」은 이 글자를 구성하는 「자(子)」와 결코 나란히 배열되어 있지 않아, 「인

(人)」이 약간 위에 「자(子)」가 약간 아래쪽에 놓인 모습이다.

또 다른 중요한 차이는 「보(保)」를 구성하는 「자(子)」는 나 로 적었지만, 「자(仔)」를 구성하는 「자(子)」는 나 로 적었다는 데 있다. 은 「육(毓)」의 특수한 필사법인데, 「육(毓)」은 보통 .이나 으로 적는다. 형체가 비슷해 혼동되기 쉬웠기에 더 정확하게 구별하고자 금문의 「보(保)」에다 구별부호를 더해 로 적었으며, 간혹 옥(玉)을 더해 로 적기도 했다. 이렇게 볼 때 「보(保)」는 『설문해자』의 해설처럼 「부(孚)」로 구성된 것이 아니다.

왕균(王筠)의 『설문구두』(句讀)에서는 허신이 보( )를 「보(保)」의 고문체로 본 것은 분명히 잘못이라고 지적했다. 그는 이렇게 말했다.

> "『춘추』 좌씨의 경문에서, 제나라 사람이 와서 위나라의 포로가 되었다는 말이 있는데, 두예의 『주』에서 이렇게 말했다. 『공양』과 『곡량』의 경(經)과 전(傳)에서는 모두 위나라의 일을 높게 치고 있다. 이 『전』에서도 그렇게 높게 쳤는데, 유독 이 『경』에서만 부(俘)라고 했으니, 『경』이 잘못된 것이 아닌가 생각한다. 필자의 생각은 이렇다. 부(采)는 부(孚)의 고문체이다. 그렇다면 부(倸)도 부(俘)의 고문체로 보아야 한다. 옛날에는 보(寶)와 부(俘)를 같이 읽었다. 그래서 좌씨는 가끔 부(俘)자를 빌려와 보(寶)자로 쓰곤 했다. 허신은 좌씨의 고문을 존중해 사용했으며, 종정문에서도 보(寶)를 보(保)로 적었다. 그래서 좌씨의 부(倸)자를 채택했으며, 이 글자를 보(寶)자 아래에다 배열하지 않고 보(保)자 아래에다 배열해 두었는데, 이는 형체가 유사했기 때문이었다. 그것이 아니라면 의 전서체를 『계전』에서 잘못 썼을 것이다.(『春秋』左氏『經』, 齊人來歸衛俘, 杜『注』: 『公羊』·『穀梁』經傳皆言衛寶, 此『傳』亦寶, 惟此『經』言俘, 疑『經』誤. 案: 采爲古文孚, 則倸定爲古文俘. 古寶·俘同聲, 故左氏偶然借俘爲寶. 許君尊左氏爲古文, 鍾鼎文寶字亦作保, 故采左氏倸字, 不系之寶下而系保下, 以形相似也. 否則 篆繫傳寫之誤.)"43)

왕균(王筠)의 이러한 분석과 논단은 정확했다.

망(朢) : "보름 때 (서쪽에 뜬 달과 동쪽에 뜬) 해가 서로 바라본다는 뜻이다. 조정에서 신하가 임금을 뵙는 것으로도 비유된다. 월(月)로 구성되었고, 또 신(臣)으로 구성되었으며, 정(𡈼)으로 구성되었다. 정(𡈼)은 조정을 말한다. 망( )은 고문체 망(朢)의 생략된 모습이다.(月滿與日相朢, 以朝君也. 從月, 從臣, 從𡈼. 𡈼, 朝廷也. 古文朢省.)"

망(望) : "집을 나가 바깥에서 떠돌이 생활을 하는데, 그가 돌아오기를 바란다는 뜻이다. 망(亡)이 의미부이고, 망(朢)의 생략된 모습이 소리부이다.(出亡在外, 望其還也. 從亡, 朢省聲.)"

옛날에는 「망(朢)」과 「망(望)」이 같은 글자였으며, 어떤 차이도 없었다. 갑골문에서 이나 으로 적었고, 서주 금문인 「보유」(保卣)에서도 여전히 으로 적어 갑골문과 같았다. 「신신화」(臣辰盉)에서는 으로 적었는데, 이것이 소전체인 의 근거가 되었다. 「무혜정」(無叀鼎)에서는 으로 적었는데, 형체가 잘못 변화된 결과이며, 이것이 소전인 의 근거가 되었다.

은 본래 발을 세워 멀리 바라보는 사람의 모습을 그린 글자이다. 「망(朢)」과 「망(望)」에 대한 허신의 해설은 모두 소전 형체만 보고 풀이한 잘못된 해석이다. 『설문해자』 「언(言)」부수에는 또 「망(謹)」이 있는데 "책망하다(責望)"는 뜻이라고 풀이했는데, 이는 이후에 생겨난 파생자이다.

43) 戴侗, 『六書故序』, 『欽定四庫全書·集部·天文類』 卷32에 보임.

감(監) 𦣝 : "아래로 비추어보다는 뜻이다. 와(臥)가 의미부이고, 함(䶢)의 생략된 모습이 소리부이다.(臨下也. 從臥, 䶢省聲.)"

「감(監)」은 갑골문에서 [illegible]으로, 금문에서 [illegible]이나 [illegible]으로 적어, 갑골문으로부터 소전에 이르기까지의 형체 변화과정이 매우 분명한 글자이다.

「감(監)」은 사람이 머리를 숙여 큰 물그릇을 쳐다보는 모습을 그렸는데, 옛날에는 물에 비추어 보는 것으로 거울 대신 사용했다. 「감(監)」은 「감(鑑)」의 본래 글자이다. 『설문해자』 「금(金)」부수에 또 「감(鑑)」이 있는데, "큰 대야를 말한다. 달리 거울을 말하는데, 달빛 아래에서 맑은 물로 비추어보다는 뜻이다.(大盆也. 一曰: 監諸, 可以取明水於月.)"라고 풀이했다. "감저(監諸)"는 오늘날의 '거울[鏡]'을 말하며, '아래로 비추어보다[臨下]'는 「감(監)」의 파생 의미이다. 「감(監)」은 "와(臥)로 구성"되었지도 않을 뿐 아니라 "함(䶢)의 생략된 모습이 소리부"는 더더욱 아니다.

노(老) [illegible] : "늙은이를 말한다. 70살 된 노인을 노(老)라 한다. 인(人)과 모(毛)와 화(匕)로 구성되었는데, 수염과 머리칼이 하얗게 변했음을 말한다.(考也. 七十曰老. 從人·毛·匕, 言須髮變白也.)"

「노(老)」와 「고(考)」는 원래 같은 글자로 [illegible]나 [illegible] 등으로 썼다. 춘추(春秋) 시기의 금문에서부터 [illegible]라는 형체가 출현하기 시작했으며, 소전체의 「노(老)」와 「고(考)」가 분화하게 된 근원이 되었다.

초기 형체에서는 사람이 지팡이를 짚은 모습이며, 이것이 '늙은이[老]'의 상징이었다. 『설문해자』에서 말한 "인(人)과 모(毛)와 화(匕)"로 구성되었다는 것은 곡해이다. "70살 된 노인을 노(老)"라고 한다는 말은 『예기』「곡례」(曲禮)에 보이는데, 이는 더더욱 이후에 생겨난 구별적 의미이다.

> 득(㝵) : "취하다는 뜻이다. 견(見)으로 구성되었고, 또 촌(寸)으로 구성되었다. 촌(寸)은 재다는 뜻이며, 또 손을 말하기도 한다.(取也. 從見, 從寸. 寸, 度之; 亦手也.)"

『설문해자』 척(彳)부수에는 또 「득( )」이 있는데, "가서 얻는 바가 있음을 말한다. 척(彳)이 의미부이고, 득(㝵)이 소리부이다. 득( )은 고문으로, 척(彳)이 생략되었다.(行有所得也. 從彳, 㝵聲. 古文. 省彳.)"라고 하였다. 갑골문에서는 간혹 이나 으로 적었는데, 척(彳)으로 구성되었느냐의 여부가 용법상에서 어떤 차이를 주지는 못함을 보여준다. 즉 『설문해자』 고문(古文)에 근거해 보면 「득(得)」도 "척(彳)으로 구성되지" 않았는데, 이는 「득(㝵)」과 「득(得)」이 같은 데서 나왔음을 말해준다. 고문자에서 우(又)와 패(貝)로 구성되었던 것이 소전에 들면서 견(見)으로 구성되었는데, 이는 형체가 잘못 변한 결과이다.44) 『설문해자』의 고문인 은 여전히 이 글자가 원래는 패(貝)로 구성되었다는 흔적을 보여주

44) (역주) 得은 갑골문에서 등과 같이 써, 貝로 구성되었고 寸으로 구성되었다. 조개 화폐[貝]를 손[寸]에 가진 모습으로부터 조개화폐를 가지면 필요한 것을 '획득할 수 있음'을 그렸고 그래서 『설문해자』에서도 "취득하다"라고 풀이했다. 하지만, 소전체에 들면서 見과 寸으로 구성된 㝵으로 변했는데, 이는 분명 貝가 見으로 잘못 변한 譌變이 분명하다. 하지만, 이는 "눈으로 본 것[見]을 손[寸]으로 잡다"는 뜻을 반영한 것으로, 획득하다는 것은 관념적이고 추상적인 것이 아니라, 손에 쥐고 눈에 보이는 것이 바로 "획득"이요 "취득"임을 강조한 것으로, 중국인들의 시각중심적 사유를 드러낸 흔적으로 볼 수 있다.

고 있다.

음(歈) 𣤶 : "마시다는 뜻이다. 흠(欠)이 의미부이고, 염(酓)이 소리부이다.(歠也. 從欠, 酓聲.)"

「음(歈)」은 갑골문에서 이나 으로 적어, 머리를 숙이고 독에서 무언가를 마시는 모습을 그렸다. 금문에서는 이나 으로 적었는데, 형체가 이미 약간 잘못 변화되었다. 소전의 형체는 초기 형태와는 차이가 많이 나지만 여전히 그 변화의 흔적은 찾아볼 수 있다.

절(卩) 㔾 : "믿음이 있는 징표를 말한다. 나라를 지키는 자는 옥으로 된 부절을 사용하고, 도성과 그 바깥을 지키는 자는 뿔로 된 부절을 사용하고, 산악 지역에 있는 나라로 사신 갈 때에는 호랑이 모양의 부절을 사용하며, 평지에 있는 나라로 사신 갈 때에는 사람 모양의 부절을 사용하며, 호수 지역에 있는 나라로 사신 갈 때에는 용 모양의 부절을 사용하며, 관문을 지키는 자는 대로 만든 부절을 사용하며, 화폐와 재물을 관리하는 자는 도장이 새겨진 부절을 사용하며, 도로를 지키는 자는 장식 깃발이 달린 부절을 사용한다. 서로 맞아떨어지는 모습을 형상했다.(瑞信也. 守國者用玉卩; 守都鄙者用角卩, 使山邦者用虎卩, 土邦者用人卩, 澤邦者用龍卩, 門關者用符卩, 貨賄用璽卩, 道路用旌卩. 象相合之形.)"

「절(卩)」을 고문자에서는 로 적어, 꿇어앉은 사람의 모습을 그렸다. 소전 형체도 별 커다란 변화는 없지만, 부절(符節)과는 무관하다. 이 때문에 『설문해자』에 수록된 「절(卩)」로 구성된 모든 글자에 대한 허신의 해설은 잘못되었다.

인(印) : "집정을 하는 사람이 갖는 도장을 말한다. 조(爪)로 구성되었고, 또 절(卪)로 구성되었다.(執政所持信也. 從爪, 從卪.)"

억(归) : "누르다는 뜻이다. 인(印)을 뒤집은 모습이다. 억( )은 속체인데 수(手)로 구성되었다.(按也. 從反印. 俗從手.)"

옛날에는 「인(印)」과 「억(抑)」이 같은 글자였으며, 모두 으로 적었다. 손으로 다른 사람을 억누르는 모습을 그렸으며, "억제하다(抑制)"가 본래 뜻이다. 「인(印)」과 「억(抑)」에 대한 허신의 해설이 잘못된 것은 바로 「절(卪)」을 잘못 해석한 데서 빚어졌다.

단옥재는 「억(抑)」을 "도장을 쓸 때에는 반드시 아래로 눌러야 하고, 그래서 인(印)을 뒤집은 모습으로 구성되었다.(用印必向下按之, 故字從反印.)"라고 풀이했다. 잘 알지 못하면 그대로 의문으로 남겨두면 될 일이지, 허신을 위해 억지로 해석할 필요는 없다.

또 갑골문에서 이 「억(抑)」인데, 이를 구성하는 가 의 앞에 놓인 모습이다. 이에 반해 은 「복(㞋)」인데, 여기서는 이를 구성하는 우(又)가 의 뒤에 놓였다. 이 두 글자는 형체나 용법에서 분명하게 구별되어 있었는데, 이를 혼동한 것은 잘못이다.

귀(鬼) : "사람이 죽어 돌아가는 것이 귀신이다. 인(人)으로 구성되었고, (윗부분은) 귀신의 머리를 그렸다. 귀신의 음기는 재앙을 가져다준다. 그래서 사(厶)로 구성되었다.(人所歸爲鬼. 從人, 象鬼頭. 鬼陰氣賊害, 從厶.)"

「귀(鬼)」를 갑골문과 금문에서는 모두 나 로 적어, "사(厶)로 구성되지" 않았다.

> 외(畏) : "미워하다는 뜻이다. 신(囟)과 호(虎)의 생략된 모습으로 구성되었다. 귀신의 머리와 호랑이의 발톱은 두려움을 줄만 하다. 외( )는 고문체인데, 생략된 모습이다.(惡也. 從囟, 虎省. 鬼頭而虎爪, 可畏也. 古文省.)"

「외(畏)」를 갑골문에서는 로 적었고, 금문에서는 로 적어, 모두 가면을 쓴 사람(鬼)이 창(卜)을 쥔 모습을 그렸으며, 호랑이 발톱[虎爪]과는 무관하다. 설사 소전의 형체에 근거한다 하더라도 "호(虎)의 생략된 모습으로 구성되었다"라고 할 수는 없다.

> 장(長) : "장구하고 멀다는 뜻이다. 올(兀)로 구성되었고, 또 화(匕)로 구성되었다. 올(兀)은 높고 멀다는 뜻이며, 오래되면 변화하게 마련이다. 망(亾)이 소리부이다. 은 망(亡)을 뒤집은 모습이다. 장( )은 고문체이고, 장( )도 고문체이다.(久遠也. 從兀, 從匕. 兀者, 高遠意也, 久則變化. 亾聲. 者倒亡也. 古文長; 亦古文長.)"

「장(長)」은 갑골문과 금문에서 모두 으로 적어, 길게 풀어헤친 머리칼을 그렸다. "장구하고 멀다(久遠)"는 뜻은 파생의미이다. 『설문해자』의 고문에는 오히려 그 초기 형체가 남았는데, 소전에서 약간 변했다. 아마 주나라 후기 때의 금문인 에서 변해온 형체일 것이다. 이들은 "올(兀)로 구성된" 것도 아니고,

"화(匕)로 구성된" 것은 더더욱 아니며, 특히 "망(亡)이 소리부"인 것은 더더욱 아니다.

> 축(豖) : "돼지가 발이 묶여 걷기 어려운 모습을 말한다. 돼지(豕)에 두 발이 묶인 모습을 그렸다.(豕絆足行豖豖. 從豕繫二足.)"

「축(豖)」을 갑골문에서는 으로 적어, 돼지(豕)를 거세(去勢)한 모습을 그렸으며, 「탁(斀)」의 본래 글자임이 분명하다. 『설문해자』에서 이렇게 말했다. "탁(斀)은 음경을 제거하는 형벌을 말한다. 복(攴)이 의미부이고, 촉(蜀)이 소리부이다. 『주서』에서 '월(刖)형과 의(劓)형과 탁(斀)형과 경(黥)형이 있다'라고 했다.(斀, 去陰之刑也. 從攴, 蜀聲. 『周書』曰: '刖劓斀黥.')" 금본 『여형』(呂刑)에서는 "의형(劓刑)과 월형(刖刑)과 탁형(椓刑)과 경형(黥刑)"이라고 했다. 『정의』(正義)에서는 정현(鄭玄)의 말을 인용하여 "탁(椓)은 음경을 파손시키는 것을 말한다(椓破陰)"라고 했다. 『시경』「소민」(召旻)에서 "불알 까는 사람이 직무를 지키지 않는구나(昏椓靡共)"라고 했는데, "혼탁(昏椓)"은 "불알 까는 전문인(奄人)"을 말했다. 「탁(椓)」은 「축(豖)」의 파생자이며, 「탁(斀)」도 이후에 생겨난 글자이다.

「가(豭)」를 갑골문에서는 로 적었고, 「가(猳)」를 갑골문에서 로 적어, 돼지[豕]나 개[犬]가 거세되지 않은 모습이다. 이에 반해 은 돼지를 거세한 모습이다. 이들 두 글자 간에는 차이가 있으므로, 혼동할 수는 없다. 또 「축(豖)」을 두고 "돼지[豕]에 두 발이 묶인 모습을 그렸다"라고 한 풀이도 본래의 형체를 잘 몰라 생긴 오해이다.

> 시(兕) : "야생 소와 비슷하되 푸른색이다. 상형이다. 「금(禽)」이나 「리(离)」

의 머리 부분과 같은 모습이다. ……시( )는 고문체인데, 인(儿)으로 구성되었다.(如野牛而青, 象形, 與禽离頭同. …… 古文從儿.)"

「시(兕)」를 두고서 허신은 "금(禽)이나 리(离)자의 머리 부분과 같은 모습이다"라고 했는데, 오해를 일으키기 십상이다. 그래서 단옥재(段玉裁)·엄가균(嚴可均)·왕균(王筠) 등도 모두 오해를 했다. 그러나 장준(張濬)은 이렇게 말했다. "'「금(禽)」이나 「리(离)」의 머리 부분과 같은 모습이다'라는 말은 아마도 그것을 상형자로 해석하는 과정에서 나온 것일 것이다. 이것은 「시(兕)」의 머리 부분을 요(凹)로 적어, 「금(禽)」의 머리 부분을 으로 적고, 「리(离)」의 머리 부분을 로 적은 것과 같이 모두 상형이라는 말이지, 「시(兕)」·「금(禽)」·「리(离)」 세 글자 머리 부분의 전서체가 같다고 한 말은 아니다.(與禽离頭同五字, 蓋自釋其象形一語也. 言兕頭作凹, 與禽頭作, 离頭作, 同爲象形, 非謂兕·禽离三字之頭篆相同也.)"(『說文解字詁林補遺』 654쪽에 보임)

소전체에서는 이미 와변(訛變)이 일어나, 무소의 머리[犀頭]를 닮아 보이지는 않는다. 갑골문에서는 로 적었는데, 글자 전체가 무소의 모습을 그렸다. "시( )는 고문체인데, 인(儿)으로 구성되었다"라고 한 풀이도 옳지 않다.

영(永) : "길다는 뜻이다. 물길과 물결이 긴 모습을 그렸다. 『시경』에서 '장강은 길게 흐르고'라고 했다.(長也. 象水巠理之長. 『詩』曰: '江之永矣.')"

파(𠩺) : "강물이 나뉘어 흐르다는 뜻이며, 지류를 말한다. 영(永)을 뒤집은 모습이다.(水之衺流, 別也. 從反永.)"

고대에는 「영(永)」과 「파(𠩺)」는 같은 글자였으며, 모두 이나 이나 등으로 적었다. 형체에 정상적인 모습과 뒤집은[正反] 모습의 구분이 없었으며, 모두 물에서 수영하는 사람의 모습을 그렸다. 이는 「영(泳)」의 본래 글자이다.

동(冬) : "사계절이 끝날 때를 말한다. 빙(仌)으로 구성되었고 또 치(夂)로 구성되었다. 치(夂)는 종(終)의 고문이다. 동( )은 고문체로 일(日)로 구성되었다.(四時盡也. 從仌. 從夂. 夂, 古文終字. 古文冬從日.)"

종(終) : "맨 끝 부분의 실을 말한다. 멱(糸)이 의미부이고, 동(冬)이 소리부이다. 종( )은 고문체이다.(絿絲也. 從糸, 冬聲. 古文終)"

옛날에는 「동(冬)」과 「종(終)」이 같은 글자였으며, 모두 으로 적어, "맨 끝 부분의 실(絿絲)"의 모습을 그렸다. 「종(終)」은 뒤에 생겨난 파생자이다. '추동(秋冬)'이라고 할 때의 '동(冬)'은 가차 의미이다. 하지만, 상주(商周) 때에는 일년을 단지 봄과 여름 두 계절로만 나누었다. 사계절로 나누게 된 것은 춘추(春秋) 이후의 일이다.

유(乳) : "사람과 새가 제 새끼를 키우는 것을 유(乳)라 한다. 짐승에 대해서는 산(產)이라 한다. 부(孚)로 구성되었고, 또 을(乙)로 구성되었다. 을(乙)은 제비[玄鳥]를 말한다. 「명당」과 「월령」에서 '제비가 돌아오는 날, 고귀한 '매신'께 제사를 드려 자식을 점지해주길 빌었다.'라고 했다. 그래서 유(乳)에 을(乙)이 들어가게 되었다. 제비가 돌아오는 날에 자식을 점지해주길 빌었던 이유는, 제비[乙]가 춘분이 되면 돌아오고 추분이 되면 떠나는, 생육을 가능하게 해 주는 철새이기 때문이다. 이 때문에 소호씨가 춘분과 추분을 나누는 일을 담당했었다.(人及鳥生子曰乳, 獸曰產. 從孚, 從乙. 乙者, 玄鳥也. 「明堂」「月令」: '玄鳥至之日, 祠於高禖以請子.' 故乳從乙. 請子必以乙至之日者, 乙, 春分來, 秋分去, 開生之候鳥, 帝少昊司分之官也.)"(『句讀』本에 근거함)

허신의 이러한 해설은 매우 견강부회한 것이므로, 근거로 삼을 수 없다. 「유(乳)」를 갑골문에서는 로 적어, 어미가 아이에게 젖을 먹이는 모습을 그렸다. 소전체를 구성하는 은 바로 가 잘못 변해서 된 형체로 '제비[玄鳥]'를 뜻하는 '을(乙)'로 풀이해서는 아니 된다.

> 불(不) : "새가 날아올라 선회하면서 내려오지 않음을 말한다. 가로획[一]으로 구성되었는데, 가로획은 하늘을 뜻한다.(鳥飛上翔不下來也. 從一, 一猶天也.)"

앞에서 이미 「불(不)」에 대한 허신의 해석이 잘못되었음을 지적한 바 있다. 고문자에서는 ·· 등으로 적었는데, 소전의 형체와 대체로 일치한다. 이는 바로 초목의 뿌리를 그린 것으로 「발(犮)」의 본래 글자이다.45) 이 글자가 부정사로 쓰이게 된 것은 가차 의미이다. 모든 부정사는 모두 가차에 의해 만들어졌으며, 이에는 예외가 없다.

45) (역주) 不은 甲骨文에서 , 金文에서 등으로 적었는데, 이의 자원에 대해서는 의견이 분분하여, 『설문해자』에서는 새가 하늘을 날아오르는 모습을 그렸고 하늘을 올라가 내려오지 '않음'에서 부정의 뜻이 나왔다고 했으며, 혹자는 여기에서처럼 식물의 뿌리를 본래 뜻이라고 했다. 하지만, 꽃대와 꽃받침이 갖추어졌으나 제대로 여물지 않은 씨방을 그린 것으로 보인다. 씨방이 여물지 않으면 씨가 만들어지지 않고, 씨가 만들어지지 않으면 곡식을 자라나게 할 수 없다. 이로부터 부정의 의미가 만들어졌다. 그러자 배태하다는 원래 뜻은 가로획을 더해 '크다'는 뜻의 丕로 분화했는데, 丕가 '위대하다'는 뜻으로 쓰이게 되자 다시 肉을 더한 胚로 분화한 것으로 추정된다. 참고로 완전히 여문 씨방의 모습은 帝(蒂의 본래 글자)로 표현했다.

지(至) : "새가 날아 높은 곳에서부터 아래로 땅에 내려오다는 뜻이다. 가로획[一]으로 구성되었는데, 가로획은 땅을 뜻한다. 상형이다. 위로 가지 않고 아래로 내려오는 것을 말한다.(鳥飛從高下至地也. 從一, 一猶地也. 象形. 不上去而至下來也.)"

「지(至)」를 고문자에서는 로 적었는데, 소전도 이와 같다. 이를 구성하는 는 바로 「시(矢)」로, 화살[矢]이 어떤 곳에 이르렀음을 표시하며, 새[鳥]와는 전혀 관련이 없다.

무(毋) : "그만두게 하다는 뜻이다. 여(女)로 구성되었다. (가로획은) 여자를 간음한 자가 있음을 말한다.(止之也. 從女, 有姦之者.)"

옛날에는 「무(毋)」와 「모(母)」가 같은 글자였다. '모녀(母女)'라고 할 때의 '모(母)'를 빌려서 부정을 나타내는 '무(毋)'로 사용했다. 그래서 「무(毋)」는 이후에 '모(母)'와 구별하고자 생겨난 글자이다. 「곡례」(曲禮)의 『경전석문』(經典釋文)에서 『설문해자』를 인용하여 "속에 가로획이 있는 것은 여자를 간음한 자가 있음을 말한다. 간음을 금지하였고, 영을 내려 간음을 하지 못하도록 하였다는 말이다.(內有一畫, 象有姦之者, 禁止之, 勿令姦.)"라고 한 것은 바로 소전체에 근거해 허신의 해설을 억지로 부연 설명한 것이다.

수(戍) : "변방을 지키다는 뜻이다. 사람[人]이 무기[戈]를 쥔 모습을 그렸다.(守邊也. 從人持戈.)"

벌(伐) : "치다는 뜻이다. 사람[人]이 무기[戈]를 쥔 모습을 그렸다. 달리 패퇴시키다는 뜻이라고도 한다.(擊也. 從人持戈. 一曰: 敗也.)"

「수(戍)」와 「벌(伐)」은 형체에서 차이가 나는데도, 똑같이 "사람[人]이 무기[戈]를 쥔 모습을 그렸다."라고 풀이했는데, 이러한 해석은 그 자체로도 그 속에 분명히 잘못이 있음을 증명해 준다.

「수(戍)」의 초기형태는 로 적어, 소전체와 같은 모습인데, 사람[人]이 낫창[戈]을 짊어진 모습으로, "변방을 지키다(戍守)"가 본래 뜻이다. 이에 반해 「벌(伐)」은 초기 금문의 도상(圖象)문자에서 로 적었고, 갑골문에서는 로, 서주 금문에서는 로 적어, 모두 낫창[戈]으로 사람[人]의 머리를 벤 모습이며, "사람[人]이 무기[戈]를 쥔 모습을 그린" 것이 아니다.

> 아(我) : "인칭 대명사로, 자신을 지칭하는 말이다. 혹자는 아(我)를 비스듬하다는 뜻이라고도 한다. 과(戈)로 구성되었고, 또 𠂹로 구성되었다. 𠂹를 혹자는 옛날의 수(垂)자라고도 한다. 또 일설에는 옛날의 살(殺)자 라고도 한다.(施身自謂也. 或說: 我, 頃頓也. 從戈, 從𠂹. 𠂹, 或說古垂字; 一曰古殺字.)"

「아(我)」를 갑골문에서는 로, 금문에서는 로 적어 병기의 모습을 그렸다. "인칭 대명사로, 자신을 지칭하는 말(施身自謂)"은 바로 가차 의미이다. 모든 대명사[代詞]는 언제나 가차자이며, 여기에는 예외가 없다.46) 「아(我)」는 전체

46) (역주) 我는 甲骨文에서 , 金文에서 등으로 적어, 원래 날이 여럿 달린 특수한 창을 그렸는데, 갑골문 당시 이미 '우리'라는 집체적 의미로만 쓰였다. 我가 '우리'라는 일인칭 대명사로 쓰이게 된 것을 보통 여기서처럼 가차로 보지만, 我에 羊 장식물이 더해진 의장용 칼인 義가 공동체 속에서 지켜야 할 '의리'를 그렸음을 고려해 볼 때, 我는 적을 치기 위한 대외용 무기가 아니라 내부의 적을 처단하고 이의 결속을 다지기 위한 대내용 무기로 보이며, 여기서부터 '우리'라는 뜻이

상형으로, 이를 분리해 곡해해서는 아니 된다.

> 절(絕) : "실을 끊다는 뜻이다. 멱(糸)으로 구성되었고, 도(刀)로 구성되었고, 절(卩)로 구성되었다. 절(𢇍)은 고문이다. 서로 연결되지 않음을 형상했는데, 두 가닥의 실이 끊겼음을 말한다.(斷絲也. 從糸, 從刀, 從卩. 𢇍古文絕. 象不連體, 絕二絲.)"

전국(戰國) 때의 「중산왕호」(中山王壺)에서는 「절(絕)」을 로 적어, 『설문해자』의 고문과 같은데, 바로 칼[刀]로 실[絲]을 끊은 모습을 했다. 『설문해자』에서 「계(繼)」에 대해 "일설에는 단(𢇍)을 뒤집은 모습이 계(繼)이다"라고 했는데, 근거로 삼을 수 없는 해석이다. "정(正)을 뒤집은 모습이 핍(乏)"이고, "읍(邑)을 뒤집은 모습이 원(𨛜)"이고, "인(印)을 뒤집은 모습이 억(抑)"이라고 한 것처럼 『설문해자』에서 "어떤 글자를 뒤집은 모습이 어떤 글자(反某爲某)"라고 한 경우는 모두 믿을 수 없는 해석이다.

갑골문에서는 「계(繼)」를 로 적어 "실을 연결하는(續絲)" 모습을 그렸으며, "단(𢇍)을 뒤집은" 모습으로 구성된 것이 아니다.

> 풍(風) : "팔방의 바람을 말한다……바람이 불면 벌레들이 생겨난다. 그래서 벌레는 8일이면 형체를 갖춘다. 충(蟲)이 의미부이고, 범(凡)이 소

---

나왔을 것으로 추정할 수도 있다. 이러한 가정은 羲에서도 증명되는데, 羲는 갑골문에서 義와 머리가 잘린 돼지의 모습을 그려, 조상신에게 공동체의 안녕을 빌고 단결을 도모하고자 치렀던 제사 때 쓰던 희생물을 말한다. 이후 희생물이 兮로 변하고 뜻도 '숨'으로 가차되자, 원래의 '희생'이라는 뜻은 牛를 더한 犧(희생 희)로 분화하였다.

리부이다.(八風也……風動蟲生. 故蟲八日而化. 從蟲, 凡聲.)"

「풍(風)」은 이후에 생겨난 형성자에 속한다. "바람이 불면 벌레들이 생겨난다(風動蟲生)"라는 말은 의도적으로 한 말이다. 복사에서는 「봉(鳳)」을 빌려 '바람[風]'을 나타냈다. 「봉(鳳)」의 초기 형태는 으로, 상형자였다. 조금 시간이 지나자 「범(凡)」을 소리부로 더해 이 만들어졌는데, 이것이 소전의 근원이 되었다. 각기 각자의 역할이 있었기에, 혼동을 피하고자 "충(蟲)이 의미부이고, 범(凡)이 소리부"인 「풍(風)」이 전용자로 생겨났다. 이는 순전히 구별하고자 만든 것이므로, "바람이 불면 벌레들이 생겨난다"라는 말로 설명할 필요는 없다.

> 맹(黽) : "규맹이라고 하는 맹꽁이를 말한다. 타(它)로 구성되었으며, 상형이다. 맹꽁이의 머리 부분이 뱀[它]의 머리와 닮았다.(鼃黽也. 從它, 象形. 黽頭與它頭同.)"

초기 금문의 도상(圖象)문자에서는 이나 으로 적었고, 갑골문에서는 으로 적어 모두 개구리의 모습을 그렸다. 독체자인데, 이를 "타(它)로 구성되었다"라고 할 수는 없다. "새[鳥]와 사슴[鹿]의 발이 서로 비슷하고", "호랑이[虎]의 발이 사람[人]의 발을 닮았고", "거북[龜]의 머리가 뱀[它]의 머리를 닮았다"는 등의 『설문해자』 해석은 모두 근거로 삼을 수 없는 것들이다.

> 극(亟) : "민첩하다는 뜻이다. 인(人)으로 구성되었고, 구(口)로 구성되었고, 우(又)로 구성되었고, 이(二)로 구성되었다. 이(二)는 하늘과 땅을 말한다.(敏疾也. 從人, 從口, 從又, 從二. 二, 天地也.)"

갑골문의  이 「극(亟)」의 초기 형태인데, 바로 「극(極)」의 본래 글자이다. “민첩하다(敏疾)”는 것은 본래 의미가 아니다. 우성오(于省吾) 선생은 이에 대해 이렇게 말했다. “극(亟)은 극(極)의 옛날 글자이다.  은 또 극(亟)의 초기 글자에 해당한다. 극(亟)의 중간은 인(人)으로 구성되었고, 그 아래위로 두 개의 가로획이 그려졌다. 위쪽 끝은 머리에 닿았고 아래쪽 끝은 발에 닿았으니, 극(極)의 본래 의미를 분명하게 볼 수 있을 것이다.(亟, 古極字. 至又屬亟之初文. 亟字中從人, 而上下有二橫劃. 上極於頂, 下極於踵, 而極之本義昭然可睹矣.)”47)

> 항(恒) : “변함이 없다는 뜻이다. 심(心)으로 구성되었고, 또 주(舟)로 구성되었으며, 하늘과 땅 사이에서 아래위로 왔다 갔다 함을 말한다. 한 마음으로 배를 움직이는 것을 항상[恒]이라고 한다. 항( )은 항(恒)의 고문체인데, 월(月)로 구성되었다. 『시경』에서 ‘달과 같이 변함없음이여!’라고 했다.(常也. 從心, 從舟, 在二之間上下. 一心以舟施, 恒也.  古文恒. 從月. 『詩』曰: ‘如月之恒.’)”

「항(恒)」을 갑골문에서는  으로, 금문에서는  으로 적었는데, 모두 “월(月)로 구성되지” 않았으며, “주(舟)로 구성되지”도 않았다. 주(舟)로 구성된 것은 형체의 와변(訛變)에 의한 결과이다.

『시경』「생민」(生民)에 “검은 기장 메기장 항상 심어(恒之秬秠)”라는 말이 있는데, 『경전석문』(經典釋文)에서 “항(恒)은 본래 또 항(亙)이라고도 적었다.”라고 했다. 『설문해자』에서 항(栖)의 고문을  으로 적는다고 했다. 주천(朱珔)의 『설문가차의증』(說文假借義證)에서는 “항(恒)은 당연히 항(亙)의 가차자로 보아

47) 于省吾, 『甲骨文字釋林』, 中華書局 1979年版, 94쪽.

야 한다"라고 했지만, 정확한 해설이 아니다. 사실은 「항(恒)」이 「항(亙)」의 파생자이다.

> 선(亘) : "구하려고 돌아다니다는 뜻이다. 이(二)로 구성되었고, 또 회(回)로 구성되었다. 회(回)는 회(回)의 고문체이며, 회전하는 모습을 그렸다. 상하를 뜻하는 이(二)는 구하고자 하는 물건을 말한다.(求亘也. 從二, 從回. 回, 古文回, 象亘回形. 上下, 所求物也.)"

「선(亘)」은 갑골문에서는 이나 으로 적는데, 간혹 으로 적기도 한다. 금문에서는 「선(趄)」을 구성하는 「선(亘)」을 ·· 등의 형태로 그렸는데, 모두 소용돌이 모양을 그렸으며, "이(二)로 구성되지"는 않았다. 왕균(王筠)의 『설문구두』(說文句讀)에서는 "사람이 어떤 물건을 구하려다 자신의 위치를 잃어버리게 되면, 반드시 아래위로 왔다 갔다 돌아다니면서 그것을 찾게 된다.(人求一物而忘其所在, 則必上下盤旋以搜索之.)"라고 하면서, 『설문해자』에서 "이(二)로 구성되었다"라고 한 의미를 부연해 설명했다. 왕균은 「선(亘)」에 대한 서현(徐鉉)과 계복(桂馥) 등의 해설을 비판하면서, "허신이 소전체에 근거해 설명했을 뿐이니, 그의 해설을 더 지리멸렬하게 하여서는 아니 된다.(許君據小篆說之耳, 不可再支離其說.)"라는 사실을 분명하게 알고 있었다. 그럼에도, 왕균 자신의 「선(亘)」에 대한 해설은 오히려 그들보다 더 지리멸렬하다.

> 황(黃) : "땅의 색깔을 말한다. 전(田)으로 구성되었고, 또 광(炗)으로 구성되었는데, 광(炗)은 광(光)의 고문체이다.(地之色也. 從田, 從炗, 炗, 古文光.)"

「황(黃)」은 「인(寅)」에서 파생하여 분화한 글자이다. 갑골문에서는 으로 적었는데, 바로 [illegible]에다 가로획 하나를 더한 모습이다. 어떤 「황(黃)」은 여전히 [illegible]으로 적어, 「인(寅)」과 전혀 차이가 없다. 이 글자는 "시(矢)로 구성되어", 「광(光)」과는 전혀 관련이 없다. 금문에서는 [illegible]·[illegible]·[illegible] 등으로 적었다. 그 형체 변화의 과정은 다음과 같다.

[illegible] → [illegible] → [illegible] → [illegible] → 黃

소전의 형체에서 와변(譌變)이 일어나게 된 원인을 분명하게 찾아볼 수 있을 것이다.

10천간(天干)과 12지지(地支)를 나타내는 글자에 대한 『설문해자』의 해설은 「자(子)」를 제외하면 어느 하나 옳은 것이 없다. 그중에서도 특히 「갑(甲)」을 두고서 사람의 머리[人頭]를 그렸다 하고, 「을(乙)」을 두고서 사람의 목[人頸]을 그렸다 하고, 「병(丙)」을 두고서 사람의 어깨[人肩]를 그렸다 하고, 「정(丁)」을 두고서 사람의 심장[人心]을 그렸다 하고, 「무(戊)」를 두고서 사람의 옆구리[人脅]를 그렸다 하고, 「기(己)」를 두고서 사람의 배[人腹]를 그렸다 하고, 「경(庚)」을 두고서 사람의 배꼽[人臍]을 그렸다 하고, 「신(辛)」을 두고서 사람의 허벅지[人股]를 그렸다 하고, 「임(壬)」을 두고서 사람의 정강이[人脛]를 그렸다 하고, 「계(癸)」를 두고서 사람의 발[人足]을 그렸다 하는 등, 모두 황당하기 그지없는 해석이다.

문자 형체의 본원을 찾으려면, 앞의 분석에서 인식할 수 있듯, 이미 형체에 와변(譌變)이 일어난 소전체에 근거해서는 가능하지가 않다. 정초(鄭樵)는 이미 일부 금석(金石) 명각(銘刻) 자료에서 증거를 찾기 시작했다. 대동(戴侗)과 주백기(周伯琦) 등은 한 걸음 더 나아가 이러한 방면에서 새로운 길을 개척했으며,

『설문해자』의 일부 잘못된 해석을 바로 잡았다.

땅속에 묻혀 있던 자료들이 출토되어 끊임없이 늘어나고 널리 유포됨에 따라 연구의 수준도 깊어지고 확대되었다. 의식 있는 인사들은 갈수록 허신이 볼 수 없었던 고문자 자료의 중요성을 인식하게 되었다. 청대의 왕균(王筠)과 서호(徐灝) 등은 이에 근거해 계속해서 새로운 성과를 도출했다. 오대징(吳大澂)의 『설문고주보』(說文古籀補), 손이양(孫詒讓)의 『명원』(名原)과 『고주습유』(古籀拾遺) 등은 공을 많이 들인 저작들이다.

1899년 은허(殷墟)에서 갑골문자가 출토됨으로써 진정으로 진일보하게 중국 문자의 원시 면모를 인식할 가능성이 열리게 되었다. 서주 청동기 명각 문자는 아직 와변(訛變)된 형체가 많은 편인데 반해 상나라 때의 갑골문자는 기본적으로 원시 형체구조를 보존하고 있다. 갑골문의 발견은 독립된 근대 고문자학의 발전을 촉진했다.

『설문해자』를 이용해 고문자를 연구하는 것, 이것과 고문자를 이용해 『설문해자』를 연구하던 초기의 연구는 그 중점이 달랐다. 금석학(金石學)으로부터 명각학(銘刻學)으로, 다시 갑골학에 이르기까지, 이들 모두는 전문적인 학문 분과에 속하는데, 이는 원래의 『설문해자』학에서는 포함될 수 없는 영역들이다. 이에 대해서는 여기서 더는 거론하지 않겠다. 하지만, 주목할 만한 한 가지 중요한 점은 바로 이러한 학문 분과의 발전을 따라 『설문해자』의 내용에 대해서도 새로운 인식이 끊임없이 이루어졌으며, 『설문해자』의 일부 잘못된 해설이 바로 잡혔다는 점이다.

『설문해자』에는 글자 자체에 대한 잘못된 해석 이외에도, 당시 과학발전 수준의 한계 탓에 어떤 객관적 사물의 인식에 대한 오류도 있다. 예컨대 다음을 보자.

호(狐) 𤝵 : "요상한 짐승으로, 귀신이 타고 다니는 짐승이다.(袄獸也. 鬼所乘之.)"

신(蜃) 𧊒 : "꿩이 바다에 들어가면 대합으로 변한다.(雉人海, 化爲蜃.)"

부(蚨) 𧉝 : "파랑강충이를 말한다. 물에 사는 벌레로, (그것의 피를 돈에 발라놓으면) 돈이 돌아오도록 해 줄 수 있다.(青蚨, 水蟲, 可還錢.)"

이러한 것들은 대부분 소문에 근거한 해석이다. 하지만, 오늘날의 발달한 과학적 인식수준을 허신에게 과도하게 요구할 수는 없다.

이지청(李枝青)은 『서운차기』(西雲劄記)에서 이미 이렇게 지적했다.

> "『고공기주』에서 각행(卻行)하는 것은 넓은 의미의 지렁이[螾]의 부류에 속하고, 측행(仄行)하는 것은 게[蟹]의 부류에 속한다. 『설문해자』에서 지렁이[螾]는 측행(側行)하고, 게[蟹]는 두 개의 집게발과 여덟 개의 발을 갖고 있으며 방행(旁行)한다고 했다. 내 생각은 이렇다. 『고공소』에서 측행(仄行)은 바로 방행(旁行)이라고 했다. 측(側)과 측(仄)은 같은 뜻이다. 그런데도 허신은 지렁이[螾]는 측행(側行)하는 것으로, 게[蟹]는 방행(旁行)하는 것으로 보았는데, 이는 잘못이다.(『考工記注』: 卻行螾衍之屬; 仄行蟹屬. 『說文』螾, 側行者. 蟹, 有二敖八足, 旁行. 按『考工疏』: 仄行即旁行. 側仄二字同義. 許氏分螾爲側行, 蟹爲旁行, 誤矣.)"

여기서 볼 수 있듯, "옆으로 다닌다(側行)"는 것으로써 「인(螾)」을 해석한 것은, 가장 양보한다 하더라도 타당한 해석은 못 된다. 허신은 「인(螾)」을 「해(蟹)」와 마찬가지로 "옆으로 다니는(旁行)" 것으로 보지 못했던 것이다.

왕균(王筠)의 『설문구두』(說文句讀)에는 이러한 해석이 보인다.

> "허신이 말한 측행(側行)은 아마도 「재인」에서 말한 측행(仄行)과 관계가

없어 보인다. 그다음 글에서 해(蟹)에 대해 방행(旁行)한다고 했는데, 「재인」에는 방행(旁行)이라는 말이 없기 때문이다. 지렁이[蚓]는 둥근 모습을 했고, 게다가 발도 없어서, 상하좌우를 막론하고, 몸을 뻗는 대로 움직일 수가 있는데, 이것이 측행(側行)이다.(許說之側行, 蓋與「梓人」仄行無涉. 下文說蟹曰旁行, 「梓人」固無旁行也. 蚓形圓, 又無足, 無論上下左右, 隨其所値, 皆能蠕動, 是謂側行.)"

왕균은 대단히 고심하여 이를 해석했지만, 이것이 허신의 본래 뜻인지는 좀 더 생각해 보아야 할 문제이다. 이상에서 『설문해자』의 한계성을 지적하고 『설문해자』 해설의 오류를 바로잡아 본 목적은 바로 『설문해자』라는 이 위대한 저작을 더 잘 이용하자는 데 있다.

바로 고염무(顧炎武)가 말했던 것처럼 "큰 것은 취하고 작은 것은 버리며, 옳은 것은 택하고 틀린 것은 피해야 한다.(取其大而棄其小; 擇其是而違其非.)" 이것은 『설문해자』에 대한 태도일 뿐 아니라 모든 고대 문헌을 대할 때 가져야 하는 태도이며, 또 이전의 모든 연구 성과를 이용할 때 가져야 하는 태도이기도 하다.

# 부록: 고금문자(古今文字)

문자는 전서(篆書)와 주문(籒文)으로부터 예서(隸書)와 해서(楷書)로 변하면서 형체 상에 커다란 변화가 일어났다. 허신은 『설문해자』를 편찬하면서 종종 소전(小篆)에는 없는 당시 통용되던 문자에 대해서도 해설을 했다. 서로 다른 문자의 형체는 서로 다른 시기에 통용되었다. 『설문해자』에서 열거한 고문(古文)·주문(籒文)·소전(小篆)도 이와 같다. 앞에서도 분석했듯이, 이러한 형체를 유일한 정확한 문자로 간주할 수는 없으며, 소위 '본래 글자[本字]'로 볼 수는 더더욱 없다.

하지만, 일부 사람들의 눈에는 단지 『설문해자』에 열거된 문자만이 '정확'한 '본래 글자'로 보였으며, 문자를 응용할 때에는 반드시 『설문해자』를 근거로 삼아야만 한다고 생각했다. 그래서 일부 사람들은 전서(篆書)와 주문(籒文)의 형체

구조를 해서(楷書)에다 집어넣기도 했는데, 청대 이후로 소위 말하는 '소학가(小學家)'들이 대부분 이러했다. 더구나 어떤 사람들은 옛것을 좋아하고 벽자(僻字)를 즐겨 사용함으로써 옛것으로 돌아가는 것이 고상한 일이며, 고자(古字)를 사용함으로써 세속을 초월한다고 생각하기도 했다.

고대 경전이나 문헌을 정리할 때, 특히 지하에서 출토된 고문자 자료를 정리할 때, 고문자를 '현대글자로 옮기는[隸古定]' 방법을 사용하는데 이는 연구 과정에서 필요한 일이다. 순욱(荀勖)과 속석(束晳) 등이 죽서(竹書) 고문(古文)을 정리할 때도 이러한 방법을 사용했었다. 하지만, 이러한 방법을 통용되는 문자에 응용해서는 아니 될 것이다.

전대흔(錢大昕)은 「한간에 대한 발문」[跋汗簡]에서 "매우 이상하구나. 점과 획을 모방하여, 이를 해서에 넣었는데, 눈으로 보기에는 고문일지 몰라도 단지 유식한 사람들의 배를 부르게 하려는 것일 따름이다.(好怪之夫, 依仿點畫, 入之楷書, 目爲古文, 徒供有識者捧腹耳.)"라고 했다. 전대흔(錢大昕)의 이러한 논의의 출발점이 어떠했던지 간에 그가 반대했던 "점과 획을 모방하여, 이를 해서에 넣었다.(依仿點畫, 入之楷書)"는 주장은 분명히 정확한 지적이었다.

청대 이후로 일부 '경학가(經學家)'와 '소학가(小學家)'들이 '본래 글자(本字)'를 즐겨 사용하고, 고문(古文)과 주문(籒文)을 해서(楷書)에 옮겨놓고, 여기에다 일부 사대부들이 이러한 풍토를 박아(博雅)하고 고고(高古)하다 여기게 됨으로써, 일정 계층 내에서 통용되는 특수문자가 형성되었고, 이는 그들이 간행한 서적에 반영되었다. 이러한 이미 일어난 사실에 대해 이해를 해야 하며 내용도 잘 파악해야만 할 것이지만, 이를 본받아서는 아니 될 것이다.

여기서는 이와 관련된 몇몇 주요 고체자(古體字)를 선택해 이를 오늘날의 글자[今字]들과 대조해 제시한다. 오늘날 글자는 간화자가 아닌 번체자(繁體字)를 제시했다.

## 〈고금(古今) 문자 대조표〉

| 고체 | 번체 | 고체 | 번체 | 고체 | 번체 | 고체 | 번체 | 고체 | 번체 | 고체 | 번체 | 고체 | 번체 |
|---|---|---|---|---|---|---|---|---|---|---|---|---|---|
| 禩 | 祀 | 祅 | 妖 | 㫄 | 旁 | 貦 | 玩 | 萅 | 春 | 宷 | 審 | 脗 | 吻 |
| 噉 | 啖 | 𧺆 | 走 | 帰 | 歸 | 歬 | 前 | 艁 | 造 | 遟 | 遲 | 復 | 退 |
| 逡 | 後 | 㝵 | 得 | 䛡 | 話 | 聒 | 聒 | 涽 | 活 | 捪 | 括 | 刮 | 刮 |
| 辳 | 農 | 斅 | 學 | 叜 | 叟 | 捜 | 搜 | 𡡉 | 嫂 | 㪅 | 更 | 覩 | 睹 |
| 鷬 | 難 | 飜 | 翻 | 㪔 | 散 | 肎 | 肯 | 𠛱 | 列 | 𣦸 | 死 | 𥝢 | 利 |
| 𠟭 | 則 | 刅 | 創 | 盋 | 鉢 | 羧 | 養 | 湌 | 餐 | 䠶 | 射 | 垕 | 厚 |
| 椉 | 乘 | 楳 | 梅 | 橆 | 無 | 鯃 | 許 | 蕚 | 華 | 旹 | 時 | 邨 | 村 |
| 暜 | 普 | 朙 | 明 | 夝 | 晴 | 𡖍 | 夙 | 秊 | 年 | 穐 | 秋 | 帬 | 裙 |
| 袠 | 袟 | 臝 | 裸 | 褎 | 袖 | 衺 | 邪 | 㞡 | 展 | 䫉 | 貌 | 眎 | 視 |
| 謌 | 歌 | 㱃 | 飲 | 頫 | 俯 | 胷 | 匈 | 㡿 | 斥 | 颿 | 帆 | 灋 | 法 |
| 灮 | 光 | 㚔 | 幸 | 愳 | 懼 | 嫷 | 惰 | 諐 | 愆 | 昚 | 慎 | 衇 | 脈 |
| 敭 | 揚 | 嫥 | 專 | 媿 | 愧 | 婣 | 姻 | 蜨 | 蝶 | 蝯 | 猿 | 螾 | 蚓 |
| 蠏 | 蟹 | 蠭 | 蜂 | 蠠 | 蜜 | 蟁 | 蚊 | 墬 | 地 | 凷 | 塊 | 囏 | 艱 |
| 壄 | 野 | 銕 | 鐵 | 鈔 | 抄 | 㠯 | 以 | 馗 | 逵 | 隓 | 墮 | 毓 | 育 |
| 㪕 | 敢 | 詧 | 察 | 𪏰 | 香 | 𤴽 | 疏 | 凥 | 居 | 鐂 | 劉 | 㬥 | 暴 |
| 曐 | 星 | 靁 | 雷 | 曟 | 晨 | 𢍮 | 兵 | 𢦦 | 戒 | 𢧂 | 武 | 䙅 | 要 |
| 𢍏 | 卷 | 悳 | 德 | 㤅 | 愛 | 𢝊 | 憂 | 𢖱 | 意 | 𢇍 | 絕 | 甹 | 由 |
| 県 | 懸 | 麤 | 粗 | 桮 | 杯 | 鞵 | 鞋 | 孃 | 娘 | 袷 | 裌 | 掔 | 腕 |
| 賸 | 剩 | 擣 | 搗 | 韡 | 靴 | 儋 | 担 | 佗 | 馱 | 輮 | 揉 | 歐 | 嘔 |

| 고체 | 번체 | 고체 | 번체 | 고체 | 번체 | 고체 | 번체 | 고체 | 번체 | 고체 | 번체 | 고체 | 번체 |
|---|---|---|---|---|---|---|---|---|---|---|---|---|---|
| 景 | 影 | 㮚 | 慄 | 𦏧 | 熟 | 莫 | 暮 | 擿 | 擲 | 陳 | 陣 | 邪 | 耶 |
| 仌 | 冰 | 竢 | 俟 | 迻 | 移 | 艸 | 草 | 揜 | 掩 | 㝱 | 夢 | 竦 | 聳 |
| 𦥔 | 申 | 歀 | 款 | 鼃 | 蛙 | 晢 | 晰 | 霻 | 雪 | 罙 | 深 | 澂 | 澄 |
| 沈 | 沉 | 忼 | 慷 | 榦 | 幹 | 檐 | 簷 | 梠 | 耜 | 韈 | 袜 | 頟 | 額 |
| 厀 | 膝 | 愒 | 憩 | 鑯 | 尖 | 㚔 | 卒 | 雝 | 雍 | 盌 | 碗 | 脃 | 脆 |
| 𠛱 | 别 | 邍 | 原 | 𦳊 | 屎 | 婬 | 淫 | 媮 | 偷 | 恉 | 旨 | 溷 | 混 |

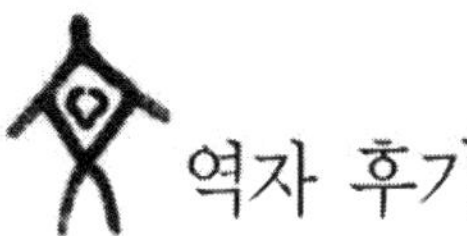

# 역자 후기

제가 처음으로 중국 본토 땅을 밟았던 것은 지금으로부터 약 20년 전, 1991년 9월 추석 연휴 때였습니다. 하남성 탑하(漯河)에서 열리는 "제1회 허신기념 국제학술대회"에 참가하기 위해서였습니다. 한자학을 전공하는 저에게는 지금껏 이루어진 중국 방문 중 가장 가슴 뭉클하고 잊을 수 없는 방문이었음은 두말할 나위가 없을 것입니다. 무려 1900여 년 전, 한자학이라는 학문을 처음 열었고, 지금까지도 최고의 한자 학자로 평가받는 허신(許愼), 갑골문이 발견되기 전까지만 해도 "한자학의 성인"으로 추대 받던 허신의 고향을 방문하고 허신의 묘와 사당을 참배한다는 것은 종교인의 성지 순례만큼 가슴 벅찬 일이 아닐 수 없었습니다.

당시 중국은 우리와 수교되기 전이었고, 아직 "중공"이라는 엄연한 "적성국가"였던 터라 서울까지 가서 안보 교육을 받고 특정 국가 방문 허가를 받아야만 가능했던 방문이었습니다. 직항로도 없어 인천에서 위해(威海)로 가는 페리선을 타야만 했고 올 때는 광주(廣州)와 홍콩을 거쳐 서울로 돌아온 기막힌 여정이었습니다. 인천서 하룻밤을 꼬박 걸려 도착한 위해, 거기서 다시 연대(煙臺)로 "빵차"를 타고 옮겨 가야 했고, 몇 시간을 기다리고서야 제남(濟南)으로 가는 열차를 탔고, 또 다시 여러 시간을 기다려 정주(鄭州)로 가는 열차를 탔습니다. 새벽 세 시가 가까이 되어서야 도착한 정주 역, 길가 작은 가게에 마련된 비디오 방, 그래 봐야 어설프게 두터운 천막 한 장 두르고 십 몇 인치나 될까 한 낡은 텔레비전에 홍콩 무술 영화 한 편을 계속해 돌리던 그곳에서 두어 시간을 보내고, 다시 탑하로 가는 입석 열차를 탔습니다. 발 디딜 틈도 없이 빽빽한 만원 열차, 기록영화에서나 보던 한국 전쟁 시절의 피난 열차와 다름이 없었습니다.

부산에서부터 꼬박 사흘 밤낮을 걸려 도착한 탑하, 이렇게 도착한 곳은 꿈에도 그리던, 평생 가볼 수 있으리라 생각도 못했던 언성(郾城), 허신이 나고 자랐으며 만년에 『설문해자』(說文解字)를 집필했던 바로 그곳이었습니다.

새벽이 뿌옇게 밝아오고, 사람이 사는 곳이면 어디나 그렇듯 각자의 일을 나가며 소도시가 조금씩 분주해지던 시각, 드디어 역에 내려 인력거를 타고 회의 장소인 남천(藍天) 호텔에 도착하였습니다. 얼굴을 제대로 씻을 겨를도 없이, 곧바로 안내되어 하남성 성장 등과의 면담, 이어지는 CCTV 등 각종 언론 매체들과의 인터뷰 등으로, 아마 탑하를 처음 찾았을 성싶은 "남조선"의 유일한 학자라는 희귀성 때문에 분에 넘치는, 영원히 받을 수 없는 대접을 받고 있었습니다. 송구하고 제자리가 아니었지만, 이미 어찌해 볼 수도 없는 노릇이었습니다.

『설문해자』 연구의 기라성 같은 대선배 학자님들, 주조모(周祖謨), 서복(徐復), 왕녕(王寧), 이포(李圃), 허위한(許威漢), 장순휘(張舜徽), 향희(向熹) 교수님들을 그때 뵈었습니다. 지금은 이미 유명을 달리하신 분도 계시지만, 그때의 인연으로 지금도 많은 도움을 주시는 분들입니다. 개막식 때는 주조모 교수님과 함께 주석대에 함께 앉는, 표현할 수 없는 너무나 큰 결례도 범했습니다. 허신 소학교 방문, '허신 기념관' 착공식, 환영 문화행사, 서화전시회 등 이제는 다시 경험할 수 없는 사회주의식의 열렬한 환영과 부대 행사를 맛보기도 했습니다.

그러다 15여 년의 세월이 흘러 제가 재직하는 대학과 자매대학인 정주대학에 학생 인솔 차 한 학기 머물게 되었습니다. 2006년, 옛날 생각이 간절해 탑하를 혼자 다시 찾았습니다. "천지개벽"이라는 말로만으로 표현될 정도의 급속한 개혁 개방이 진행되고 있는 중국 땅에서 탑하는 15년 전 그대로였습니다. '허신 기념관' 착공식을 거행한 지도 어언 15년의 세월이 흘렀건만 사당도, 묘소도, 옛

길도 전혀 변함이 없었습니다. 다만 『설문해자』를 돌에 새겨 "설문(說文) 비림(碑林)"을 만들겠다는 야심 찬 계획으로 『설문해자』 전문을 그곳 출신의 한 유명 서예가가 쓰고 이를 돌에 새기는 작업이 진행되고 있었습니다. 완성되면 한정판으로 "석각 『설문해자』"를 만들 것이라고도 했습니다. 혼자 쓸쓸히 허신을 모신 사당인 "허남각사(許南閣祠)"에 간단한 방문 기록만 몰래 남기고 떠나 왔습니다.

그러다 재작년 2010년 10월 27일 허신 고향을 처음 찾은 지 꼭 20년 만에 탑하에서 "허신 문화원" 개원을 축하하는 "제2차 허신 국제학술대회"가 열렸습니다. 홍콩에서 사업으로 성공한 허신의 한 후손 덕에 왕복 비행기 표는 물론 갑골문 출토지 은허(殷墟) 관람까지의 모든 체재비를 제공받았습니다. 역자뿐 아니라 허신 고향을 보고 싶다 따라갔던 동료 교수의 비용까지도 함께 받았고, 공항 도착서부터 안양(安陽)의 은허(殷墟)와 중국문자박물관 방문을 마칠 때까지 전용 차량과 미녀 공안(公安)의 호위까지 받았습니다. 경제가 비약적으로 발전한 중국의 모습에 기가 죽기도, 너무 과분한 대접이라 불편하기도 했지만, 손님을 극진하게 모시는 중원의 후덕함을 한없이 느꼈습니다.

학회장에서는 『허신과 설문연구논집』의 주편자이자, 20년 전 제1회 국제학술대회 때 저를 초대해 주셨던 하남대학의 동희겸(董希謙) 교수도 다시 만났습니다. 아직도 건강하시고 그때 일을 하나하나 기억하고 계셨습니다. 탑하는 언제나 이렇게 푸근하고 인자했습니다. 그곳은 '사유(私有)'라는 개념 자체가 존재하지 않아 보이던, 그래서 처음 보는 남조선 사람에게 무엇인가 소중한 것을 나누고 싶어 그동안 수집했던 화폐니 우표니, 결혼 때 쓰라고 전해준 대문짝만한 전지(剪紙) 작품과 여러 서예 작품, 심지어 귀한 약까지 보내주는 더없이 따뜻한 가슴을 가진 '인민'들의 땅이었습니다. 경제적으로 전혀 녹녹치 않았던 20여 년 전 중원의 한 후미진 시골에서 벌어진 사건은 자본주의를 살던 저에게 상상도 할 수 없었던 충격 그 자체였으며, 지금까지도 몸을 전율케 하는 흥분되는 추억

으로 남아 있습니다.

그래서 저는 허신에게, 허신의 후손들에게, 허신의 고향 사람들에게 진 빚이 특별히 많습니다. 그리고 늘 남다르게 감사해야 한다고 생각해 왔습니다. 기회가 된다면, 허신과 『설문해자』를, 『설문해자』의 연구를 한국에 소개하고 싶었습니다. 그리고 우리 조상은 어떻게 『설문해자』를 대해 왔고 연구해 왔는가도 늘 궁금해 하고 있습니다.

요효수(姚孝遂) 선생님의 『허신과 설문해자』는 "허신과 『설문해자』" 연구의 대표작으로 알려져 있습니다. 대만 유학 시절부터 참 훌륭한 저작이라고, 공부도 할 겸 한번 번역해야겠다고 생각했지만, 사실 당시에는 깊은 의미도 알지 못했고, 내용의 난이도를 따라잡을 해독 실력도 되지 않았기 때문에 마음속으로만 품고 있었던 책입니다.

또 「한국판 서문」을 써주신 화동사범대학 동련지(董蓮池) 교수의 말처럼 요효수 교수님은 『설문해자』 연구에서 언제나 허신과 『설문해자』의 권위를 인정하면서도 허신을 우상화하지도, 『설문해자』를 경전화하지도 않았으며, 있는 그대로 연구하고 평가하고자 했던 "실사구시적"이면서도 전통에 과감하게 도전하는 혁신적인 관점을 가졌던 분입니다. 그래서 창의와 혁신의 시대에 사는 우리에게 더욱 훌륭한 관점을 제공해 줄 것으로 생각했습니다. 공자께서도 "온고이지신(溫故而知新)"이라고 했습니다. '온(溫)'이라는 글자를 특별히 선택한 것은, '데워야만' 분자 운동이 활발하게 일어날 것이고, 그래야만 질적인 변화가 생기고, 결국에는 옛것을 새로운 것으로 만들어 미래를 열 창의적 자산으로 만들어 나갈 수 있다는 것을 웅변하고 싶었던 것이라 생각합니다.

이러한 정신이 바로 기존에 이루어졌던 허신이나 『설문해자』 연구와의 가장 큰 차이이고, 이 책이 갖는 가치일 것입니다. 이 때문에 지금도 "허신과 『설문해자』 연구의 대표 저서로 인정받고 있을 것입니다. 한국에서도 이미 육종달(陸宗

達) 교수의 『설문해자 통론』(김근 역, 1994), 아즈치 데즈치(阿辻哲次) 교수의 『한자학: 설문해자의 세계』(심경호 역, 1996), 왕녕(王寧) 교수의 『설문해자와 중국고대문화』(김은희 역, 2010) 등이 있고, 김태완 교수의 『허신의 고뇌, 창힐의 문자』(2007), 염정삼 교수의 『설문해자주 부수자 역해』(2007) 등이 나왔으며, 손예철 교수의 『설문해자』 완역과 『설문해자 연구』 등이 집필 중인 것으로 알고 있습니다. 이러한 책들과 함께 요효수 교수의 이 책의 번역은 우리에게 한자 연구의 수준을 높여 주고 한자 자체는 물론 한자 연구사에 대한 정확한 이해를 제공해 줄 것입니다.

한자는 이미 유가 사상과 함께 한자 문화권을 하나로 아우르는 가장 큰 핵심 코드의 하나라는 사실에 의문을 가지는 사람은 없습니다. 이제는 그것을 넘어서 인류의 중요한 자산으로 자리 잡았습니다.

한자는 문화를 담는 기록이자 아카이브(Archive) 입니다. 수천 년 동안 변신을 거듭하면서 한자 사용자들의 의식/무의식적 기억이 축적된 문화 코드입니다. 따라서 한자에는 구어(말)는 절대 담을 수 없는, 과거부터 현재까지의 시간을 횡단하여 동시에 담습니다. 그뿐만 아니라 광범위한 공시적 통시적 공간까지도 함께 녹아 있습니다.

『설문해자』는 이러한 한자를 이해하는 가장 근원적이고 가장 중요한 텍스트입니다. 아시다시피 『설문해자』는 서기 100년 허신이 당시에 볼 수 있는 모든 한자라 할 수 있는 9,353자에 대해 해당 한자의 자형, 의미, 독음 등을 종합적으로 해설한 최초의 자원(字源) 사전이라 할 수 있으며, 세계에서도 그 유례를 찾아볼 수 없는 이른 시기의 방대하고도 체계적인 자원 사전입니다. 그래서 『설문해자』는 거기서 시도된 방대한 자원 분석을 통해 철학 문헌이 형성되기 전의 원형적 사유와 정보를 찾을 수 있도록 해 주고 있습니다.

이 책의 번역 소개를 계기로 한자에 대한 이해가 한층 더 깊어지고, 한자를 통한 동양 문화의 근원과 특징에 대한 연구가 활발해지길 기대합니다. 허신과 관련된 모든 분께 진 빚을 조금이라도 갚고자 하는 마음에서 저 자신의 실력도 고려치 않고 급하게 시도된 번역이라 잘못된 부분도 많으리라 생각합니다. 여러 "설문" 학자들께 누가 되지 않을까 몹시 걱정도 됩니다만 이것이 제가 할 수 있는 그간 진 빚을 갚는 조그만 실천이라 위로해 봅니다. 잘못된 부분에 대해서는 질정해 주시면 언제라도 바로 잡도록 하겠습니다.

지난해 2011년 8월에는 우리 한국한자연구소가 상주(常州)에서 화동사범대학 "한자연구와 응용센터"와 공동으로 국제학술대회를 개최했습니다. 그때 『설문해자』 연구의 최고봉을 이루었다 평가받는 단옥재(段玉裁) 기념관을 방문하는 행운을 얻었습니다. 우리 연구소 연구원들과 이규갑 교수가 이끄는 대장경 연구팀, 강식진 교수님, 해인사의 석(釋) 성안(性安) 대장경 보존국장께서도 동참해 또 다른 감동을 하고 왔습니다. 당시 단옥재 기념관 앞에서 결의했던 『설문해자주』(說文解字注)의 완역이 실현되는 날이 오기를 기대해 봅니다.

한국어판 서문을 써 주신 동연지 교수는 이 책의 저자이신 요효수 교수의 수제자이기도 하고, "단옥재 평전"의 유일한 저자이기도 하며, 『설문해자 연구문헌 집성』의 주편자이기도 한 『설문해자』 연구의 대표 학자입니다. 특별히 상세하고 학술성 높은 「서문」을 써 주신 데 대해 다시 한 번 감사드립니다.

2012년 10월 24일

도고재(渡古齋)에서 하영삼 씀

2쇄 인쇄를 위해 일부 오자를 교정하였습니다.

2022년 5월 10일

# 서명 인명 용어 색인

(ㄱ)

## (ㅅ)

## (ㅇ)

(ㅊ)



(ㅌ)



(ㅍ)



(ㅎ)

# 해설자 색인

**저자 : 요효수** (姚孝遂, 1926~1996)

湖北省 武漢市 출신, 1950년 華中大學 중문과 졸업하고, 1961년 吉林大學에서 甲骨文과 金文 전공으로 대학원을 졸업했다. 졸업 후 줄곧 모교에서 교수로 재직하면서 吉林大學 古籍研究所所長, 教授, 博士研究生 지도교수, 중국 고문자연구회 이사, 중국 은상문화학회 이사 등을 역임했다.

주요 저서에 『許愼과 說文解字』, 『小屯南地甲骨考釋』, 『甲骨文字詁林』, 『殷墟甲骨刻辭摹釋總集』, 『中國文字學史』 등이 있는데, 『小屯南地甲骨考釋』은 趙誠(필명 肖丁)과의 공저이며, 갑골문 최고의 사전인 『甲骨文字詁林』은 명의상으로는 저자의 스승인 于省吾 先生의 이름으로 출판되었으나, 사실은 그에 의해 편집되었다.

**역자 : 하영삼**(河永三)

경남 의령 출생으로, 경성대학교 중문과 교수, 한국한자연구소 소장, 대한중국학회 회장, 한국중국언어학회 부회장, 세계한자학회(WACCS) 상임이사로 있다. 부산대학교 중문과를 졸업하고, 대만 정치대학에서 석·박사 학위를 취득했으며, 한자에 반영된 문화 특징을 연구하고 있다.

저서에 『한자와 에크리튀르』, 『한자야 미안해』(부수편, 어휘편), 『연상 한자』, 『한자의 세계: 기원에서 미래까지』, 『第五游整理與研究』 등이 있고, 역서에 『중국 청동기 시대』, 『갑골학 일백 년』, 『한어문자학사』, 『한자 왕국』(공역), 『언어와 문화』, 『언어지리유형학』, 『고문자학 첫걸음』, 『상주 금문』(공역), 『洙泗考信錄』(공역), 『釋名』(선역), 『觀堂集林』(선역) 등이 있으며, "域外漢字傳播書系-韓國卷"(6冊, 上海人民出版社)을 공동 주편했다.

한국한자연구소번역총서01

허신과『설문해자』(원제: 許愼與說文解字)

초판 1쇄 2014년 8월 20일
초판 2쇄 2022년 5월 30일

지은이 요효수(姚孝遂)
옮긴이 하영삼

표지디자인 김소연
펴낸이 정혜정
펴낸곳 도서출판3

출판등록 2013년 7월 4일 (제2020-000015호)
주소 부산광역시 금정구 중앙대로 1929번길 48
인쇄 호성피앤피
전화 070-7737-6738
팩스 051-751-6738
전자우편 3publication@gmail.com

ISBN: 979-11-953378-1-1 [93720]

이 책은 저작권법에 의하여 보호를 받는 저작물이므로 무단 전재와 복제를 금합니다.

잘못된 책은 구입처에서 교환해 드립니다.
가격은 겉표지에 표시되어 있습니다.